中小学心理健康教育书系

顾问 ◎ 林崇德　　　　主编 ◎ 俞国良

家庭心理健康教育

智慧父母助力孩子幸福人生

杨忠健 ◎ 著

开明出版社

图书在版编目(CIP)数据

家庭心理健康教育/杨忠健著. -北京：开明出版社，2021.9
(中小学心理健康教育书系)
ISBN 978-7-5131-4959-4

Ⅰ.①家… Ⅱ.①杨… Ⅲ.①心理健康-家庭教育 Ⅳ.①G479②G78

中国版本图书馆 CIP 数据核字(2019)第 071032 号

出　版　人：陈滨滨　　**项目组组长**：沈　伟
项目组副组长：范　英　　**项目执行人**：王　桢

责 任 编 辑：魏红岩　刘赫臣

JIATING XINLI JIANKANG JIAOYU
家庭心理健康教育

作　者：杨忠健
出　版：开明出版社（北京海淀区西三环北路 25 号　邮编：100089）
印　刷：中教科（保定）印刷股份有限公司
开　本：710×1000　1/16
印　张：18.25
字　数：280 千字
版　次：2021 年 9 月第 1 版
印　次：2021 年 9 月第 1 次印刷
定　价：58.80 元
联系电话：010-88569135
网　址：www.kaimingpress.com

寄　语

亲爱的朋友们：

心理健康，特别是中小学教师和学生的心理健康，看似是只和个体相关的私事，实则是关乎家庭幸福、社会和谐，乃至国家和民族安定繁荣的大事。我们衷心地希望，每一个参与中小学教育事业的教师和家长，都积极主动地关注自我和孩子们的心理健康，树立科学的心理健康教育理念，掌握有效的心理健康教育方法，培养德智体美劳全面发展的社会主义建设者和接班人。

总　序

这是一个新时代，也是一个复杂多变的时代，中小学生在见证世界缤纷色彩的同时，也在承受巨大的心理压力。显然，我们正处在社会转型与社会心理变迁不断加速的特殊历史时期。时代发展变化，要求中小学心理健康教育不断进行自我更新。自教育部颁布《中小学心理健康教育指导纲要(2012年修订)》(以下简称《纲要》)以来，各地中小学在制度、课程、师资队伍和心理辅导室建设等方面的成就有目共睹，已成为全面推进素质教育新的突破点和着力点，为加强和完善中小学德育工作做出了独特贡献。这里，我们着重讨论新时代我国中小学心理健康教育的现状和特点、立场与方法，以及所关注的问题、趋势与对策。旨在优化和创新中小学心理健康教育理念、思路、方法和措施，使之能更好地为中小学生乃至社会经济的可持续发展服务。

现状——据原卫生部、世界卫生组织估计，我国17岁以下未成年人中有各类学习、情绪、行为障碍者3000多万人，而且人数在不断增加。我们编制的《中小学生心理健康量表》测查也表明，小学生有心理行为问题的占10%左右，初中生占15%左右，高中生约为20%。可见，中小学生心理健康状况不容乐观。

为了有效把握现状，我们以中部地区两个地级市的城市和农村11027名中小学生为研究对象，发放调查问卷。结果表明，我国中部地区中小学心理健康教育的普及率和教育效果有较大改善。但整体来看，农村中小学心理健康教育相对落后；中学生心理健康教育滞后于小学生，初中阶段尤甚。与五年前相比，中小学心理健康教育的发展和进步主要表现在以下几个方面：第一，教育对象开始面向全体学生，教育内容符合《纲要》的基本要求；第二，随着教育行政部门、学校领导和教师对心理健康教育的重视，家长和学生的态度也发生了积极改变，无论在城市还是农村中小学，都取得了良好的教育成效；第三，随着《纲要》的颁布和中小学校的重视，心理健康教育专职和兼职教师开始增加，心理健康教育已得到广泛普及，正在逐步走向深化和进一步规范发展。虽然发展势头很好，但还存在一些问题亟待解决：首先，城市与农村心理健康教育发展不平衡，农村中小学心理健康教育相对落后，而农村高中又是“重灾区”；其次，有的农村中小学心理健康教育内容不符合实际需要，缺乏针对性和实效性；再次，初中、高中阶段的心理健康教育相对薄弱，从调查数据看，城市中学心理健康教育与小学存在差距，农村更甚；最后，中小学心理健康教师专业化程度有待提高。

为了有效掌握中小学心理健康教育师资队伍的现状，我们课题组也进行了专题调研。我们采取分层随机抽样的方法，选取了山西、河南两省某地级市发放中小学心理健康教育专兼职教师有效问卷 584 份，学校管理者有效问卷 209 份，结果如下。第一，心理健康教育已得到大多数中小学校的重视。90% 以上学校开展了卓有成效的心理健康教育工作，大多数中小学心理健康教育专兼职教师，都能感受到学校领导对他们工作的支持。第二，中小学心理健康教育师资队伍的人员构成复杂，专业化水平有待提高。大部分专职教师有担任其他课程的经历，兼职教师中德育课教师和班主任居多。教师们对自己的工作效果感到满意的同时，也表现出强烈的求知欲，希望参加专业培训、提高专业技能。第三，学校管理者在选择心理健康教育教师时非常重视他们的专业背景、学历学位、相关资格认证、授课技能、从业时间与经验及人格等因素，他们对本校心理健康教育专兼职教师和心理健康教育工作表示满意。

特点——中小学心理健康教育的特点可以从不同角度进行梳理，仁者见仁、智者见智。

从心理健康教育的目标与主要内容看，已明确把目标定位在提高全体学生的心理健康水平，促进他们的积极心理品质等方面，内容重点包括认识自我、学会学习、人际交往、情绪调适、生活和社会适应等。同时，根据不同年龄阶段学生的身心发展特点，设置了小学、初中和高中分阶段的具体教育内容。这样的设置操作性强，不仅符合中小学生的成长与发展实际，同时也体现了从心理健康教育向心理健康服务转变，从问题导向向积极心理促进的世界心理健康发展潮流。从心理健康教育的途径和方法看，各地中小学正在将心理健康教育贯穿于教育教学全过程、开展多种形式的专题教育、建立心理辅导室、密切联系家长共同实施心理健康教育，以及充分利用校外资源等。目前，在中小学具体教育实践中，心理健康课程与专题讲座是心理健康教育最常用的方式；心理辅导室作为心理健康教育的重要环节，承载着开展心理辅导、筛查与转介、课程咨询、家校整合等功能；在日常教育教学与班主任工作、社会实践活动以及家庭教育中，开始全面渗透心理健康教育。从心理健康教育的组织实施看，从管理、教师、教材、研究几个层面，已构建了我国中小学心理健康教育的组织实施体系；从目前学校教育管理和实践效果看，政策与立法已成为我国政府推动和规范中小学心理健康教育发展的主要手段，而心理健康教育教师队伍建设，则成为中小学心理健康教育有效实施的重要保障。

立场——新时代中小学心理健康教育一定要提高站位，即站在时代的制高点上。社会转型，即经由传统型社会向现代型社会快速转变就是新时代的重要特征，就是时代的制高点。目前，人们快节奏的生活方式，大强度的竞争压力，高目标的成就动机，使个体心理健康问题及其引发的社会矛盾、冲突日益突显，导致个体心理、社会心理处于一种无序状态。当下人民的需要从物质文化转变为美好生活，而美好生活需要自尊自信、理性平和、积极向上的社会心态。社会心态成为社会矛盾的“晴雨表和指示器”，而心理健康则是人民“美好生活”的社会心理面向。因此，在社会心理服务大框架下讨论与实践心理健康教育、心理健康服务，这是中小学心理健康教育应持的基本立场；心理健康教育是心理健康服务的基础，心理健康服务是社会心理服务的核心，这是中小学心理健康教育的方法论基础。

从中小学心理健康教育与服务的对象看，其重点是个体与群体，与社会心理服务的对象重合；从中小学心理健康教育与服务的目标看，旨在提高全体中小学生的心理素质与心理健康水平，与社会心理服务的目标有异曲同工之妙。即根据中小学生身心特点开展心理健康教育活动，关注和满足他们的心理发展需要，提升其心理调适能力和社会适应能力，培养其积极乐观、健康向上的心理品质和自尊、自信、自强、自立的个性特征，尤其关注留守、流动儿童心理健康，为经受校园欺凌和校园暴力、家庭暴力和性侵犯的中小学生提供及时的心理创伤干预，促进其身心可持续发展。这充分体现了由心理健康服务向社会心理服务延伸，使心理健康服务成为为社会心理服务打基础、夯地基的“基础工程”。

方法与措施——新时代以社会心理服务建设为背景，中小学心理健康教育工作在组织实施、机制建设、领导管理等方面必须进行调整和改变。

从心理健康教育的类型与途径看，心理健康服务是社会心理服务的具体化，这决定了中小学心理健康教育工作在组织实施中要有全局观、整体观。无论是全面开展心理健康促进与教育，还是积极推动心理辅导和心理咨询服务，重视心理危机干预和心理援助工作，都可以视为社会心理服务的组成部分，都是为了在中小学生中倡导健康生活方式，使他们有意识地培养积极心态、学会调适心理困扰和心理压力、提升心理健康素养，进而培育良好社会心态，营造健康向上的社会心理氛围。

从心理健康教育的方式、方法看，心理健康服务是社会心理服务的“压舱石”，这决定了中小学心理健康教育工作在机制建设中要有体系观、系统观。各地中小学要建立健全地区、学校、年级、班级、小组等各级心理健康服务体系，加强心理健康师资队伍建设，拓展心理健康服务领域和范围，为社会心理危机干预和疏导机制“劈山开路”，为进一步开展社会心理服务工作奠定基础。

从社会心理服务的途径、方法看，社会心理服务包括微环境、中环境和宏环境系统，对应着个体、人际、群体层面的社会心理服务，这决定了中小学心理健康教育工作在领导管理中要有生活观、生态观。教育即生活，生活即环境。微环境是学生直接接触到的生活环境，健全的社会心理服务能够帮助学生在面临这些微环境系统中出现的问题时，舒缓负性情绪发展积极情绪，并提供专业的帮助与辅导；中环境系统是两个或多个环境之间的相互作用与联系，它对学生来说，就是家校互动，为人际层面的社会心态培育扫清障碍；宏环境系统包括特定的文化、亚文化或其他更广泛的社会背景，社会心理服务体现在扶助和引导处境不良学生、低社会经济地位学生群体，对不良生活事件进行预警、疏导等。这些都能够有效调整相应学生群体的社会心态，为培养目标群体的良好社会心理打下坚实基础。

一句话，全面推进和深化中小学心理健康教育工作，必须树立“大心理健康教育观”。其实质就是新时代中国特色的心理健康教育体制观，即对符合中国国情与富有中国特色的心理健康教育体制的认识、理解和判断。其方向是坚持心理健康教育是德育与思想政治教育工作的重要组成部分，任务是提高全体师生的心理健康意识，理念是全面强化心理健康教育向心理健康服务的转变、问题导向向积极心理品质促进的转变，方法是大胆探索心理健康教育的新路径和新方式。

趋势与对策——我国中小学心理健康教育的未来发展应重点关注以下问题：第一，从心理健康教育向心理健康教育与服务并重，着力提供优质心理健康服务；第二，由侧重于中小学生心理行为问题的矫正，向重视全体学生心理健康的促进与心理行为问题的预防转变；第三，着力构建中小学生健康成长的生态系统；第四，加强中小学心理健康教育教师队伍的建设，强调以实证为基础的教育干预，重视教育效果的评估与反馈。

目前，中小学心理健康正从教育模式向服务模式转变，这种转变是历史的必然，也是学校心理健康教育发展的必然。近年来，随着积极心理学的悄然兴起和蓬勃发展，学校心理服务的对象逐渐扩展到全体学生，强调面向健康的大多数学生进行心理健康教育，提高全体学生的心理健康素质，以预防和促进发展为导向。服务模式相对于教育模式，主要强调的是视角不同。教育模式有一个内隐假设，即教育者根据预设的内容和目标，有计划有步骤地对教育对象实施影响，有“强人所难”“居高临下”之嫌；服务模式则重视以学生自身的发展性需要为出发点，充分发挥学生的主动性和积极性，根据他们的心理发展规律和成长需要，提供相应的心理健康服务，即强调提供适合学生发展需要的心理健康教育。目前，我国学校心理健康教育正处在从教育模式逐渐向服务模式转变的过程中。

特别需要指出的是，中小学心理健康教育工作开展得如何，很大程度上取决于是否拥有一支素质精良的教师队伍。一方面，在今后的工作中，教育行政部门应规范心理健康教育教师的职称评聘、岗位设置、工作量计算等相关制度，制定有针对性的绩效考核方案，并明确薪酬与绩效考核的关系以及职称晋升的途径，激发心理健康教育专兼职教师的工作热情。另一方面，国家教师教育政策应向心理健康教育专业倾斜，通过诸如减免学费、提供奖学金等手段，鼓励青年才俊投身该专业。为此，我们郑重呼吁：有关部门应确定中小学心理健康教育教师的职责，以及从事该项工作的基本条件和资质；

确定专兼职教师的能力标准，包括教师心理健康的标准和教师心理健康的教育能力标准；确定专兼职教师的工作标准，包括工作内容、工作流程和工作途径方法等；对资格认证进行试点工作，确定认证标准、认证机构和认证方式；编制中小学心理健康教育基础培训和提高培训方案，对无专业背景的心理健康教育教师进行基础培训，对有专业背景的心理健康教育教师进行提高培训；定期对培训效果进行质量评估；定期开展对心理健康教育师资队伍建设的调查。

对于未来中小学心理健康教育而言，加强现代学校心理辅导制度建设是核心，编制具有中国本土特色的中小学生心理健康素质指标是基础，从实施心理健康教育走向心理健康服务并建立服务体系是途径，提供适合中小学生发展需要的心理辅导与心理健康服务是关键。

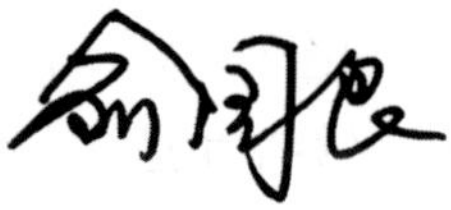

前　言

20 世纪开始的中小学心理健康教育现在已经很普遍。若想要心育成功，学校和家庭都应参与进来，二者的联系与合作是必要的。学生的心理健康问题，根源于家庭，形成于社会，表现于学校。学校教育依赖课程，有关价值的、情感的、态度的传递条件相对于家庭的教育机制并不充分。因此，家庭与学校应该建立联系，家长学会做智慧的父母，积极开展家庭心理健康教育，这样，心理健康教育就有了新途径，有利于实现教育机制互补，还原教育的完整机能。学校教师的家长工作是维护学生心理健康的重要环节。这项工作包括：

——需求评估，通过对家长教育子女方面的了解，摸清学生的家庭教养状况，家长与学生的需求以及存在的问题等。

——整体与分层分类辅导，对于家长的共同需求和带有普遍性的问题，由专家对中小学不同年级的学生家长进行辅导。对单亲家庭、重组家庭、失业家庭、外来务工家庭、留守儿童家庭及亲子关系恶化家庭等不同类别家庭的不同需求，有针对性地开展家长方面的个别指导工作。

——成立家长委员会或教师家长协会，使得家长参与到学校教育与管理中。

目前，社会文化价值取向多元化和社会发展投射到家长身上的各种矛盾与问题也在促使家长思考孩子的终身发展问题，并让他们开始理性地认识学校与家庭的教育目的和教育内容。今后在家长参与学校教育的内容方面，将对德智体美劳诸育以及心理健康教育进行更进一步的扩充和整合，家长也将越来越成为中小学教育的重要力量。

教师积极利用网络、媒体资源，提供针对中小学生家长的专业帮助。提倡成人率先垂范，以自身良好言行示范良好素养，引导青少年儿童的健康发展。

当代家庭既受制于浩浩荡荡的世界潮流，也与自己的小环境有关。家庭是人生的原点，会对个人的性格和性情形成某种影响。家庭生活，柴米油盐，都是影响孩子成长的重要因素，家长可以借此充分发挥家庭教育在青少年儿童成长过程中的重要作用。关键在于：家长具有教育智慧，率先垂范，同时具有正确的家庭教育观念，掌握科学的教育方法，尊重子女的健康情趣，加强与学校的合作，关心社会教育，帮助子女养成良好习惯，促进其健康成长。

工匠希望盖的房子可以获得住户的喜爱，厨师愿意做的菜让人们垂涎三尺，作者盼望写的书可以得到家长和教师的垂青。本书希望用可读性的文字、科学性的论述和实用性的方法，能够为教师和家长带来思想快乐，促使家庭教育实践者思考和认识家庭心理健康教育中的问题，从而充满智慧地教育孩子，使得父母能知有所识，情有所激，意有所触，行有所为。

本书可分为四部分。第一部分即第 1 章，是家庭心理健康教育概述，帮助家长了解家庭心理健康教育的概念及其意义，了解孩子的发展和心理健康标准。第二部分是从第 2 章至第 5 章，讲述家庭心理健康教育的内容，分别针对人际心理、学习心理、自我心理和生活心理进行论述，这些内容可称为健康心理四季。第三部分包括第 6 章至第 9 章，是家庭心理健康教育的方法，分别介绍榜样示范法、热点引导法、实践锻炼法、环境润泽法。第四部分即第 10 章，总括升华全书，落到家庭心理健康教育的“无为而治”上来，帮助父母成为有智慧的父母。

上述第二、第三部分的八章为本书的主体，将家庭心理健康教育的内容与方法一一道来。仔细推敲每章主题，家庭心理健康教育的体系就构建出来了。

本书的阅读对象是学生的家长和中小学教师。

杨忠健

目 录

第 1 章　什么是家庭心理健康教育　/001
何谓家庭心理健康教育　/002
家庭心育的意义何在　/004
儿童的心理发展有哪些阶段　/006
家庭心育阶段目标是什么　/009
心理健康的标准是什么　/014
如何掌握家庭心育的规律　/018

第 2 章　如何促进孩子的人际交往　/024
人际关系有多重要　/025
人际交往的技巧有哪些　/026
如何在交往中学会妥协　/029
有的孩子为什么会讨厌父母　/033
怎样增进亲子关系　/036
特殊家庭的孩子如何成才　/039
为什么不能在孩子面前指摘老师的不是　/040
如何开展家校合作　/043
同学交往有什么意义　/046
为何提倡正常的异性同学交往　/049
登月计划是怎样实现的　/050

第 3 章　父母怎样当好学习指导师　/053
为什么说学习是学生的中心任务　/054
孩子学习应持有的正确态度是什么　/056
激发学习兴趣对学习有多重要　/062
提高学习兴趣的具体方法有哪些　/065
怎样帮孩子掌握科学的学习方法　/066
帮助孩子掌握哪几种重要的学习策略　/070
核心学习策略是什么　/077
为什么培养学习习惯最重要　/081

第 4 章　父母怎样当好心理辅导师　/085
“自知者明，自胜者强”是什么意思　/086
什么是山重水复到柳暗花明的关键　/088
全部的自我都要悦纳吗　/091
如何完善自己的个性　/093
认识自我为什么这样难　/098
如何学会选择和负责任　/100
调控自我的意义　/104
如何帮助孩子调控自我　/107

第 5 章　父母怎样当好生涯规划师　/110
社会需要什么样的人才　/111
有哪些扬己之长的方法　/113
保护孩子的安全需要知道什么　/115
不确定性怎样影响生涯规划　/118
如何做生涯规划的准备　/123
家庭生涯教育有哪四个一　/126
生涯规划的步骤是什么　/129

如何帮助孩子进行重要决策 /133
为什么人的差异在于闲暇时间 /136

第 6 章 为何“其身正不令而行” /144
如何发挥家长的带头作用 /145
社会学习理论的重要特点是什么 /148
家长维持心理平衡有哪些方法 /150
父母在教育中如何分工互补 /153
家长的生涯规划怎样做 /160
何谓家庭的道德赋能 /164

第 7 章 如何抓住热点进行教育 /169
怎样进行热点引导 /170
为什么情绪需要调控 /173
生活中能一切为了快乐吗 /177
孩子追星怎么办 /179
家长指导孩子的具体方法是什么 /181
讲故事如何明事理 /185
如何运用语言的艺术进行教育 /189
对孩子表扬与批评应注意什么 /192

第 8 章 家庭实践锻炼方法有哪些 /199
实践能力培养的方法是什么/ /200
家庭心理健康教育为何要重体验 /203
多元智能理论有什么作用 /207
你知道“八个一”系列实践活动吗 /214
参加社会大课堂的意义何在 /220
如何积极引导孩子参加社会大课堂 /224
四个学会与研究性学习的关系是什么 /229

第 9 章　怎样创设家庭小环境　/234
家庭环境的作用是什么　/235
家庭的硬环境和软环境　/239
家庭小气候能发挥大作用吗　/242
潜移默化中的教育究竟好在哪儿　/243
如何促进学习型家庭建设　/247

第 10 章　家庭心育如何面向未来　/252
最有害的家庭教育什么样　/253
家庭教育如何爱严适度　/257
家庭心育三境界是什么　/258
家庭心育的发展趋势如何　/262
家长如何具备科学素养　/265
怎样做头脑清醒的智慧家长　/269

参考文献　/274

第 1 章

什么是家庭心理健康教育

毕业于上海知名高校金融学院的陆小姐，入职某广告公司的公关部。部门经理拿出自己收纳的一盒名片，让陆小姐整理，想让她熟悉客户，了解合作伙伴。这本来是很正常的事情，没想到被陆小姐当面拒绝："我读了这么多年书，不是来做这种杂务的！"说罢，就辞职了。一些学者做过调研，年轻人频繁换工作的一个原因是不成熟，有个性，不会处理人际关系，不在乎规矩，因此需要学校和单位做情感引导和职业教育。服务于一个单位，服务于社会，光有技术和学历是不够的，还需要有敬业精神、勇气胆量、正直诚实和勤奋的心理品质，这恰恰是目前一些年轻人所缺少的。

一些年轻人被领导批评了就不上班，接受任务挑三拣四，遇到困难垂头丧气而不去主动想办法，甚至不愿工作，成为"啃老族"，被唤作"成年巨婴"。这样的不健康心理和行为由来已久，有鉴于此，为提高年轻人的心理健康水平，帮助他们健康成长，世界各国包括我国在中小学阶段就开展了心理健康教育。这种教育是根据中小学生生理和心理发展特点，运用有关心理教育方法和手段，培养学生良好的心理素质，促进学生身心和谐发展和素质提高的教育活动，是培养学生核心素养的重要组成部分。心理健康教育的途径有家庭教育、学校教育和社会教育，而家庭教育的作用则显得更为重要。

健康不仅仅指躯体没有疾病，还包括心理健康、社会适应良好和道德健康，只有具备上述四个方面良好状态的人，才是一个完全健康的人。每个生理正常的孩子，都可能有着巨大的潜在智能，如果家长真正懂得如何开发孩子的潜在智能，努力去培养教育孩子，帮他做好生涯规划，不但能启发其学习兴趣，使之变得更聪明，而且会使孩子的心灵更美好，从而能更健康地成长。家庭心理健康教育（简称家庭心育）在社会迅速发展的大背景下进行，是家庭教育新的生长点和突破口。本章先对家庭心理健康教育进行定义，在介绍了儿童生长特点和心理健康教育目标之后，讲解了心理健康的五条标准：认知正常、情绪适度、行为协调、沟通和谐、个性健全。家庭心育只要向这些标准看齐，就能在一定程度上提高孩子的心理健康水平。教师和家长通过本章的学习，可以理解家庭心育的概念和意义，掌握 6 岁至 18 岁儿童心理发展理论，熟悉心理健康的五条标准。

保存在文化遗产里的智慧让人尊敬，而活在教育者头脑里的教育智慧更让人抱有无限的期望。本章最后强调，要注意家庭心育的科学性，借启功先生的“长、嚷、仿、想”四个字，说明掌握规律的重要作用。家长科学地进行教育，才有可能帮助孩子增进健康、把握未来，才有可能保持清醒的头脑；而关注每一项家庭教育活动，才有可能使家庭心育产生持续的良好效果。

何谓家庭心理健康教育

如果不算零的话，一就是最小的自然数了，《道德经》上也说：“万物得一以生”。根据大爆炸理论，宇宙就是从一个奇点发展出来的。而在现实生活中，饭要一口一口吃，事要一件一件做，路要一步一步走，书要一本一本看，人的一生也要一天一天度过。家庭心理健康教育，就从这第 1 章第一部分开始。

世界各国都在对某些后现代教育理论进行反思。例如英国，自 2009 年起，教师就以更加严格的方式来对待不负责的家长。英国政府出台一项计划，支持教师将扰乱学校秩序的学生的家长告上法庭。学校可以要求家长必须到学校上课来学习如何教育自己的子女。如果他们还管不好自己的子女，将被处以 1000 英镑的罚款，如不交钱就面临监禁——不负责任的家长必须承担实际的后果。

有调查表明，90% 以上的教师认为社会环境与风气对学生的影响大于学校德育影响，80% 以上的教师认为家长对学生的影响大于学校德育的影响。初中生与高中生都认为学校教育对自己的影响是次要的。学校已经难以保持其教育的中心地位，提高家庭教育的效果势在必行。

根据世界卫生组织对健康的定义，健康不仅仅是躯体没有疾病，还包括心理健康、社会适应良好和道德健康，只有具备上述四个方面的良好状态，才是一个完全健康的人。“健”是有力的意思，而“康”指的是乐、安、大，“五达谓之康”，可以理解为“健”指生理，而“康”指心理。

心理是指生物对客观物质世界的主观反映。人的心理现象包括心理过程和人格，人格又称个性，二者是同义词。人的心理活动都有一个发生、发展和消失的过程。人们在活动的时候，通过各种感官来认识外部世界的事物，通过头脑的活动来思考着事物的因果关系，并伴随着喜、怒、哀、乐等情感体验，这种折射着一系列心理现象的整个过程就是心理过程。按其性质，可将心理过程分为三个方面，即认识过程、情感过程和意志过程，简称知、情、意。心理学是一门古老而又年轻的学问，中国和一些国家在古代就有学者研究人的心理，所以说它古老；科学的心理学从 1879 年德国心理学家冯特在莱比锡大学设立世界第一个心理学实验室算起，脱离哲学成为一门科学，至今才一百多年，所以说它年轻。教师在就职前都学习过心理学，家长若想教育好孩子，具有一定的心理学知识是必需的。

能真正属于个人自己的，一是身体，二是心理，心理包括道德个性和知识能力等。因此，人的素质可以简单地划分为生理素质和心理素质。心理素质是人的素质的重要组成部分。一个年轻人能否为社会做出贡献，其衡量的标准，不仅在于学习分数的高低，更重要的还要看综合素质。

很多人认为“能吃、能喝、能学习”就是健康；也有人认为“无病、无伤、无残疾”就是健康；有的人甚至将健康概括为“没病等于健康”这样一个简单的公式。我们说，无论是“三能”“三无”，还是简单的健康公式，都是对健康片面、过时和狭隘的认识，不能适应现代社会。

心理健康教育帮助人们正确认识和全面构建如下的健康观念。

人要做到身体健康：具有强壮的体魄，生理功能状态良好，没有疾病，并能抵御各种疾病的侵袭，身体发育匀称，体重符合标准，能适应自然环境的变化。

人要做到心理健康：在心理上有自我控制的能力；能正确对待外界的客观影响，并能使心理经常处于平衡状态。

人要具有较好的社会适应能力：能建立良好的人际关系，有自我调节适应各种复杂环境及其变化的能力。

人要做到道德健康：具备公民意识，做到不损人利己；接受社会公认的道德准则，并以此来约束自己的言行；具有为他人健康和幸福做出自己贡献的思想和行为；具有辨别真假、善恶、美丑、荣辱、是非的能力。

家庭心育不是学校心理健康教育的附庸，是基于家庭活动和成长而展开的家庭成员的有关心理健康方面的家庭教育、终身学习和相互影响。

家庭心育的意义何在

新时代要求培养具有竞争力的领军人物；要求培养文理交融的跨界创新人才；要求培养具有中国情怀、世界眼光的公民。人们发现，现在的一些青少年，物质的充裕和情感的缺失并存；崇高的目标和消极的心态兼有；聪明的头脑却做出幼稚的行为；有美好的愿望却无可行的策略。一些年轻人心理承受能力低，批评不得，命令不起，不善于团队合作，主动性和积极性差，又容易见异思迁。《上海大学生就业问题研究报告》显示：用人单位对大学毕业生的总体评价中，关于“心理素质”一项的满意度普遍较低。诗曰：

山上青松山下花，花笑青松不如他。

有朝一日遭霜打，只见青松不见花。

年轻人首先应该调整好心态，增进心理健康，要成长为不怕霜雪的“青松”，而不是如“山下花”一般娇弱的“草莓族”。所谓“草莓族”是指一些年轻人像草莓一样，尽管表面上看起来光鲜亮丽，却承受不了挫折，一碰即烂。心理门诊中常会遇到不愿上学的孩子，有些行为表现在孩子身上，原因却在父母，由于父母婚姻关系的不稳定，使得孩子不愿离开家庭。

家庭是孩子人生中的第一所学校，父母是孩子的第一任老师。孩子的人生观、世界观、道德观、审美观、举止行为等都是在家庭中奠定基础的，家庭教育对子女个性、心理品质的形成起着潜移默化的作用。家庭教育帮助孩子发展能力、完善人格，于人类文化上尽一分子的责任；而不是把孩子造成一种特别的器具。中华文化的核心内涵是自强不息、厚德载物。人要像天体刚健的运行一样，奋力拼搏，自强自立；也要像大地承载万物那样，宽厚为德，包容他人。家庭的教育结构具有两个特点，第一是初始性，形成于子代生命出现的第一时间；第二是稳定性，缘于其教育结构与亲子结构一体，亲代即教育者，子代即受教育者，亲子关系就是教育关系。

近些年来，中国家庭中孩子为独生子女的比例大增，家庭教育中的功利主义倾向又由来已久，于今更盛。“望子成龙”“望女成凤”本身并无错，然而现在一些家长在家庭教育中采用诱惑式教育：我给你一切条件，但你须出学习成绩。这种表面上十分明确的合同关系掩盖了教育过程的细腻性和复杂性。一些家长喜欢拿自己孩子的学习成绩与其他孩子的成绩进行比较，当发现孩子并不能达到原先盼望的结果时，就大为失望。家长越失望就越急躁，亲子关系就越糟糕，孩子对学习就越厌倦。如果孩子只为父母的那点悬赏而念书，那么学习就会失去持久的动力。

自古以来，书香门第远比富豪之家更容易出人才的事实给我们以启发：家庭心育的要义应是为孩子营造一种宽松和谐的环境，一种适宜人才成长的家庭氛围。家长应顺水推舟、因势利导，千万不要抱着人定胜天的思想去揠苗助长。家长要有智慧，用理性的启发式和感悟式教育引导孩子，而不能用功利性的诱惑式、悬赏式教育。只有家长帮助孩子保持心理健康，尊重孩子成长的规律和家庭教育的规律，才不至于适得其反。科学的家庭心育可以提高孩子的心理健康水平，并改善其心理品质，从而有益于孩子的健康发展，也对全社会有益。家庭心育又能增进家庭幸福感，为和谐家庭的建设添砖加瓦，我们何乐而不为呢？

儿童的心理发展有哪些阶段

古代教育家孔子对人生各个时期提出了相适应的注意事项，他在《论语》中强调："少之时，血气未定，戒之在色；及其壮也，血气方刚，戒之在斗；及其老也，血气既衰，戒之在得。"他自己则是如此度过一生的："吾十有五而志于学，三十而立，四十而不惑，五十而知天命，六十而耳顺，七十而从心所欲，不逾矩。"他十五岁开始志于学，并规划了自己伟大的一生。

有人提出男孩养三气：三岁养大气，培养分享意识；八岁养胆气，培养勇敢精神；十二岁养志气，培养远大志向。女孩修三容：五岁修笑容，学会微笑待人；八岁修宽容，学会宽厚原谅；十岁修仪容，学会得体打扮。

人在各个年龄阶段各有不同的发展任务，让我们来了解一下中小学阶段儿童心理的发展。

发展，这里指的是人类个体从诞生到死亡的整个生命过程中所发生的身心变化。就是说，发展包括了人的生理与心理两个方面，二者互相影响。人的发展是一种不可逆的过程，任何教育，均应针对人的年龄特征，才能有的放矢。

美国心理学家埃里克森认为，人生来具有许多本能，本能与文化和社会之间存在着激烈的冲突，人一生的心理社会发展或者说自我的发展可划分为八个阶段，人们必须成功地解决每个阶段中的危机或冲突才能顺利进入下一阶段，迎接新的挑战。以下介绍他的理论中与中小学生有关的第四阶段与第五阶段。

第四阶段是勤劳与自主阶段。此时人的年龄为6岁到12岁，被称为潜伏期。这个阶段孩子正在上小学，他们的活动中心渐渐地从家庭转移到了学校，其主要交往对象由父母逐渐扩展到同龄群体。小学生开始在同龄群体中做出比较，他们必须学会掌握重要的社会和学校生活的相关技能，他们必须勤奋地学习才能成功，才能感到自主；否则，他们会感到失败，感到自卑。

常言说："三岁看大，七岁看老。"这经验之谈是有道理的。小学阶段是人生极为重要的阶段，必须好好把握，过了这个村，就没这个店了。无论足球、电脑、棋类、弹琴还是文化学习，若想成为某个领域的专家，最好由孩子起步，从娃娃抓起。专业棋手中没一个是20岁以后才学棋的，15岁学棋的很难成为超一流棋手，中国象棋棋手胡荣华15岁已经是全国象棋冠军了。那么家庭心育也如是，最有效的应该是从小学阶段开始。

第五阶段是认同和角色混淆阶段。此时人的年龄为12岁到20岁，被称为转折期。在这个年龄段儿童向成人转折过渡，青少年身体迅速长高，性发育开始成熟，同时也产生了观摩和认识世界的新方法。中学生关注的问题是"我是谁"，他们必须弄清楚自己究竟应该扮演什么角色，他们也必须取得社会和职业的自我认同。自我认同的难以达成和角色认知的混乱往往是青少年遇到的主要问题。

人们容易把青春期描绘成一个叛逆而麻烦不断的阶段，教育家维果茨基专门研究了这个年龄阶段认知发展的种种可能性。心理学家埃里克森则把青春期看成一场危机，但他不仅认识到青春期对个体发展的价值，还看到它对整个社会发展的价值，并且强调青少年能够在社会变革中发挥巨大作用。他说，青春期是人类进化进程中的一种至关重要的力量，青年人用他们的忠诚和干劲去捍卫那些有价值的事物，同时去修正那些已经失去再生意义的事物。

人生的每一个阶段各有其不同的特征，自有不同的发展任务，故而有不同的教育方法；各阶段的层次不能紊乱，也不能倒置，循序渐进是最明智的。如果人生的某一个阶段被荒废或者失效，是很难在后来补救的。因此教师和家长在教育孩子时，与其亡羊补牢和矫正治疗，不如未雨绸缪和趁热打铁。当然，同龄人之间也存在着差异。人的大脑正如一张宣纸，其生熟程度一般与年龄成正比。少年时的大脑恰如一张生宣，往上滴一滴墨会全部渗透吸收；中老年时如一张熟宣，越来越不容易吸收。这是一般而言，其实年龄也非决定性的，也有的人并非老年，他的脑子却变成了蜡纸，一点都不吸收了，这确实比较可怕。

埃里克森认为在组成人格的三个我（即本我、自我和超我）中，自我比超我和本我更加重要，对人格的形成具有决定性意义，是个体和社会相互连接的桥梁。人有情感，也有理性，其思想、感觉和行动主要是被自我所控制的。埃里克森更加强调未来，他认为，一个人对未来事件的向往决定着这个人现在如何行动。因此从埃里克森的心理发展阶段理论看，在青少年时代做职业生涯规划是必要的，家庭心育中就有这方面的内容，详见本书第 5 章。

孩子的发展在从一个阶段转入下一个阶段的过程中容易出现无序、混乱和动荡，需要家长特别注意。只有顺畅衔接年龄的各个阶段，才能平稳过渡。许多调查和观察说明，当问到中小学生今后的打算时，有人说没有打算，有人说有抱负和志向，但很少有学生具有去实现这些理想的清晰的真正计划。结果，他们在成长的道路上可能会消沉、沮丧、失望或异化。许多教师和家长没有意识到积极帮助未成年人保持心理健康、制定生涯规划是他们应尽的一份责任。

为什么要在家庭心育中关注年龄阶段？因为家庭心育的主要目的是帮助孩子提高心理健康水平，帮助孩子及早发现自身的能力和兴趣，形成生涯规划能力。然而由于这种能力的形成仅靠灌输知识和从外面提供材料是难以实现的。所以，要寻找最合适的方法和最好的环境来帮助青少年构成其自身的力量。一方面，过了关键期，教育会事倍功半；另一方面，在教育中将儿童成人化，则教育也必然失败。有些东西可以慢一些，有些东西可以急一些，但家庭心育不行，孩子的发展不行，不能慢，也不能急。如果一慢，滞后了孩子的发展，守株待兔；或一急，超越了孩子的发展，揠苗助长，就必然出毛病。花开有期，每个孩子就像一粒种子，每粒种子的特质不同，生长环境不同，花期也就不同。教师和家长对待青少年的成长，来不得半点儿急躁和迟滞，也不需要越俎代庖。教育的本质不在于传授本领，而在于唤醒、激励和鼓舞。而唤醒、激励和鼓舞不是立竿见影的，是需要时间的，所以说教育是一个过程。因此，教育既不能拒绝等待，也不能坐失良机。

家庭对青少年儿童的心育要针对孩子的年龄阶段，不急不慢，从容冷静，才能水到渠成，马到成功。

家庭心育阶段目标是什么

家庭心育可以在小学阶段开始。这个时间段早吗？一点也不早！其实从幼儿阶段开始进行教育更佳。由于人们长期以来忽视了中小学生的家庭心育，致使一些青少年和儿童不注重心理保健，对自己的未来没怎么想过，对未来缺乏责任感，也不知道自己的兴趣能力之所在和社会上的各种情况，往往依赖父母的判断或者盲目地选择大学和学习的专业，以及毕业后从事的职业。这些学生一旦进入大学或者参加工作，就可能觉得事情不如己意，所谓“男怕入错行，女怕嫁错郎”，他们可能因此丧失学习、工作与生活的动力。因此，在中小学阶段开展家庭心育正当其时。

以下是按年龄阶段划分的家庭心育目标：

（一）小学生家庭心育目标

1. 帮助小学生初步了解自己

（1）初步发现自己的长处及优点，以及自我兴趣、意志与性格。

（2）初步认识有关自我的概念与意识。

（3）初步了解自己的能力与特质所适合发展的方向。

2. 帮助小学生初步了解自己所在的社会

（1）了解自己的家庭与家庭所在的社区、城市。

（2）初步认识不同类型的工作角色及其所需要的品德与能力。

（3）初步了解教育的机会、特性及其与工作间的关系。

（4）初步了解社会发展、国家经济、科技进步与工作的关系。

3. 培养孩子如下心理素质

（1）初步觉察自我应担负的责任。

（2）开始培养诚实守信、遵守公德、遵纪守法、实事求是、热爱劳动和互助合作的品质。

（3）培养初步的选择、规划及运用时间的能力。

（4）培养勤奋认真的学习态度和工作态度。

（5）初步培养解决问题的自信与能力。

其中“勤奋认真的学习态度和工作态度”这一项尤其重要，这种态度必须从小培养。人的学习是需要投入时间、精力甚至金钱的。理直气壮地拒绝学习的人会有这样的想法：这种没有用的东西我才不会去学呢！然而真正学成者绝对不会如此功利。

学生有无理想和目标，其人生的进程会不一样。理想是信念，是希望，是向往，是追求；理想是催人奋进的精神力量；理想是同奋斗目标相联系且有实现可能的想象；理想是人们对未来的向往和追求，是一个人的精神支柱。那些根本不可能实现的想象被称为幻想。幻想不同于理想，它是一种梦幻泡影般的空想妄想。一个人如果整日幻想，那是心理不健康的表现。著名歌唱家胡松华还是个孩子时，他的家长希望他在书画方面有所成就，但音乐教师发现他其实在声乐方面很有天赋，就对他进行了这方面的培养，使他最终步入了歌坛。英国小姑娘古多尔 7 岁时，她的妈妈给了她一本书，里面提到了非洲的动物，于是她萌生愿望，一定要去那片遥远的大陆，与那里的动物亲密接触一番。成年以后，当机会来临之时，她立即辞掉了工作，到非洲原始森林中去研究黑猩猩。75 岁时的她仍在忙碌，人们举行仪式，纪念她研究黑猩猩 50 年。可见，从小做生涯规划非常重要。

（二）初中生家庭心育目标

中学生处于青年早期阶段，青年早期是个体身体、智力、情感和社会意识发展的黄金时期，是生涯发展的关键点。初中生的年龄是 12 岁到 16 岁，是人从童年向青年过渡的时期。一些人对青春期的认识持一种消极的态度，其实青少年阶段完全能够成为弥足珍贵的资源。当然，如果初中生得不到正确的引导和支持，就可能发挥不出自己的潜力。初中生面临着中考的任务，需要做出重要的选择，承受着很大的压力，却可能得不到适当的指导。如果他们只能跟和自己一样困惑的同龄人交往，可能会做出不理智的选择和决定，导致有害的结果，影响自己的发展。因此，需要初中生尝试发现他们自己的兴趣和能力，并且感知他们自己适合哪一种工作与生活。初中阶段的家庭心育可以帮助中学生学会与异性交往的正确方式，思考自己的未来，让学生有机会想象“未来的我”，让他们看一看社会上不同的人所从事的不同职业，不同行业的工作者所拥有的不同生活类型，然后在家长的细心指导下对自己的未来进行规划，并认真思考自己将来的生活状况。

因此，在初中阶段，依据孩子心理发展的特征实施家庭心育，能够使其形成对生活的感悟，初步养成正确的世界观、价值观和人生观，进而树立正确的人生理想。现在的学校性教育，因为教师顾忌家长的看法，通常不敢教，因此家长需要自己承担这个任务。从性生理、性心理、性伦理、性美学到性法律，家长都需要有一定的知识储备。人生就像一本书，有人走马观花地随便翻阅，而有人却细细阅读，因为他知道这本书只能读一次，而青春是人生这本书的辉煌一章。性是人的自然本能，同任何客观存在的事物一样，它也有自己生存与活动的必然规律。人们可以认识它、掌握它、运用它，却不能无视它的存在，更不能够否定它或消灭它。初中学生的具体家庭心育目标如下：

1. 帮助初中生了解自己

（1）发现自己的长处及优点。

（2）了解自己身体的发育，认识有关自我的观念。

（3）了解学习和工作对个人的重要性。

（4）探索自我的兴趣、性向、价值观及人格特质。

（5）了解自己的能力、特质所适合发展的方向。

2. 帮助初中生初步了解自己所在的社会

（1）进一步了解家庭、社区、国家、世界和他人，学会正确的交往方式。

（2）认识不同类型的工作角色以及职业分类。

（3）进一步了解教育的机会、特性及与工作的关系。

（4）激发对世界的好奇心，了解社会发展、国家经济及科技进步与工作的关系，关心社会。

3. 培养初中生如下心理

（1）积极进取，觉察自我应负的责任。

（2）学习科学思维，学习如何解决问题及做出决定。

（3）懂得依法办事，培养互助合作的工作态度与工作时人际互动的能力。

（4）培养规划及运用时间的能力。

（5）培养正确的学习态度、工作态度及价值观。

我们发现，一些人对那些北大、清华的学子会产生误解，误解最多的是以为他们异于常人，总是用夸张的词汇把他们描绘成疯狂的行为怪异者和奇特的高分低能者，实际上这些学生都十分正常，当然也十分聪明。而聪明的孩子那么多，为什么只有这些人考取了北大、清华？就是因为他们全都从小学和初中阶段开始，按照一个铁的原则行事：一步一个脚印，为实现理想不懈努力。

（三）高中生家庭心育目标

高中这个年龄段的学生即将由未成年人变为成年人，这是划分一个人未来生活面貌的重要分界线。众所周知，一个人受教育的程度不仅决定着他的收入水平，而且也是他日后取得成功的前提条件。高中阶段是学生心理品质养成、个性形成以及自主发展的关键时期，在这个阶段实施家庭心育，对提高国民素质和培养创新人才具有特殊意义。高中生家庭心育中需要注重培养孩子自主学习、自强自立和适应社会的能力。

高中生家庭心育同样以初中的那些目标为目标，另外增加了以下内容。

（1）顺利度过高中阶段的学习生活。

（2）学会共同生活。

（3）确定职业兴趣，研讨求职之路。

（4）培养勇于竞争、坚毅勇敢的心理品质。

（5）学会正确选择，同时树立远大而立足实际的志向。

俗话说，“有志者事竟成”。一个人的成功，往往是从立志开始的。没有奋斗目标和动力，便会懒惰散漫、浑浑噩噩地过日子。立志并不难，难的是能否坚持。青少年大多有着对自己未来的美好憧憬，比如希望自己将来上一所好大学，找一个好工作，组建一个温馨的家庭。但并不是每个人都能为目标的实现付出艰苦的努力，有些人经不起困难和挫折的磨砺，半途而废；有些人则是在美好的幻想中，抱着今天且行乐、明天再努力的思想过日子，然而“明日复明日，明日何其多”，终究虚度光阴，无所作为。因此，人生不仅要有奋斗的大目标或长远目标，而且还要有达到目标的计划和努力。规划和计划就是将大目标分解为一个个具体可行的小目标，使自己在生活中的每一天，都用一个个具体的行动来向大目标靠近。俄国大文豪列夫·托尔斯泰曾给自己确定了一个生活准则，他强调：“人活着要有生活目标：一辈子的目标，一段时期的目标，一个阶段的目标，一年的目标，一个月的目标，一个星期的目标，一天一小时的目标。”这样就可以使人坚持不懈地督促自己，最终实现自己的目标。那么，我们如何将大、小目标结合起来，并通过努力逐渐完成目前一个个较小的目标，来最终实现我们的大目标呢？

目标包括长期目标和短期目标。短期目标是最终实现志向的必要环节。长期目标一般以年为单位。

孩子在制订学期目标时，应结合自己的能力和特点，不要完全从个人的好恶出发，更不能照搬别人的计划。

在长期目标中，要确立以月、周、日为单位的短期目标。即孩子拟定各门功课的阶段性目标，规定自己完成目标和学习任务的具体时间安排表。在制订短期计划时，要把一天中的全部活动都纳入计划中，要将学习和休息协调起来，不要将目标写得过多过大，防止因任务无法完成而受挫。

为了保证目标的实现，家长应指导孩子建立每天或每周的计划评价，考察计划完成情况，找出计划未完成的原因，制订相应的补救方法。当努力之后，目标仍然无法实现，就需要考虑目标是否符合自己的实际水平，若目标不切合实际，就要重新修改。一个人如果把目标定得太高，可能一辈子也达不到；如果定得太低，可能第二天就实现。此二者都没有意义，应该确立一个合适的目标，并为这个目标奋斗。

总之，学生只要在长期目标的指导下，完成每日、每周、每月的短期目标，就会获得成功，从而为最终实现自己的理想打下坚实基础。

目标最好具体并较易完成。例如，每天早上读30分钟英语，或每天读若干页专业书籍等。孩子在自己达到目标后可以自我奖励，如看场喜欢的电影等。告诉孩子应相信自己，只要有目标，肯努力，定会有提高。

每个人都想过幸福生活，但也应该面对现实的世界；青少年着眼于一生，成长于当下。一个人有什么样的选择决定了有什么样的生活，他今天的生活是由他三年前做出的选择决定的；而他今天的抉择，将不仅决定他三年后的，更会影响他最终离开人世时的样子。虽然青少年今后会达成一个又一个的具体目标，但总还是在半路上。人们总是在学习、思考、规划、行动，心灵空间的拓展是没有尽头的。家庭心育之花，必结累累硕果。

心理健康的标准是什么

正如生理健康有医院体检的各类标准一样，人的心理健康也有五项标准。无论成人还是儿童，均以此为准。

心理健康的第一条标准是认知正常。认知正常具体而言是：富于理想，面对现实，不仅知人，而且知己。

认知，指通过心理活动（如形成概念、知觉、判断或想象）获取知识。习惯上将认知与情感、意志相对应。人必须正视现实、了解自我、体验自我和控制自我，对自身角色认同。心理健康的人应该和现实保持良好的接触，对周围的事物有清醒的认识，既有高于现实的理想又不沉迷于过多的幻想，能够脚踏实地，一步步缩短现实和理想之间的距离。一个人良好的心理状态是一种合理主义，也就是在理想和实际中找到适度的平衡。

在中国传统观念中，社会的基本单位是家庭，而非个人。一些现代观念认为，人的骄傲感和自尊更多地来自内心，没有那么外在。传统观念则认为，人的自尊主要来自外部的肯定，成就必须得到社会的认可才行，否则就不存在什么成就。关于认知正常，以下是比较现代的观念。

好奇怀疑。人对遇到的每一个机会，都不失时机地寻找原因和答案。能抓住机会但不强求机会。人在接受他人的观点和断言之前要求得到证明，得不到证明的就有理由怀疑。

虚怀若谷。一个人能兼容多种事实，寻求并尊重其他观点和看法。时刻准备在有力的推理和事实面前改变自己的观点。

科学判据。健康的人重理性，讲究逻辑完备性；重实践，讲究可重复性；重简明，讲究逐步形式化。

家长应帮助孩子及早树立现代认知观念，尤其是与市场经济发展相适应的新观念；必须克服依赖、等待的思想，树立自主、开放、效率、公正的观念；充分发挥主观能动性，刻苦学习，敢闯敢干，自力更生，艰苦创业，做小康社会的建设者。

心理健康的第二条标准是情绪适度。人的情绪应适度，具体而言是：喜怒有常，不焦不躁，适应良好，善于调节。

情绪和情感是人类较为复杂的心理过程。情绪反映客观事物和人的主体需要的关系。情感是在情绪的基础上形成发展起来的，情感伴随需要和认识而产生，由低级向高级逐步发展，例如道德感、理智感、美感等都属于高级的情感。情感和感情二词有时通用。哲学家罗素说："对爱情的渴望，对知识的追求，对人类苦难不可遏制的同情，是支配我一生的单纯而强烈的三种感情；这些感情如阵阵飓风，吹拂在我动荡不定的生涯中，有时甚至吹过深沉痛苦的海洋，直抵绝望的边缘。"

一个人要想优秀，就要培养自己健康的情绪情感。情绪贵在适度，过犹不及。司马迁说过："日中则移，月满则亏。物盛则衰，天地之常数也。"

人的一生总会有成功和失败，生活中充满了酸甜苦辣。我们不是要逃避困难，而是要尽量想办法增加愉快的体验。如果一个人经常无所事事，不爱学习，生活单调，没有追求，对学习、工作或生活没兴趣，就容易产生情绪困扰。

幽默感与一个人的生活态度、观察问题的角度密切相关。幽默感的获得和形成需要三个必不可少的要素：必备的知识修养；对生活的乐观态度；各种能力的综合体现。

幽默是生活的调味剂，使人们在职业生活和家庭生活中持有良好的心态，使人们在生活的大海中乘风破浪、勇往直前。

一般人总认为要乐观，不要悲观。乐观和悲观是反义词。然而据心理学教授刘翔平的研究：乐观和悲观是两个独立的变量，两者属于不同的脑区。考虑早期人类在森林中的艰苦历程，显然悲观痛苦的脑区发展得更早。平时人们显得乐观，遇到沉重打击，大多都悲观。缓解了悲观不一定就变得乐观，建立对未来的期望才能乐观，生涯规划正能起到这个作用。一个人过度乐观并不好，有时悲观也是必要的。清代文学家李渔也看到情绪适度的重要性，提出“和心”良方：“哀不至伤，乐不至淫，怒不至于欲触，忧不至于欲绝。”有关情绪，本书第 4 章和第 7 章有更加详细的阐述，可以参考。

心理健康的第三条标准是意志坚强。意志坚强具体而言是：果断自制，坚持不懈，行为适当，严于律己。

意志，是人自觉地确定目的，并根据目的调节、支配自身的行动，克服困难，实现预定目标的心理过程。挫折是指人们在某种动机的推动下所要达到的目标受到阻碍，因无法克服而产生的紧张状态与情绪反应。在人的日常学习和生活工作中，虽然挫折情境很难完全避免，但是怎样对待挫折以及对挫折的耐受能力如何，人与人之间存在很大差异。有的人能正确对待挫折，坚忍不拔；有的人在学习工作与生活中稍遇挫折就意志消沉，一蹶不振。所谓耐挫能力，即挫折承受力，是指个体对挫折可忍耐、可接受程度的大小。耐挫能力经常与人的以下因素有关：生理因素、生活经历、思想基础、个性特征、挫折准备、期望水平、防御机制。

学会坚持，就是一个人对自己的选择和决定保持信心。成功和回报都不是即时的，所以要保持耐心。有关意志的自制力方面，第4章还有详述。

心理健康的第四条标准是沟通和谐。沟通和谐具体而言是：善于交往，关心集体，学会合作，公平竞争。

人际关系是人与人在交往中建立的直接的心理上的联系。华罗庚说：

“人家帮我，永志不忘；我帮人家，莫记心上。”朱光潜说：“一个人在处友方面如果有亏缺，他的生活不但不能是快乐的，而且也绝不能是美的。”孔子说：“有朋自远方来，不亦乐乎！”李白说：“桃花潭水深千尺，不及汪伦送我情。”这些话都表明具有良好的人际关系是一个人心理健康的重要内容。心理健康者把每个人都看作独立个体，努力去研究和理解别人的特点，彬彬有礼、有技巧地对待自己与他人的差异。

学会主动求助，就是指人要大胆出击，积极寻求自己生命中的朋友。当年轻人面临困难时，要善于寻求帮助，这种帮助可以是朋友的建议，也可以是有经验者的分享，或是专业的指导等。如此集思广益，善于合作，方可成就大事。

本书第 2 章专讲人际交往，会详细讲解孩子的各种人际关系。

心理健康的第五条标准是个性健全。个性健全具体而言是：性格开朗，襟怀坦荡，诚信正直，言行一致。

所谓个性就是个别性、个人性，就是一个人在思想、性格、品质、意志、情感、态度等方面不同于其他人的特质，是一个人整体的精神面貌。在心理学中，个性与人格是同义词。

性格是个性心理特征之一。一般指人对现实的态度和行为方式中的比较稳定的、具有核心意义的个性心理特征。性格有复杂的心理结构，其内容为：对现实和对自己态度的性格特征，性格的意志特征，性格的情绪特征，性格的理智特征。这四方面是相互作用、相互联系、相互制约的。性格是比较稳定的个性心理特征，但又具有一定的可塑性，它是在生活过程中逐渐形成和发展的。对性格起重大作用的是人与环境的相互作用，即实践活动。

如果说男人的个性像险峰峻岭，那么温柔就是这山岭上一抹迷人的绿色，它使男人保留了天性中的童真；过刚易折，无情未必真豪杰。同样，女性的气质像碧澄的湖水，坚强就是湖中一座玲珑的小岛；柔中带刚的女性既有事业，又懂生活，这才完美。

一个人别光想着自己过五关斩六将的辉煌，也要想着曾经有走麦城的经历；学习、工作和生活都是长期的积累，可不能三下五除二就完了，本书第 4 章有气质和性格的有关论述。

以上为心理健康的五条标准。

如何掌握家庭心育的规律

家庭心育是学校心育的重要补充，属于新生事物，家长需要认真研究与掌握。良好有效的家庭心育必然是遵循科学规律的，是充满智慧的。家庭心育要研究如何帮助孩子进行心理保健，这需要家长具有科学的精神和方法。科学家卡尔·萨根说：“在我看来，体现迷信特点的不是它对知识体系的主张，而是它寻求真理的方法；我想说迷信很简单，它不过就是没有证据的信念。”

家庭心育中最重要的是尊重事实，遵循规律，有创造性，讲究方法。其中非常核心的是遵循孩子身心发展的规律和教育的规律。智慧父母科学地进行家庭心育，才有可能帮助孩子增进健康、把握未来，才有可能使家长保持清醒的头脑而认真对待每一项家庭活动，才有可能使家庭心育产生持续的良好效果。如果随心所欲，信马由缰，就可能误入歧途。

智慧父母进行家庭心育遵循以下的道理：

首先，家庭心育是“长”出来的。

“长”就是实践。家长在家庭生活中会遇到各种问题，家庭心育要有实践性、针对性，在教育的实践中自然长出，实践是检验家庭心育的标准。

家庭心育在我国尚属少见，如破土的幼苗。假以时日，家长朋友得到学校教师的帮助，充满智慧，在家庭教育实践中发扬光大，使幼苗成长，摇曳生姿，清丽脱俗，终将结出育人之硕果。

某学生上大学后写了一篇作文，题目为《路》，回忆他的中小学生活，从中可见其接受的家庭教育。

路有两种，一种平坦顺畅，另一种坎坷曲折。我偏爱后者，这得从我家乡的小路说起。

我小时候，家住农村，那里只有一条坎坷曲折的小路。它伴随我长大，我与它建立了深厚的感情。

这条小路使我尝到了痛苦。我上一年级时的一个早晨，屋外飘着鹅毛大雪，天还没亮，我们就出发了。爸爸骑车带着我行驶在这条小路上。此时寒风肆虐，大雪纷飞，大片雪花打在脸上，钻心的疼。爸爸顶着风，艰难地蹬着车，自行车好像不听使唤，左一歪，右一扭，我坐在车后座难受极了。突然，一阵狂风袭来，自行车一打滑，便失去了平衡。爸爸摔倒在地上，我跌入沟里。爸爸站起来，把我从沟里拖出来，焦急地问我："疼吗?"我含着泪，摇了摇头。于是我们在风雪中继续前进……

后来，我学会骑车了，在这条坑坑洼洼的小路上骑行，实在太颠簸了，有时竟会颠得浑身发痒。但每当我骑到终点时，便会感到一种胜利的喜悦。

这条小路也有可爱的地方。我经常到小路上散步。漫步在这条没有汽车轰鸣声而只有昆虫悦耳叫声的小路上，我欣赏着一路的美丽景象。路的两侧全是庄稼，清风徐来，激起滚滚麦浪。路旁的沟里长着郁郁葱葱的野草，还有颜色各异的花朵点缀其中。我高兴的时候便会采集一些植物，有的色彩缤纷，有的香气怡人，我的心情特别舒畅！

一次我和妈妈在路旁挖野菜，也许是因为我穿着红校服的缘故，突然五六头大奶牛向我们冲来，这可把毫无准备的我们吓坏了，妈妈丢下手中的野菜，大声喊道："快跑！"后来，我和妈妈一前一后跑在小路上，那群牛在后面追，离我们越来越近，眼看就要追上我们了！我十分恐惧，心脏都快跳出来了。我们拼命跑过一座小桥，在桥头突然左转弯，而那些牛由于惯性太大，过了桥仍然向前冲去，然后一头一头地"飞"下陡坡，扑通扑通地栽倒在地，我们脱离了危险，乐得前仰后合。从此我们就称这条小路为"牛路"。

云水悠悠，人世变幻。如今，我家搬入了望京小区，我也考入了北京大学，只能和"牛路"说再见了。现在我们在平直的马路上再也看不到那田园风光了，在高层塔楼上再也看不到那滚滚麦浪了，心中倒有一丝惆怅。

我永远不会忘记那条坎坷曲折的"牛路"，它不仅给了我乐趣，而且磨炼了我的意志。

地上之路如此，人生之路亦是如此。我在今后的人生之路上会遇到许多绊脚石，甚至会摔得鼻青脸肿，但我会勇敢地爬起来，昂首阔步走在人生之路上！

其次，家庭心育是“嚷”出来的。

“嚷”就是说话，包括讲座、研讨、争论、辨析。家长的心育理念和方法通过研讨更加接近真理。研讨是教育中必不可少的过程。研讨中有种头脑风暴法，头脑风暴的规则是只谈自己的想法，不批评别人。不过讨论中批评和辩论不但不会妨碍创意，反而会激发灵感，增长智慧，因为争论会鼓励人们更充分地了解别人的想法，调整自己的观点。美国西北大学的乌奇教授发现，如果讨论成员之间很陌生，合作就不太成功；成员之间关系太熟，也不利于创新。最佳团队的成员之间有中等熟悉度，有老朋友，也有新来者，这种混合导致高效互动，他们不仅有熟悉的结构可以仰仗，而且也能吸收新想法。

这些年，教师和家长这些教育实践者通过研讨交流，否定了下面一些司空见惯但却似是而非的说法。

——情商比智商重要，情商就是人情练达。

——不要输在起跑线上。

——宣泄能够减少攻击性。

——生涯规划就是找个职业。

——考试第十名比第一名更有出息。

——一切为了快乐，表扬比批评有用，能提高自信。

——考试是万恶之源，高分低能。

如第一条，情商其实是情绪智力的一种不规范的通俗说法。情商也不可能比智商重要，因为情绪智力也是智力的一部分。如果说情商比智商重要，恰如说白菜比蔬菜重要一样的不知所云。人情练达也不能代表情绪智力水平高，许多大科学家、大作家、大诗人有时恰恰不善言辞，不会交际，钟南山、陈景润、钱锺书、袁隆平都是性情中人，而非人情练达者。古代人情练达的冯道是三朝元老；而《红楼梦》中人情练达的王熙凤只能做出“一夜北风紧”这样一句打油诗。

又如最后一条，考试成了万恶之源。考试有那么大的罪过吗？高分低能是伪命题，因为大部分获得高分的学生也是会做事的人才，能为社会做出杰出的贡献。第五条也是站不住脚的，学生是学习第一名，他只要故意错题，很容易得第十；而学习第十名要进步到第一名，得加倍努力，即便如此，也可能永远达不到。在哪个评价系统中，就得按其标准来。《北京晚报》资深评论员苏文洋说：“只要开了口子，再要堵住是很难的。现在一些人拼命地扒口子，唯恐公平考试的大堤塌得还不够快。那真是有钱的出钱，有权的使权，还有一帮马屁学者帮忙或帮闲，论证公平考试的种种弊端。我就想不通，不管怎么说，在当今社会风气下，考试比其他方式更能体现社会公平。”

某些以专职的教育思想生产者自居的学者则根本就不具备成为专家的资格，实际上他们经常说大话、空话、假话，这些话不能提高他们教育的理论水平，更难以真正推动教育实践的发展，只能添乱。如果这些学者不去充当专家，其害处大不了是做了些无意义、无价值的研究，至多也只是浪费些科研经费。但是，一旦他们成为专家去指导家庭教育实践，其危害就会波及实践：干扰家长的正常教育活动。那些有关教育的歪论胡说、心灵鸡汤、豪言壮语，在现实面前成了黑色幽默。春晚小品中，本山大叔把腿脚健康的范伟很快就忽悠瘸了。经济生活中的忽悠固然可恨，家庭教育领域中的忽悠却更加可怕。这些年“教育专家”南辕北辙的所谓后现代言论人们听得多了，不过只要教师与家长自身稍具科学常识与智慧，一般不会“随风起舞”。

家庭心育中的“嚷”不是吵架，而是辩论，得讲理。讲理，就是评断是非对错，必须依据两个基本标准：一看其言论是否合于平实的经验事实，二看其言论是否合于严谨的逻辑检验。除此之外，诉诸权威、诉诸领导、诉诸群众、诉诸祖宗、诉诸情绪、诉诸偏好、诉诸成见、诉诸暴力、诉诸宗教、诉诸人身攻击、诉诸意识形态，皆非讲理。

再次，家庭心育是“仿”出来的。

“仿”就是模仿，尤其初做父母者，一定的模仿其实也必不可少，有许多成熟的教育理论完全可以借鉴。我们的家长可以学习那些实践成功者的做法，并总结自己的经验。家长要掌握心理学、教育学理论，了解中外信息。学习他人的经验不是丢人的事情；先学才能致用，如果先入为主地断定不符合自家，学了没用，从而心安理得地拒绝学习，就永远什么也学不到。同时，不必担心学了会丧失自己，把自己同化掉的例子闻所未闻。例如，某个家庭曾经教上小学的孩子玩扑克 24 点游戏，取得的效果良好，别人学习这个家庭的做法，也取得了不错的效果。

家长对行之有效的朴素经验可以仿之；而对那些所谓后现代的、浪漫主导的、自说自话的“改革”和口号必须警惕，不轻易学，不轻易改。实践证明，那些东西很容易由于时机、条件或环境原因发生扭曲与变异，以似乎善始，以其实恶终。

家长应注意的是，凡蹈袭他人的片言余论与行为，套用别人说过的话，而毫无自己的创见的做法，叫“拾人牙慧”；从众心理会产生从众行为。当然，与他人行为相同不一定不好，当个人判断多数人的意见正确，自己就应该采取同样的行动，这就不是从众，而是自主。从众这种思维方式在家庭教育中表现为爱赶时髦，爱跟着别人走，爱随大溜，造成家庭教育无特色，家长无特点，孩子无特长。有的家长看见别的家长给孩子报什么课外班，自己就也给孩子报什么班，而不考虑孩子的差异，效果就非常可疑了。

“疏影横斜水清浅，暗香浮动月黄昏。”这是千古咏梅之绝唱，作者是宋朝诗人林逋，可是您要知道，他这也是仿出来的。原来就有诗句“竹影横斜水清浅，桂香浮动月黄昏”，描写四个景物，比较乱。而林逋只改了两个字，目标明确地描写梅花，层次就高多了。家庭心育和作诗一样，不能简单模仿。

齐白石对弟子许麟庐说：“学我者生，似我者死。”这是仿的时候要注意的。孩子与孩子之间会有差别，有时差别巨大，因此机械地模仿别人断不可为！在家庭心育的进展中，父母只有重视科学理论和教育实践的有机结合，重视教育的技术性和艺术性的有机结合，才能真正做到“学我者生”。

教师可以帮助家长学习家庭教育的先进案例，不断前进，避免落后。然而这确没有固定的模式，没有永恒的教条。

最后，家庭心育是想出来的。

想就是思考。在信息激增的今天，教师和家长这些教育者都会发现：如果缺乏冷静的思考就难有发现。心之官则思，行之有效的教育行为必然是深层次理性思维的产物。只有经历“山重水复疑无路”的艰辛探索，方能有“柳暗花明又一村”的丰硕收获。创新是家庭心育的关键。教育是复杂的，家庭和孩子都是不一样的，环境又总是在变化的，理性思考就很必要。家庭心育固然是新生事物，也并非错综复杂得超出了家长的认识能力。教育复杂，却有可能源于简单的原理。

验证或建立家庭心育行为模式时，应尽量避免以下情况：

一是取样上把特殊当作正常。年龄、性别、经历、背景、能力和个性不一的孩子差异很大，要因人而异地采取教育方式。

二是推论时以偏概全。将一个群体的情况外推时需要慎重。

三是观察时不求精确。需要历史地、全面地、客观地了解情况，做到准确无误。

四是如果家长认知上固执己见，就容易偏颇。

浩瀚的宇宙中有恒星、彗星、黑洞和暗物质等，人类已经能观测几十亿光年外的星系，仍不能穷尽对宇宙的认识。我们对家庭教育的认识也是这样，需要螺旋式上升，波浪式前进，一点一滴地进步。家庭心育更是从无到有，正在不断发展前进。家庭心育中的发现创新与其他科学、艺术一样，主要来自被美感激发的好奇心，很少是来自过于实用的意图。须知，无用之用乃大用也。

第 2 章

如何促进孩子的人际交往

2018 年《悉尼先驱晨报》报道：对 5.2 万名学生展开的数年研究显示，在全国统考和读写计算能力测试的三、五年级计算与写作考试中，那些表现出更多责任感、合作和助人为乐精神的学生，比表现相对消极的学生超出 24—26 分。该研究的主导者澳大利亚新南威尔士大学教育心理学高级讲师丽贝卡·柯利博士表示，这项研究显示了教孩子们学习社交技能和情感技能的重要性。适应性行为能力较高的学生，能够更好地与同伴和教师相处，更投入地参与课堂活动。研究还显示，学生早期的社会与情感状态也与中小学的毕业率、成年后的身心和财务状况息息相关。相对地，那些社会责任感偏弱，具有破坏行为、不愿合作和吝于助人的学生，数学与读写得分明显低于更有亲社会倾向的学生。

这个研究表明：孩子的学习成绩与人际关系有联系。本章依据人际关系心理学，首先阐述了人际关系的概念和作用。人是一种社会动物，一个人不能离开他人而存活。人们的社会关系分为生产关系和人际关系。所谓人际关系，就是人与人之间心理上的距离和心理上的关系。亲子关系、师生关系、同学关系、配偶关系等都属于人际关系。家庭中需要学会妥协，妥协是两个或几个方面之间商谈条件求得互让，以避免冲突、争执。双赢或多赢经常是妥协的结果。

这一章还论述了如何帮助孩子成为一个受欢迎的人，然后依次讲述了如何建立良好的亲子关系、师生关系和同学关系。在亲子关系中，我们看到特殊家庭中仍然可以保有良好的人际关系；在师生关系中，强调了内因与外因的相互作用；在同学关系中，认为异性同学交往是必要的，但应该做到适度。对于增进各种人际关系，本章分别给出了一些行之有效的方法。最后讲述了个体意识与群体意识之间的辩证关系，帮助孩子学会正确处理个体与集体的关系。本章认为学会共同生活是重要的人生课题，是家庭心育的重要内容。

人际关系有多重要

第 2 章有个“二”字，讲人际交往正合适，因为交往都是双方的，仅一个人就无所谓交往。周易有言：“分而为二以象两。”“二”与生命的繁殖延续是最密切的，结婚是两个人的行为，生命的基础是基因，基因是双螺旋的结构。“二”是一个两极分化的数字，具备双重波动性，体现了阴与阳、男与女、黑与白、真与假、父母与子女、传统与现代的关系。

在家庭心育中，家长应设法帮助孩子成为一个受他人欢迎的人。人际心理是家庭心育的重要内容之一，人际交往与合作乃是与生存竞争同样基本和根深蒂固的人类本能。人类不断、强烈地表现出自己的合作愿望，如果没有合作，人类这个物种是不会生存发展的。

人是一种社会动物，一个人不能离开他人而存活。一个人的人际关系如何，实际上代表着他的心理适应水平，是个体心理健康水平的一个重要标志，而人际交往不良常常是个人产生心理疾病的主要原因。缺少正常人际交往的孩子，往往会表现出如下适应困难：拘谨胆小、害羞怕生、孤僻退缩；以自我为中心，不能合作，任性妄为，具有攻击性。而人际交往中的尊重、分享、合作、关心则是预防和治疗这类心理问题的灵丹妙药。由此可见，教育者促使儿童养成良好的人际交往能力，对其今后的学习、生活和工作，对促进其心理健康的发展，以及预防各种心理疾病都有着积极而重要的意义！

现代中国城市家庭中大多数只生育一个子女，他们更多的是与父辈和祖辈相处，长辈的过度疼爱容易使孩子形成以自我为中心的性格，总是从自己的角度出发去考虑问题，很少顾及别人的感受，我行我素，听不进不同意见。因此教会孩子与他人和谐相处十分必要。

家长要教孩子学会与他人一起参与活动。现代社会既充满竞争，也离不开合作。一个人要学会在合作中竞争，在竞争中合作。人既要尊重多样化的现实，又要尊重价值观的平等，增加相互之间的了解、理解和谅解，加强对相互依存关系的认识。必须教孩子学会共同生活。研究显示，儿童不经过交友，或不经过与其他儿童一块儿玩要等社会化过程，将来可能产生临床上的焦虑情绪。一个不善于交往的人就难以适应复杂多变的社会。因此，现代社会迫切要求人们不断提高交往能力和交往水平。

一个人如果仅仅是与某人相处不好，很可能是对方的问题；要是与两个人相处不好还可能是对方的问题，当然问题也可能在自己；但他要是和一群人或各色人等都处不好关系，那么问题就极有可能是在自己身上了。

在强调人际关系重要性的同时，我们还要看到社会上的一些不良风气早已侵入了学校和家庭。一些学生很“早熟”，给教师送贵重礼物，千方百计参加组织当干部，到处建立人脉。许多人吹捧的所谓“情商”就是会拉关系，走门子，精通所谓的厚黑学。一些具有世故性聪明的儿童，为人处世的能力远远超过了其年龄阶段，他往往容易凭着这种小聪明，凡事都想投机取巧走捷径，不愿学真本领，不愿花费力气，特别是不屑于或不安于像同龄人一样去完成这个年龄阶段所应完成的文化学习任务。可是当其长大了，才识平庸，无所作为，其实就是被小时候的小聪明给耽误了。教师和家长须知，人际沟通及其理论绝非此类俗不可耐的庸俗关系学。

人际交往的技巧有哪些

（一）照顾关心孩子

尽管父母忙于工作和家务，还是应抽出时间多了解多亲近自己的孩子。子女得到父母关爱的同时，得到的是安全感、满足感和对人的信任，这影响着孩子待人接物的态度和社群生活能力的正常发展。家长与孩子共进早餐和晚餐，交流谈心，讲故事，共同劳动、运动、活动、游戏都是必要的，但注意不要用成人的标准要求孩子。“知子莫若父”，家长可以采取适当的方式来激发孩子的学习兴趣，培养其学习习惯和才艺特长，但在孩子学习中，家长要防止过于超前和越俎代庖。

（二）指导其铺好择友路子

培养孩子正当的爱好，等于替孩子预先铺好择友的路子。爱音乐的有乐友；集邮的有邮友；下棋的有棋友；踢球的有球友；读书的有书友。智慧父母为孩子创造交往机会，锻炼孩子交往的心理品质，尊重孩子的交友习惯。从活动和交友中，孩子可以学会待人接物、宽容理解、给予分享、合作共赢。一旦孩子在交友问题上有所失误，家长也能及时发现并加以劝导、纠正。

（三）让孩子懂得自己是群体一员

家长需要教育孩子对人群有认同感，能够尊重他人，尊重群体的利益。家长教孩子懂得群体对个体的重要性，让孩子知道自己就是群体的一员，不可事事、处处以自我为中心。同时，应教育孩子对自己在家庭、学校、社会中所担任的角色有初步的责任感。

（四）引导孩子乐于交往

父母不仅要鼓励孩子学会合作，引导孩子在生活中乐于交往，而且要告诉孩子在交往中应持有良好的态度，运用恰当的方式。2008 年北京奥运会提出“同一个世界，同一个梦想”。人类在 21 世纪能不能避免世界大战，能不能获得更好的发展，要看能不能解决相互间的协作问题。当世界范围内的科学技术和经济发展到比较高的水平之后，大量的问题靠一个人，甚至一个国家都已经很难解决了，像能源问题、环境保护、经济贸易、文化交流等许多事务需要人与人、国与国之间的合作。地球村的说法说明人们相互依存的关系，许多事情是一损俱损，一荣俱荣。社会已经把人与人糅合在一起，个人只有依靠和他人的团结协作才能得到生存和发展。一个人在与他人的交往中，如果采用换位思考，可以改善人际关系，做到真诚待人，并保有一颗善良仁爱的美丽心灵。

（五）帮孩子初步建立调节自己与他人、个体与群体关系的能力

父母要让孩子逐步学会谅解、宽恕、承受委屈，以求保持自我的心理平衡。另外，在家庭心育中，家长要避免令孩子过于讲究“和为贵，忍为上”。虽然说“与人为善”是不错的，但是也不能在这个问题上走极端，要帮助孩子建立起码的维护自我、保护自己不受侵害的能力。

比如争论，本是人际交往中的常见现象，家长千万不要把同学之间的争论当作坏习气压下去。即使把争论压下去，矛盾依然存在，而且会随着时间的推移使同学之间的关系变得不正常。理性的、推心置腹的讨论能使双方都有收获，还能使友情进一步巩固。

对于同学之间发生的校园伤害与敲诈事件，时有所闻。不少学生挨打受骂，忍气吞声，把自己的钱物拱手送给凶恶的他人。这不是正确的做法。家长要教会孩子如何识别“恶”，并且学会一些同“恶”做斗争的本领，懂得在自身合法权益和安全受到侵害时如何还击、如何报警、如何周旋、如何自护。

善良意味着友善待人，通情达理。它不是软弱无能，不是姑息纵恶，更不是无原则地一味迁就和忍让。宽容、忍让是有条件、有限度的。一个善良的人不能丧失掉自我保护的意识和能力。如果一个人连自己的尊严和利益都不敢维护，又何谈去捍卫正义、保护弱小以及推动社会的进步呢？善良没有错，但要警惕一些人对善良的误解和误用！

人际交往立德为基。品格的完善乃是第一要素，有了完善品格的愿望，就懂得并学会了正直、真诚、信任、责任、宽容、尊重、豁达和勇敢。而若品德有缺陷，特别是言不由衷、虚情假意，终究会招致怀疑，难成大器，一时的交往成功也难以为继。

心理健康的儿童有自己的朋友，他们乐于与人交往。他们与人相处时尊敬、信任和友爱的态度多于憎恶、怀疑、恐惧的态度。如果一个儿童与集体格格不入，不能容忍他人的短处，不尊重他人，那是心理不健康的表现。真正的知心朋友，不止于生活的密切和形体的亲近，它是精神上的相容相契。

良好的同学关系、亲子关系、师生关系及与他人的关系都是家庭心育的重要内容。溺爱型家庭教育不利于形成良好的亲子关系，不利于孩子的心理健康。这样教育出来的孩子不是自私自利，就是不会人际交往，太软弱。“己所不欲，勿施于人”是良好交往的前提。

对一个孩子来说，在交往问题上要树立正确的人生观、价值观、交际观和友谊观。家长要帮助孩子懂得：伙伴间真挚的友谊必须以纯正的心理建立。人们之间应相互尊重、相互关心、相互帮助，携手前进，摒弃功利性的庸俗交往。

如何在交往中学会妥协

21 世纪，政治是民主化、多极化；经济是市场化、全球化；文化是现代化、多元化。多元共存的世界，要求人们学会妥协，这表现在人的行为、生产方式和生活方式上，但根源在于人们的价值观念和思维方式的改变，在交往中需要有一种妥协的思维、观念和行为。

加拿大魁北克省有一条南北走向的山谷，山谷的西坡生长着各种树木，山谷的东坡则只有一种树——雪松。原来，这里总刮风，因风向关系，东坡的雪比西坡的雪要大得多，所以西坡植物无恙，而东坡的木本植物除雪松外都被雪压死了，原因就是这些植物长得高又不妥协，结果被压断了枝条而死亡。只有雪松不怕雪，那么雪松为何不怕雪压呢？原来每当枝条上的雪积压到一定程度时，它就妥协了，它那柔韧的枝杈会弯曲，这样上面的积雪就滑落下来，因此无论雪多大，雪松也完好无损。

其实人也是一样，适时妥协，释放压力，是保护自身的大智慧。妥协是指两个或几个方面之间商谈条件求得互让，以避免冲突、争执。妥协在市场经济、国际政治、婚姻生活、家庭教育、干群关系、师生关系、同学关系、教师家长关系和生涯设计中应用甚广。人际关系中，双赢或多赢经常是妥协的结果。国际政治中双方如不肯妥协，那就只有兵戎相见了。民主协商才有合作，妥协是合作达成的必要条件和过程。如果靠一个人的圣明来独断，结果是：要么他人消极怠工，要么一哄而散，不会有真正的合作。小到夫妻关系和亲子关系，也得妥协，不妥协就只好妻离子散了；大到当今世界，已经是地球村了，为了避免人类共同灭亡，非此即彼的斗争哲学只得让位于求同存异的互补哲学，讲究融合共生，各美其美，美美与共。在处理人际关系方面，妥协好处很多，值得提倡。

（一）妥协的对象

妥协要求双方求同存异，在种族、阶级、财产、知识等方面的差异毕竟是第二位的，第一位的还有一个更根本的东西是大家一致的，那就是大家都属于人类，具有共同的祖先。由于人性中的共性，人类在各个方面有共识，不同文化、文明之间蕴含共享着普世价值，使得借鉴、交流、融合、共生成为可能。费孝通先生晚年提出文化自觉：各美其美，美人之美，美美与共，世界大同。妥协的好处很多，那么对谁妥协呢？对象有三：

1. 对自己妥协

有的人常和自己较劲，就是不肯和自己妥协。一个人有了疾病，有时是需要和它妥协的。一个人对自己的消极情绪，也不可能完全消灭它，而是要学会与之妥协。心理学讲究心理保健，首先应悦纳自己，在此基础上认识自己，调控自己。家长首先不必和自己较劲；同时还可以告诉孩子，应学会和自己妥协。

2. 对他人妥协

亲子关系、夫妻关系、同学同事、师生关系、教师家长关系、干群关系，都得妥协。如干群关系，体恤下情但需要层级管理；知人善任，但少指手画脚。一句呛死下级的贬语或胡说，可能会沦为网上或朋友间聊天的笑谈；领导者条分缕析的回应和知错必改的行为，才能获得理解和双赢。上级对有些专会拍马的人是不应该支持的，他打报告打得倒很好，真正的工作却不会做，所以不应赏识。又如教师家长关系，其实教师和家长是不同战壕的战友，目标一致，都是为了孩子的健康成长。如果决不妥协，互相看不上，互相攻讦，必然两败俱伤。

个人和集体的关系也得妥协，而不能总是充满张力。须知个人与集体的快乐应当像一组双螺旋曲线那样，不可分割地结合在一起，这样人们在集体里就能感觉到一种悠闲而不懒散的气氛，在工作与生活之间就能取得良好的平衡。

人无完人，每个人都有缺点，婚姻中伴随着他或她。两个人在一起，除了需要共性，还有一些可能长期存在的“个性”，能否长期容忍对方的一些缺点或是毛病，也是一个不容小觑的问题。比如有的人有洁癖，西装领带的位置、鞋袜的干净还有在家存放的地点都特别考究，如果对方忍不了，婚后早晚会产生矛盾。长久婚姻的秘诀，其实就是一忍再忍，忍人之不能忍。

家长还必须学会与孩子妥协，孩子的学习成绩不能得到全班第一，只是中等，那么要接受这个现实。如果父母总抱着人定胜天的思想，可能会把孩子逼坏或逼傻。当然，在可能的条件下，要鼓励孩子继续努力，但要有耐心，会等待，不能要求孩子做力不能及的事情。

3. 对事情妥协

事情做失败了，可以继续奋斗，也可以妥协，改变目标，在另一个领域获得成功。德国某造纸厂在一次配料时由于疏忽，忘了加黏合剂，造出了一大批很软的废纸，根本不能在这样的纸上写字，只要一写字，墨迹就渗开，看不清楚写的是什么。有位工人发现，沾上墨水的桌子用这种废纸一吸就干干净净了。于是他建议：为什么生产的一定是书写纸呢？应该和这种纸妥协，可以把这种纸当作“吸墨纸”来推销嘛。结果这种产品上市后，果然不同凡响，销路大开，利润滚滚而来，比书写纸的利润还大。

在 20 世纪，阴丹士林布是一种漂亮又有名气的蓝布，第一个染出这种布的人叫曹任远，他是在一次化学实验失败时才有此发明的。曹先生留学德国，一位同学搞恶作剧，趁他不在时悄悄来到实验室，将原来化学药瓶的摆放位置打乱了。曹先生晚饭后进实验室工作，仍然按以往习惯取物品和比例配置，又不慎将配好的溶液倾倒出来，洁白的工作服沾上了污点，他赶紧用水洗，可是用洁白剂也无法洗掉颜色。第二天他发现工作服上留下的是鲜亮可爱的蓝色。他正在疑惑，导师却笑眯眯地问他如何调配成功的。他陈述了事实，导师握着他的手说：“祝贺你给人们做了有益的贡献，现在请按这种配方比例重新配制看看。”曹先生这才发现药瓶都变了位置，就将错就错，如法炮制，并浸染白布。这种蓝的色彩鲜艳夺目，洗后色泽不褪，越洗越鲜亮。他把此项发明写成论文，取得化学博士学位，后又获得专利权。他后来回国，在成都创建阴丹士林布厂，月产600匹布，人们争相购买，供不应求。

（二）妥协的方法

1. 妥协有底线

妥协是有底线的。生活中不能以妥协、宽容为名而不辨是非、不分真假、鼓励遗忘甚至拒绝反思。我们必须坚决反对那些突破底线的行为，否则就是对维护底线者最大的不宽容、不妥协。

在交友时，志同道合就是我们的底线。就像管宁在交友时的选择一样，当他发现自己和华歆在“锄园得金块”和“门外车马喧”等问题上志不同、道不合时，毅然决定和华歆“割席断交”，并说“子非吾友也”。生活中法律就是底线，任何事情只要违法了，就不能妥协。在家庭生活中，超越底线的事情不能妥协。

对自己的孩子，家长要做的就是容忍他不逾越底线的一些缺点。我们每个人都有缺点，张三的与李四的不一样，但缺点就是缺点，应批评指正。

2. 妥协可互补

有一个互补原理，此原理有三要点：一为你是你，我是我，也就是说你不是我，我不是你；二为你补充我，我补充你；三为你中有我，我中有你。互补的理念是，相反两个事物加起来后，要比两个事物的算术和大。日夜、阴阳、新旧、快乐悲伤、家长孩子等均可互补。科学家发现：光是粒子，也是波，光具有波粒二象性。互补是科学，也是哲理，有一种特别的美。两种似乎完全相反的观点，最后在更广阔的视野中，变成两者都是对的，且缺一不可。

经济贸易的全球化和民族文化的局域化，企业制度的规章和运筹管理的柔性，这些都呈互补态势。家庭生活中，夫妻互补、亲子互补都是家庭心育研究的内容。

3. 妥协获双赢

市场经济讲究讨价还价，各退一步，得到双方认可的价格是妥协的结果；各取所需，是双赢的结果。

从理想角度说，人追求的目标是以最小的投入来获取最大的收获，然而历史证明，这种两全其美的希望是难以实现的。诺贝尔经济学奖获得者司马贺从理论上证明这样的想法是不切实际的。可行的是低调追求的目标：不是最优策略，而是满意策略，在若干不甚理想的方案中选取一个较好的方案，在多种弊端中选择一个负面小而不严重的弊端。

山顶上的草、山腰上的草和山脚下的草都吃，羊才长得好。只吃山顶的草那是理想主义；只吃山脚的草，那是实用主义；各处的草全吃，活得才比较滋润，姑且称其为合理主义。而前两种主义就片面一些。人活在这个世界上，重要的是发挥潜能，做出贡献，生活充实，自得其乐。人比人，活不成。智慧父母，不会总拿自己孩子与其他人的孩子比。一个人能否出人头地本没有那么重要，也不可强求。所谓不求最优，但求满意，家庭生活中该妥协的地方妥协一下，可能对双方都有利，得到双赢的结果。亲子之间的妥协，意味着谅解、宽厚、兼容、改良、协商、渐进和权衡，这是让家庭心育成功的诀窍。

结论：

对立不如互补——和而不同；

破坏不如改良——不立不破；

最优不如满意——知足常乐；

该妥协就妥协——争取双赢。

有的孩子为什么会讨厌父母

亲子关系即父母与子女之间的关系，在法律上是指父母和子女之间的权利、义务关系，这里是指父母与孩子在心理上的关系和距离。父母和子女是血缘最近的直系血亲，亲子关系为家庭关系的重要组成部分。

在一些家庭中，父母与孩子之间缺乏应有的交流与沟通。这时，做父母的加在孩子身上的种种学习压力，可能无法得到孩子的理解，进而遭到孩子的抵触和反抗。尽管父母对孩子的学习和未来极为关心，然而在孩子心中，却反而被认为是绝情。一个母亲说："做家长的，谁不希望自己的孩子最优秀？我平时经常对孩子小阳说，要向优秀的同学学习。小阳没上初中时还听话，可现在我一说向同学学习，他总是跟我急。我一说要和他说心里话，他总说，没啥可说的，自己会处理。日子一长，孩子与我的距离越拉越远，我真不知道怎样与他交流了。"而初中学生小阳在心理咨询室对老师诉说了这样一番话："我和我父母不怎么讲话，在他们眼里，我什么都不行。我父母总说，你看谁谁这次考了多少分，谁谁上了重点大学，谁谁钢琴比赛得了一等奖，谁谁书法比赛得了第一名。烦死了。班上很多同学和我一样，平时不喜欢和自己的父母交谈。"

在家庭中，夫妻关系的敌对和冷淡比单亲家庭更会给孩子在心理上造成伤害，因为他们在父母那里看到了人际关系的恶劣性。孩子会因此有被抛弃感和愤怒感，并有可能变得抑郁、敌对，富于破坏性，他们通常会对学校学习和社会生活失去兴趣。曾有报道，一个叫扬扬的女孩子，因为无法忍受父母的离异，用她那稚嫩的手写下绝笔书后，跳楼自尽，结束了自己刚刚开始的人生。

一项针对3000名北京中学生的调查显示，13%的青少年"讨厌父母"，56%的青少年"痛恨父母"。北京海淀"法官妈妈"尚秀云到工读学校讲法制课，一个孩子竟然问她："打爹骂娘违法吗？"这些数据和案例给为人父母者敲响了警钟。国外许多大规模调查研究表明，在现代社会中，家庭背景对学业成绩个别差异的影响程度比构成教育环境的其他各种因素的影响程度要大得多。

父母必须承担起对子女的监护责任，对其不良行为进行教育和矫治，把问题消灭在萌芽状态。溺爱型的家庭教育肯定不对，而朝令夕改同样不行。欧阳修说："言多变则不信，令频改则难从。"意思是：言语反复多变，就不能取信于人；政令朝出夕改，人们就无所适从。家长要有主心骨，家庭教育中不能听见风就是雨，随波逐流。

好的亲子关系胜过许多教育。父母与孩子关系好的话，对孩子的教育就容易成功；与孩子关系不好，对孩子的教育就容易失败。建立良好的亲子关系，其关键在于父母的定位。

一是父母不当法官，而要学做律师。有些父母看到孩子出了问题，便迫不及待地当起了评判的法官，这是很危险的。孩子的内心世界丰富多彩，父母要积极影响与教育孩子，不了解其内心世界便无从谈起。而了解孩子的第一要诀是呵护其自尊，维护其权利，成为其信赖和尊敬的朋友。即父母对待孩子，要像律师对待自己的当事人一样，了解其内心需求，并始终以维护其合法权利为宗旨。

二是父母不当裁判，而要学做啦啦队和教练。在人生竞技场上，孩子只能自己去努力。父母既无法替代孩子，也不该自作主张去当裁判，而应该给予孩子一种保持良好竞技状态的力量，即啦啦队的力量和教练的指导，这样更能帮助孩子建立自信心，而这正是家庭心育的核心任务。父母做孩子的啦啦队和教练，既要善于发现和赞美孩子的努力，还要引导孩子正确面对失败，在挫折前做孩子的战友。

三是父母不当驯兽师，而是学做镜子。孩子只有认识了自己才能战胜自己，但他们通常只能依据他人的反馈来认识自己，这时父母的反馈作用即镜子的作用就很重要了。不做驯兽师，学做镜子，才能帮助孩子提高自我意识，才能让孩子不害怕父母的权威，转而和父母沟通。

一些教育者只关心孩子的学习成绩，仅仅计较孩子在班级的名次，这显然是错误的。对于和父母缺乏交流的孩子来说，最需要的并非是对他们学习成绩的关心，这些东西学校里的教师经常在讲，而且经常会上下浮动。孩子真正缺少的是感情，因此家长不宜把闲暇时间变成纯粹的教育时间，用于对孩子进行枯燥空洞的说教，而应该积极地参与到孩子的活动中去，让孩子在活动过程中感受到父母的关心与爱，以便增进亲子感情。最使孩子扫兴的事，是家长对他高兴的事不感兴趣。

例如，家长可让孩子跟自己学习做饭、洗衣或做其他劳动，这既能够让孩子体验到自己动手的乐趣，又能培养孩子热爱劳动的习惯和独立生活的能力；给孩子讲讲自己对其寄予的希望，让孩子明白努力和奋斗的方向；给孩子讲讲自己的人生遭遇或自己在生活和工作中的酸甜苦辣，既可以引导孩子认识社会人生，又能让孩子充分了解自己，以便形成相互的交流与沟通。

假期里，旅游是可以考虑的项目，孩子和家长一起到祖国各地旅游，使他们对民族的历史和传统有具体而形象的了解。也可以是一日游，主要是郊游、参观等。活动一般以亲近大自然为主题，地点一般选择公园、郊外、农场或风景区。

孩子在假期还可以选择到社区当义工，参加义务劳动。这是没有任何物质报酬的劳动，服务社区，但它对学生的成长非常有益，是极好的锻炼机会。亲子可以共同参加的活动有许多，爬山、游泳、打球、跑步能够强身健体、锻炼意志；看剧、上网、游览、参观可以活跃精神、开阔视野；吟诗、奏乐、读书、绘画可以丰富知识、陶冶情操；劳动、做手工、下棋、玩游戏可以开发智力、益智怡情。

陶行知先生的《小孩不小歌》里说："人人都说小孩小，谁知人小心不小。你若小看小孩小，便比小孩还要小。"其实孩子像大人一样，是一个独立的个体。家庭教育实际上是双方都在受教育。经常有家长抱怨自己工作忙、活动多，常年在外，没有时间对孩子进行教育。如果有充裕的时间对孩子进行教育当然是理想的，但是，我们应该懂得家庭心育的主要途径是通过父母和子女建立良好、融洽的关系，那我们就可以用这种"关系"来衡量家庭心育的质量和状况。父母与孩子的相互影响，并不完全在于相处时间的长短。有时，父母和孩子每月或每周才见面一次，由于亲子关系良好，见面少反而成了一种教育资源。作为教师，也不能只抓学生的学习，要了解学生的人际关系，尤其是其家庭中的人际关系。

怎样增进亲子关系

亲子有效沟通的方法是：家长变命令式教育为民主型协商；要寻找新的有趣话题；孩子遇到挫折或考试失败时要帮他找到战胜困难的办法；重要的还是去掉过分的爱，让孩子自己选择，从而自己负责。

在北京广渠门中学，学生小田的母亲患精神病走失了，小田到山西千里寻母未果。这件事情让同学认识到了母爱的珍贵。在母亲节前夕，高金英老师启发学生们，母亲节是一个向妈妈表达谢意、回报妈妈的好时机。怎样向妈妈表达做儿女的一片心意呢？大家讨论得出的结论是：妈妈最大的心愿是盼望自己的儿女有出息，最想得到的礼物是孩子的问候与祝福。于是同学们用节俭的方式表达自己深深的谢意——给妈妈写一封信。丛肖兰同学以“花开的日子”为题给妈妈写信，信中说：

“亲爱的妈妈：您好！现在窗外又是一个生机勃勃的春天。16 年前您就是在这样一个花开的日子把我带到人间。儿女的生日是母亲的受难日。还记得那个不快的春天吗？您带着学生去寻找春姑娘的足迹，年幼的我无法理解您的心思，认为妈妈的学生抢走了妈妈对自己孩子的爱。那天，我向您发脾气了，我流着泪，看到您那双充满忧伤的眼睛，我知道您的心在流泪。虽然您没有责怪我，但我在心中告诫自己，不要再让妈妈伤心。这几年，爸爸的工作单位不景气，多少个花开的日子都变得苦涩了。您用那柔弱的肩膀扛起生活和工作两副重担。在这花开的日子，就要迎来您的节日。亲爱的妈妈，请让您不善言辞的女儿对您表达心中的祝福。希望春风能够将我这份薄礼带到您的身边。在此，我谨将我生命中所有花开的日子献给您——我平凡而伟大的母亲，祝您身体健康，永远快乐！”

全班同学都自制了贺卡，把祝福写在上面，把贺卡寄回家。他们在活动中，自己感动了自己，自己教育了自己。同学们懂得了：亲情是这个世间最为珍贵的。

在台湾有一所忠信高级中学，其一大特色是孝亲日。忠信一周上课五天，隔周周六为孝亲日。一方面为方便住校学生得以回家看望父母；更重要的是，要全体同学当天在家帮忙做家务，孝亲、顺亲、事亲、娱亲，并能体谅父母辛劳，了解父母“望子成龙”的心理，从而在学业和品德方面能更加努力，更加鞭策自我。该校做法值得其他学校参考学习。

家庭教育中孩子性格和心理上的失败很可怕。如果孩子老是在成人的呵护下成长，没有了自己的摸爬滚打，性格和能力的养成均成问题。社会学家郑也夫提出了两条建议，以解决孩子过度依赖的问题。一个建议是每个人从小学、中学上来，小学有一年寄宿，中学有一年寄宿。一段时间离开父母的庇护，置身同龄人的环境中，自己打理自己的生活。还有一个建议就是服役：服兵役和教育役。服兵役，人多点，时间可以少一点，可以改成一年，这样更多的青年可以来服役。还有一些人去边远地区支教一年。通过这些手段使孩子们适时、间断地离开家庭和父母，摸索自立，融入集体，置身艰苦的环境里，服役于国家的安全保卫和建设，历经融合与锻炼，培养他们独立坚强的性格。

贤德之人总是在自己对问题有了透彻的理解以后，才会去教导别人。因此还要注意的是，家长不要误导儿童，把拉关系、送礼物、讨好人、会钻营说成是“情商”，学生正处在师法前贤、树立志向的时期，不要让他沾染社会腥臊之气，而变成一个脸厚心黑之人。这种人即使能占便宜于一时，终究会因狭隘的器宇而难成大事，他们对社会并无正面的作用，最终只会伤害到自己。而只有那些腹有诗书的青年才俊才可以推动社会的进步。有些人把人际关系提到生活的中心或将其视为一切，这就违背了适度原则，这样其心理也不会健康。

家庭和睦、亲子关系和谐是许多家庭所希望的，那么怎样才能实现呢？

（一）包容孩子的行为

孩子正在学习和成长，要靠父母一点一滴、耐心地教导，并给予正确的示范。对于孩子的各种行为，正确的要鼓励称赞，不正确的要开导纠正，而不是打骂和压抑。对孩子由于经验不足而产生的幼稚行为，父母应能包容。

孩子的见解有时不能特别圆满成熟，这是正常的。当孩子表达自己的意见时，父母一定要倾听，这表示尊重孩子的人格。他说得不完整，您可以补充；他说得有偏差，您可以纠正。千万不要打断话头，不要泼冷水，要用理解的心去接纳他。

（二）了解孩子的需要

孩子有物质的需要，还需要精神上的安慰。父母应该满足孩子物质和精神上正当合理的需要，暂时不能满足的要解释清楚原因，不应该满足的必须拒绝。对于父母的关爱、鼓励、支持、辅导和安慰，孩子是不会嫌多的。

（三）放手让孩子去活动

父母应将安全知识等必要的知识教给孩子，然后放手让孩子参加健康的活动。如果孩子不喜欢和父母沟通，要找到原因予以解决。父母应是孩子行为的顾问，而不是指挥官。陪孩子玩不难，买玩具也简单，但要让孩子从玩耍中认识多元世界，养成创造性思维，这就要父母多动脑筋，善于利用物件，放手让孩子自己去摸索，去创造。

一些具体的实践活动在本书第 8 章中会有详细的介绍。

特殊家庭的孩子如何成才

这些年我国各地大量农民进城打工，造成留守儿童和流动儿童激增。另外，随着离婚率的不断上升，夫妻一方或双方带着子女重新组建家庭的情况越来越多，留守家庭、流动家庭、单亲家庭、重组家庭、残疾人家庭的子女教育也成为一个引人注目的社会问题。一些原因造成这些特殊家庭开展家庭教育困难，但只要家长尽心尽力，生长于特殊家庭的孩子照样可以成人成才。

孔子很小时，父亲就去世了，等到十多岁时，母亲亦死去，他只得跟着哥哥一起生活。孟子小时父亲也去世了，他是在母亲的抚养下长大的。韩愈小时候，父母双亡，只得随哥哥生活，后来他的哥哥也去世了，他与嫂子侄子三人共同生活，才得以长大成人。范仲淹的父亲去世后，母亲改嫁了，他在一个寺庙中读书，生活极为艰苦，冬天的时候，他将粥冷却凝固后划成四块，早晚各吃两块。他直到快成人时才恢复范姓。而孔、孟、韩、范，都是中国的古圣先贤。他们虽然童年家庭不幸，吃了苦，道德学问却也因之而成。

北宋文学家欧阳修四岁时父亲即去世，家境贫寒。母亲辛勤劳动，教子读书。母亲无钱为他买纸，就把沙子铺在地上当纸，用芦秆代笔，教欧阳修写字。母亲说："简朴成习，今后遇到坏的环境也不怕了。"欧阳修在这样的单亲家庭环境中成长，后成为唐宋八大家之一。

纵观21世纪的家庭，父母外出或离异的多了，升学竞争与压力大了，网络与媒体的信息多过牛毛，文化与价值的冲突无处不在。身处“以升层为光荣、以消费为目的、以广告作驱动、以流行为个性”的文化中，我们的中小学生尚未成熟就已经能看到社会百态。统计数据显示，中国内地居民结婚登记初婚人数逐年减少，而离婚人数则逐年上升。

这是一个中学生的来信：“我是一名中学生，从小父母就离婚了，我跟着爸爸生活。爸爸没有工作，只能靠奶奶的退养费和爷爷的退休费生活。我总想出去挣些钱回家，可是又没有我这么小的孩子能干的活，上初中的想法总想抹掉，但怕家长不愿意。有时看着奶奶、爷爷日夜操劳，身体渐瘦，我就干脆在墙角边儿上痛哭。我想让家里收入多一些，但是又不能实现，这使我感到心里很痛苦。”

这是个懂事的孩子，意识到自己对家庭有一份责任，这种品质很可贵。不过从国家的规定、现实的条件及学生主要的任务这几方面来考虑，未成年人在家庭中担负的主要责任还不是挣钱。这个孩子可以给父亲加油打气、出谋划策，用乐观的精神感染家庭成员，多做些家务，减少自己不必要的开支，为家庭分担责任，努力学习，这样终会有出头之日。特殊家庭的孩子和其监护人都应该认识并有能力行使自己的权利，尽可能地融入主流社会，不被边缘化。特殊家庭孩子的教育问题不可能仅通过家庭心育完全解决，它是与更广泛、更深层的社会问题关联在一起的。不过，家庭心育的重要作用毋庸置疑。

正是：

虽不能选择家庭，但可以调控心情；

虽不能改变容貌，但可以展现笑容；

虽不能左右命运，但可以选择高明；

虽不能事事成功，但可以奋勇前行。

为什么不能在孩子面前指摘老师的不是

师生关系是指教师和学生在教育、教学过程中结成的相互关系，包括彼此所处的地位、作用和相互对待的态度等。

师生关系既受教育活动规律的制约，又是一定历史阶段下社会关系的反映。良好的师生关系是提高学校教育质量的保证，也是社会精神文明的重要方面。新型师生关系应该是教师和学生在人格上是平等的，在交互活动中是民主的，在相处的氛围上是和谐的。

中国历来有尊师的传统，“天地君亲师”体现了教师在古代社会中的地位。在我国历史上，也曾经有过教师节。1931 年 5 月，由中央大学教授提倡建立的教师节定为 6 月 6 日，解放区也接受了这个节日。1939 年，当时的教育部另立 8 月 27 日为教师节，相传这一天为孔子生日。

中华人民共和国成立后，将教师节与五一国际劳动节合在一起，但因为与教师联系不紧密，效果不好。1957 年后，教师节被取消。“文革”中，教师地位跌入历史最低点。

改革开放后，教师地位得以恢复并不断提高。现在教师节定于 9 月 10 日，是考虑新学年新生入学伊始，即开始尊师重教活动，可以给教师教学和学生学习创造良好的气氛。同时，9 月份全国性节日也少，便于组织活动和宣传，使教师节真正成为全社会都重视的节日。

教师是文化知识的传播者；教师是净化灵魂的清洁工；教师是辛勤耕耘的劳动者。作为家长，要教育孩子尊重老师，努力学习，珍惜老师的劳动；要宽容体谅，建立良好的师生关系；要坚持真理，有自己独立的见解；要青胜于蓝，超越老师不断进步。

对孩子的教育来说，教室只是一片小天地，家长应该做好学校以外的弥补工作；当家长不满意教师的某些做法时，千万不要在孩子面前指摘老师的不是。父母不妨先同老师取得联系，共同商量，意见一致后再向孩子说明，这样才有利于孩子的成长。也有的家长过分宠爱孩子，认为自己的孩子简直是天才，都是老师不好，所以讳疾忌医，不能对孩子进行严格教育。我们的家长在家庭教育中要注意：对有意义生活的追求不能变成对常态生活的抛弃；对庸常琐屑的背叛不能变成对经验规律的无视；对学生负担过重的批评不能变成对刻苦精神的嘲弄；对考试制度的不满不能变成对公平竞争的否定。所以，关键是家长要与学校加强沟通，形成教育的合力。

父母在去开家长会前应准备四点：

——安排好本职工作，按时参加家长会。

——赴会前与孩子谈一次，开会前后主动向老师介绍情况，征求老师的意见和建议。

——认真听取学校情况，明确学校和老师对孩子的要求。

——回来后与孩子认真谈心，交换意见，与孩子共同研究改进措施，制定下一步的努力目标与策略。

教师可以给家长介绍归因理论：如果全班都没有某个问题，而这个孩子有，则首先要从这个孩子及家庭找原因；如果全班都有某个问题，就需要在学校教育和教师身上找原因了。无论如何，教师和家长之间的有效沟通都是非常重要的。爱人者人恒爱之，敬人者人恒敬之。

如果教师和家长、教师和学生、家长和孩子之间能够形成一种友好合作的关系，而且共同负担任务和解决问题，那么这种相互交往就会促进学生的学习。教师当然对孩子的发展起着重要的作用，家长都千方百计地为孩子寻找好学校、好教师。然而，对孩子的学习而言，自身的因素是内因，教师毕竟是外因，外因通过内因才起作用。这也就是在同一个班里，不同学生的成绩可以有天壤之别的原因。

心理健康的孩子都具有内控型人格特征，能从自身找原因。当事情进展顺利时，总结经验，继续努力；进展不顺利时，也会勇于承担责任，努力使局面好转。相反，那些具有外控型人格特征的孩子，倾向于把失败的责任推卸给外部因素，比如因自己的学习成绩不好，就抱怨家庭环境不好、运气不好或是老师教得不好等。

现代教育是通过以考试为主的综合评价来考核、选拔和甄别学生，其对立面是以个人赏识为标准的伯乐相马式教育或推荐保送教育、以出身为标准的种姓教育或成分教育、以财力为标准的商业化教育。在分数面前人人平等，总比凭门第、出身、关系、财力或凭有权者主观色彩浓厚的举荐来取人要强得多。尤其在一个社会机制不完善而举荐容易流为暗箱操作的情况下更是如此。学生升学过程中的各种加分机制弊端很多，对其他学生十分不公平，这两年稍有改进，但还需继续努力。我们应该客观公正地评价高考制度，在社会上能够通过个人努力而改变命运的机会并不多，而高考是难能可贵的一个机会。所以，家长应当帮助孩子在考试中取得好成绩。父母需要告诉孩子，教师确实很重要，平时可以尽量向老师寻求帮助，但学习主要还得靠自己。跌了跟头，莫怨石头。

如何开展家校合作

和谐，是古往今来人类孜孜以求的美好理想和愿望，而调动一切积极因素构建和谐文明的校园环境也将是一个永恒的主题。校园是学生每天停留时间最多的地方，学生在这里像海绵一样吸取着知识的养分；教师像园丁一样辛勤地耕耘着。无论是学生还是教师，都希望在一个和谐的氛围内学习和生活。因此，构建和谐校园需要建立和谐的师生关系。教师给了学生文化知识的启迪，使他们从无知到有知，从幼稚走向成熟。教师给了学生知识的雨露，需要的是年轻人全身心的接受，珍惜教师的付出，尊重教师的劳动。学生尊敬教师，教师爱护学生，这样才能构建和谐校园，建立和谐的师生关系。

构建和谐校园同样也需要建立和谐的同学关系，这需要同学之间互相帮助，让他们感受到和谐校园的温馨，保持良好的心态，宽容待人，用一颗真诚的心去换另一颗真诚的心。只有同学之间友好相处，才能建立和谐的同学关系。构建和谐校园需要建立诚信、文明的作风，需要同学之间相互信任、坦诚相待、说实话、做实事。学生在考试时坚决不能有作弊的现象，要用诚实和实力给自己和教师交上一份满意的答卷。学生作风严谨、文明，才能打造和谐的校园文化。

同时，构建和谐校园还需要建立良好的学风和校风。要倡导一种蓬勃向上的团队作风，一种脚踏实地的学习精神。团结奋进的班风和刻苦勤奋的学风能促使个人在良好的环境中成长。良好的校风如春风化雨，吸引学子们奋勇向前，为了理想而努力拼搏，以此打造和谐的教育氛围。

创建和谐的校园需要师生们的共同努力，也需要得到家长的支持和帮助。家长可以积极参加家长组织的活动。家长组织是指在学校内组建起来且由教育行政部门允许的民间组织。这类组织可以由家长单独组成，如家长协会；也可以由教师、家长与普通市民共同组成，如家长教师协会；还可以由教师、家长、家庭教育课外辅导员组成，如家长委员会。这些家长组织是家长参与学校教育管理的组织载体，在美国、英国、日本、澳大利亚等国的中小学都有设置，在我国的香港和台湾也已存在很多年，目前内地也在纷纷建立。这些组织有完善的组织形式、严格的工作制度和规范的评价指标等，它们的基本任务是：支持并为儿童代言；帮助家长掌握养育和保护儿童的技能；鼓励家长和公众参与公立学校的教育；做好家长和学校之间的沟通工作。家长组织是非营利的、非派系的、非党派的组织。这些组织促成了家校之间的良好沟通，已经成为基础教育必不可少的组成部分，并有法律来保证家长的参与，更重要的是为儿童代言，促进了儿童的健康成长。随着我国中小学教育管理改革的不断深入，很多学校在政府的倡导下，建立了各种家长组织，作为家长，可以积极参与相关活动，共同为培养学生出力。

本书前言中曾说：学生的心理健康问题，根源于家庭，形成于社会，表现于学校。家庭教育犹如医生行医，既要有科学精密的训练，还应针对孩子“远近高低各不同”的素质和需求，做出适切的判断，才可能“随机应变信如神”。成功的家长与伟大的教师和医生一样，是把科学与艺术合二为一的。家庭心育是改变孩子心灵的工作，当然不可能一蹴而就，耐心和改进都是必需的，教育者认真做下去，家校合作，对孩子进行润物无声的教育，孩子就能“长风破浪会有时”。

家庭教育配合学校教育可以使两者相得益彰。家庭教育可以为学校教育打好基础，因为学校的作用是有计划、有组织、有目的地向儿童传授社会规范、价值观、知识和技能，以促进人的社会化。实践表明，良好的家庭教育使孩子乐于接受和执行学校的各项要求；可以使学校教育对症下药。家长能向学校提供孩子的全面情况并积极支持、配合学校教育措施的，一定有良好的教育效果。家长和学校的联系方式有：通信或电子信件；家长会或家长座谈会；参加学校的家长日活动等。

问题学生只是家庭问题的携带者，其症状是家庭成员间相互作用的表现，由此可见，家庭成员对学生心理健康的影响是非常大的。因此，学校和教师辅导家庭心育也是维护学生心理健康的重要环节。

今后家长参与学校的教育和管理会越来越多。每个家庭的状况是不同的，不可能要求父母提供同样的生活品质给子女。社会环境对青少年的影响，也总是以时髦风尚为主，像歌星、明星、小鲜肉的表现以趋于浮华的居多，青少年有盲目追随的可能。学校则不同，它是正式的教育机构，有责任把基本知识、生活规范、人生价值等传递到年轻一代的手上。如果在家长参与学校的教育问题上，学校不能提出主动而积极的对策，青少年健康成长的前景与整个社会的未来都将蒙上阴影。

参与，意味着一个人主体性的觉醒和民主化进程的推进，这是一个必然的趋势。随着家长对孩子期望值的居高不下，和学校对协同教育观念的加强、落实，家长的参与意识会越来越强，而且会越来越理性，并在参与的过程中，不断提高自己的参与能力。家长的社会公德也会在参与学校教育过程中得到提高。

目前，社会文化价值取向多元化和社会发展中投射到家长身上的各种矛盾与问题也将促使家长思考孩子的终身发展问题，逐渐理性认识学校的教育目的和教育内容。今后在家长参与学校教育的内容方面，德、智、体、美、劳、心、性等方面的教育将进一步扩充和整合，家长也将成为教育的一支重要力量。

教师与家长的沟通是为了解决孩子的教育问题，不是辩论会上的输赢角逐。无论自己多么不认同对方的意见，先要口头上肯定对方，再发表看法，说出自己的观点。交流中我们要保持平和的心态，宽容待人，要采取征询、协商、建议、请教的口气，切不可采取命令和批示的口吻。把专业性的东西转化为易懂的白话和数据，会更有说服力。具体地说，教师和学生的关系不是敌对关系，不完全是领导与被领导的关系，也不完全是朋友关系，而是互补关系。所谓互补关系，第一，教师是教师，学生是学生，并不是一回事。虽说教学相长，但主要方面是学生向教师学习，其作用确实有区别。第二，教师和学生互相能满足对方的需要。教师的成功就是培养出超过自己的学生，渊博教师的精彩教学也正是学生所需要的。第三，师生可以教学相长，互帮互学，共同进步。

所以：

愚蠢的学生——一切依赖老师；

自满的学生——拒绝请教老师；

聪明的学生——取得老师帮助；

高明的学生——准备超越老师。

同学交往有什么意义

朋友，是这么一批人：是你快乐时，容易忘掉的人；是你痛苦时，第一个想去找的人；是给你帮忙，不用说谢谢的人；是惊扰之后，不用心怀愧疚的人；是对你从不苛求的人，是对你从不提防的人；是你败走麦城，也不对你另眼看待的人；是你步步高升，对你称呼从不改变的人。

年轻人交朋友建立友谊，这是他的心理需要，是适应社会的表现。上学以后，孩子与同龄伙伴交往并建立友谊的需求日趋强烈，这是正常现象。他们渴望多交朋友，有了心里话愿意找同龄人诉说。如果这种要求得不到满足，交友处处受到家长的限制，不但对孩子的自我意识发展极为不利，也容易引发孤独、抑郁、偏执等心理障碍。孩子在学习中，只有思想的共振，才能迸发新的见解；只有知识的互补，才能研究出高深的学问。科学家爱因斯坦年轻时，就和他的朋友定期到一个小咖啡馆聚会，探讨和争论共同关心的问题。许多出色的思想，就是爱因斯坦在讨论中从朋友处吸取的。

中小学生正处在学习知识、了解社会、探索人生的发展时期，在这一过程中，离不开与人交往。一个不善于交往的人就难以适应复杂多变的社会。因此，在现代生活中迫切要求人们不断提高交往的能力和水平。

你有一个苹果，我有一个苹果，交换后，每个人还是只有一个苹果。你有一条信息，我有一条信息，交流后，每个人就有两条信息了。孩子和谁交流呢？同学、老师、父母、朋友，只要是孩子信得过的人，都可以交流。人际沟通很重要，不可或缺。

现实中的他人和孩子理想中的他人肯定不一样。所以，告诉孩子要宽容，并尊重人和人之间的差异性。水太清了鱼就不能生存；人不宽容，就没有朋友，陪伴自己的就只有孤独了。自己有了好消息，可以告诉同伴；有了成功，让大家分享喜悦。自己任何好的东西都舍不得给别人一点点，怎么会不孤独？

《论语》上有一句非常著名的话，那就是“己所不欲，勿施于人”。因而，能做到设身处地地为他人着想，理解他人，这是一个人与别人沟通的关键。

然而，青少年交友不可不慎。一位青年送弟弟到戒毒所戒毒，人们对此非常奇怪，家庭环境一样，上同一所学校，哥哥就品学兼优，弟弟却吸毒成瘾。原来两人本差不多，在学校交友上却不一样。哥哥的朋友都是科学迷，在一起搞小发明、小研究、小制作；弟弟的朋友却吸烟，一个“老大”在烟中放了毒品，弟弟吸后就不能自拔了，没钱就偷，甚至去抢。交友情况的不同导致兄弟二人生活道路各异。如果一个学生学习特别好，而他周围的同学也学习好，那么大家可以互相促进，共同提高。但如果一个学生学习特别好，而他周围的同学学习大多不好，怎么办呢？他可以帮助其他同学，在帮助的过程中，自己也会提高。《论语》里面说道：“益者三友，损者三友。友直，友谅，友多闻，益矣。友便辟，友善柔，友便佞，损矣。”一个人交朋友并不是小事，不同的朋友会对他的生活和学习产生不同的影响。同伴交往是影响学生生活的重要环境因素。不良的同伴交往在小群体之中进行，其成员之间常常传递信息，沟通思想，互相模仿，导致违法犯罪行为的发生。

“物以类聚，人以群分”“近朱者赤，近墨者黑”。少年儿童失足的重要因素是不良群体在一起吸烟赌博、打架斗殴、寻衅滋事，逐渐发展到作案。损友、谄友、歹友使这些学生陷入罪责；而净友、益友、良友使学生得到有益的帮助。

进入少年时代，同学之间的交往是成熟的需要，但交往的方向性、节制性和技巧性是需要家长给予正确指导的。家长需要告诫孩子的有如下要点：

（一）学会尊重

生活在集体中，每个人都有被尊重的愿望。“敬人者，人恒敬之。”良好的人际关系是建立在尊重别人的基础上的，要教育孩子尊重他人。尊重强者是容易做到的，关键是学会尊重某些方面不如自己的同学。

（二）助人好学

一个人在别人遇到困难时，能主动伸出援助之手，帮助别人战胜困难，这样才能赢得更多的朋友。如果一事当前，只为自己打算，“拔一毛而利天下，不为也”，就不可能有朋友。同学之间的关系要运用自己的心智、真情去维护和改善，这就需要努力、无私地去帮助同学。如果孩子在家娇生惯养，以自我为中心，到了学校也就喜欢经常麻烦别人，过多要求别人帮助自己，那么孩子的同学关系将会变得非常糟糕。家长应告诫孩子要设法多帮助同学，少麻烦他人。

孩子有强烈的求知欲望，可以把与人交往看作是学习的好机会。一个人在某个方面比自己强，就可以学习他的这个方面。多赞赏别人，少张扬自己。就像五个手指头不一般齐一样，同学不一定像自己想象的那样“整齐”。要告诫孩子，不可自恃拥有某些长处而张狂，以至处处炫耀自己；倒是需要拥有谦虚的态度，善于发现和欣赏他人的优点和长处，向同学学习。这样，就在同学中自然而然地增强了亲和力。自己的长处不必宣扬，别人发现后反而会肃然起敬。

（三）君子之交

学生之间的交往不要有过多的物质往来。古人云：“君子之交淡如水。”更何况是毫无经济基础的中小学生呢！再说了，花父母的钱礼尚往来又于心何忍？如果对方是非常势利的人，就没有必要与之有过深的交往。

现在世界上绝大多数国家包括中国都实行市场经济，这是一种信用经济，要求双方必须讲诚信，否则就会交易失败。在学校教育中，诚实是做人的道理。但从博弈论来看，多数人的诚实是出于自利的需要而不是道德。许多情况下，利害关系更加有效，并不需要友谊的合作。一个人不诚信，就不容易找到工作，不容易贷到款，不容易成交买卖，不容易建立家庭。在诚信体系健全的社会中，一个人若缺乏诚信，简直寸步难行。

（四）宽容大度

在交往中应宽容别人的缺点和过错，不为区区小事而斤斤计较。对己严，对人宽。要避免背后议论他人，对别人的秘密和个人隐私，知道的不传播，不知道的不要问。多干事情，少指挥人。应教育孩子在学校里要从看似不起眼的小事做起。如果一个人大事做不来，小事又不做，遇事像个监工似的指挥别人如何如何，那么同学就会对这个人产生反感。如果有的同学对自己态度冷淡，不必介意，应该坚持在班里服务大家，例如多打水、扫地等，久而久之，同学一定会热情起来。

教育孩子和同学交往时要克己礼让，求同存异。每个学生的个性都是独一无二的，而人的经历、兴趣、性格、能力都有差异，要求同学都和自己一样是不切实际的，何必事事以“我”为参照物呢？要让孩子承认差异，并正确对待差异，同时采取自我约束、积极适应的态度，求同存异，磨合同学关系，使之尽快趋于完美和谐。

为何提倡正常的异性同学交往

中小学生正常交往，是社会化必不可少的一课。年轻人将来投身社会，建立家庭，必须学会和异性和睦相处。男女学生正常交往，可以互相促进，共同提高。没有正常的异性交往是不完善的交往。

友谊是人类优美的感情之一，是人们在共同学习、共同工作的基础上产生的，是激励和鼓舞人们前进的力量。异性之间也可以建立起友谊关系。异性同学之间的交往，友谊是主旋律。

异性同学之间可以互相帮助、互相激励、取长补短、携手共进。但是，当一个人要把自己的命运与一个异性的命运联系在一起时，就不是一件简单的事情了。人类的一半去认识另一半，是非常深奥的问题。这些事对一个小学生或中学生来说，更是艰巨的任务，自己的未来尚难预料，前途实在变化莫测。那青青的果子，还是让它挂在枝头自然成长吧，何必急着摘下来呢？青果的酸涩是早在预料之中的，因为时辰未到。

异性同学交往应该是理性的，这种理性的异性交往首先有助于智力的互补。虽然两性间在智力的总体上没有优劣高下之分，但一般而言，男生理科稍强，女生文科略好；男生喜欢标新立异，女生学习扎扎实实；男生爱好动手实验，女生擅长社会交往。男女生之间通过相互切磋，完全可以从对方那里吸取优点，提高自己的学习效率，弥补自己的不足。

其次，异性同学之间的交往还有助于情感的互慰。男性的情感粗犷热烈，使人振奋；女性的情感细腻温柔，使人沉静。异性之间情感的交流可以使人达到心理上的平衡，这是同性交往不可替代的。

再次，异性同学之间的交往有助于行为的互激。绝大多数人在心理上会产生异性效应，学生更不例外。“男女搭配，干活不累。”一个人在异性面前更想表现自己美好的一面，从而激起积极性和创造力。

登月计划是怎样实现的

在家庭心育中，家长可以有意识地培养孩子的合作意识。古人云：修身、齐家、治国、平天下。每一个公民都是先学习家庭伦理，再学习社会伦理。可以从家庭合作开始，让孩子体验合作的重要性。心理健康的少年儿童有积极、良好的人际关系，尊重他人，理解他人，善于学习他人的长处来补己之短，并能用友善、宽容的态度与别人相处，善于与人合作。

现代社会很多工作都离不开合作，离不开团队。对高新技术而言，团队精神和组织管理能力显得尤其重要。

美国1961年提出了“阿波罗登月计划”。这是人类历史上空前庞大的一个计划，参与者有两万多家企业，120所大学，400多万人，一艘宇宙飞船零部件有300万个，耗资250亿美元。这个计划没有用到很多新发明的技术，其高明之处就是高度的合作精神和科学的组织管理。在计划制订的八年以后，土星5号火箭载着阿波罗11号飞船最终把人类送上了月球。

自古以来，人就是一种群居的动物，任何个体都不可能离开他人而生存，所以说我们生活在地球村。集体活动可以培养青少年儿童的群体意识。

一个人的群体意识必须建立在自我意识的基础之上，这才是自觉、健康、牢固的群体意识。没有自我意识的群体意识是一种低级、虚假的意识，是以个人的盲从和愚昧为前提的。

一个人自我表现如果处理得当，在群体中才能真正起积极作用，使群体更加生动活泼，更有发展前途。例如，在团体操的表演中，每个体操运动员都必须从全局出发，节奏一致，保持协调。然而，仅仅如此还不够，只有当个体意识到自己具有独特的作用，甚至认为自己是观众注目的中心时，他才能真正把动作做完美，在出现意外时，他才会从容应付，恰当地调整自己的动作。在 2003 年“非典”时期，人们更加体会到群体意识的重要性。一方面，要求个人听从指挥，服从大局，该隔离的必须隔离；另一方面，要求个人保护自己，具有良好的卫生习惯和社会公德。

人们是在竞争中合作，在合作中竞争。竞争在家庭心理健康教育中是一个绕不过去的话题，初看起来，鼓励在学习中竞争似乎对孩子不利，使得孩子辛苦、突出个人、压力大。但是，只有这样，才能激励孩子提高学习效率，改进学习方法，更加努力学习，提高自己的竞争力。人的竞争力不是天生就有的，它本身就是竞争的结果。如果不让我们的孩子在学习中竞争，将来在生活和工作中就不会有强大的竞争力，更遑论在国际人才市场的竞争了。除了民主和妥协，自律和遵守规则也是合作的必要条件。如果一个人对规则的遵守过于灵活，合作就要破产。

国际教育不一定是让孩子出国留学，而是帮助孩子建立新的时代感和人才观，有全球眼光、理念、格局和胸怀。学会共同生活是重要的人生课题，有助于学生理解他人、关心集体、帮助他人、团结合作。下面的量表可以让孩子测试自己的群体意识：

1. 几乎不向别人问问题。
2. 同学在愉快欢笑，自己却觉得并不可笑。
3. 喜欢自己在家待着，不喜欢和别人一起玩，也不参加社区活动。
4. 即使处在集体之中，仍旧感到自己很孤独。

5. 各种集体活动乱糟糟的，经常是瞎耽误工夫。

6. 很多人一起交谈时，觉得自己很难和他们一起谈论。

7. 不太愿意认真完成集体交给的任务。

8. 难以适应新环境，觉得朋友很少。

9. 不喜欢参加体育比赛，别人参加也不去呐喊助威。

10. 觉得学校生活太乱、太吵，希望到人烟稀少的地方去。

每道题如答“是”，得1分；如答“否”，得0分。最后计算总分。3分以下，集体意识强；3—6分，一般；7分或7分以上，集体意识不强，需要设法改进自己，增进自己的集体意识。一般来说，集体意识强的学生，师生关系也融洽。

第 3 章

父母怎样当好学习指导师

科内公司项目经理司玉洁原是安徽省高考状元，高考分数比第二名高出 20 分。她的妈妈说：“她从上小学时就养成了良好的学习习惯，力求把书本上的知识读懂读通。从小到大，她的成绩都名列前茅。”

在司玉洁看来，“想学得好，就要有毅力，要坚持。一旦确定了目标，要一直朝着那个目标努力下去。”高考数学满分是 150 分，她得了 149 分。司玉洁能取得好成绩，家庭教育也同样功不可没。学习成绩好的孩子，其父母通常是有计划而且是动作利索的人。父母越认真，越有条理，越有礼貌，孩子学习成绩就越好，孩子每一步勤奋向前的脚步都会在之后的某一个时刻得到回报。

家庭是孩子个人生活的中心，也是对孩子实施教育的场所，家庭和孩子品质的形成、情感的发展、知识的增长有重要关联。大量研究表明，家庭对孩子学习成绩的影响举足轻重。亲子心理健康水平、家庭类型、家庭社会经济地位影响着孩子的学业成就水平。

文化学习不是可有可无的，是中小学生的中心任务。本章阐述了学习对个人生涯的重大意义，以及家长如何辅导孩子的学习成功三部曲：激发其学习兴趣、指导其学习方法、培养其学习习惯。

学习有兴趣，就有内动力；鸟儿林中鸣，鱼儿水里戏。

活着有目的，生涯要设计；计划可伸缩，务必求实际。

预习懂大意，有疑记笔记；听课想问题，理解有意义。

上课求真谛，探索加记忆；读思写看听，练习不放弃。

复习是利器，解题会顺利；若要效果好，及时是奥秘。

作业须独立，求准求新异；答题扣分时，错误要登记。

研究有见地，培养创造力；实践再升华，放手真不易。

习惯早建立，家长省力气；学习指导师，帮孩出成绩。

希望孩子在学习方面获得好成绩，在这个问题上教师和家长是高度一致的，然而用的方法不同。本章使教育者了解学习的定义和学生学习以及知识对其人生的重要作用。另外，父母需要掌握指导孩子在学习中养成浓厚兴趣、善用科学的方法与策略、形成良好学习与生活习惯的艺术，帮助孩子发挥主体作用，提高学习成绩。父母应熟悉学校学习的流程和学生学习的环节，即预习、听讲、复习、作业、小结，懂得一些学习中观察的策略、记忆的策略和思考的策略，并用于辅导孩子的学习。教师和父母共同努力，孩子的学习成绩没有落后的理由。

为什么说学习是学生的中心任务

家长是孩子的学习指导师，本章（第 3 章）的主题是家庭学习指导。“三”与学习有千丝万缕的联系，关系密切。数学家陈景润说学习要有“三心”：一是信心；二是决心；三是恒心。宋代文豪欧阳修治学有“三多”：多读好文章；多练习写作；多和朋友探讨。他还充分利用“三上”，即马上、厕上、枕上这些时间的边角料进行学习和研究，所以他虽然政务繁忙，仍然成为历史上著名的史学家、文学家。科普作家高士其说，学习的东西一回见生，二回见熟，三回就成了好朋友。著名学者王国维在《人间词话》里说：古之成大事业、大学问者，必经过三种境界，“昨夜西风凋碧树，独上高楼，望尽天涯路”，此第一境也；“衣带渐宽终不悔，为伊消得人憔悴”，此第二境也；“众里寻他千百度，蓦然回首，那人却在灯火阑珊处”，此第三境也。这是说，做学问首先要高瞻远瞩，敢于独辟蹊径；然后就得呕心沥血地探索，艰苦卓绝地奋争；最后才能柳暗花明，品尝胜利后的幸福和快乐。三国时的学者董遇提出利用“三余”读书，“冬者岁之余；夜者日之余；阴雨者时之余也”。宋代学者朱熹提出读书要“三到”：心到、眼到、口到。

学习是由于经验或实践而发生的持久或相对持久的适应性行为变化，是作为练习的结果而发生的。学生的学习成绩和其心理健康的关系十分密切，因为如果一个学生的学习成绩太差，就容易自卑和沮丧，会影响其心理健康水平。“夜里想了千条路，白天还得卖豆腐。”毕竟各类高校和专业都有高考分数的限制，今后学生到社会上找工作、寻配偶，人家都是很重视学历的。而如果学生的学习成绩优秀，他就会自信、有志向，在专业、学校和职业方面，其选择的余地就大很多了。

正是应了汉乐府《长歌行》里的诗句：

百川东到海，何时复西归？

少壮不努力，老大徒伤悲。

有的家长说：“现在中小学许多知识是无用的，不应该让孩子学那些无用的知识。”这种观点十分荒唐，是绝对错误的。学习乃中小学生的中心任务，学生前程的不确定性，使得他们必然要学习大量将来不一定用到的知识；中小学这一阶段的生活，就是学生发现自我的过程。孩子就是在学校提供的五花八门的课程里，以及在学习中，逐渐发现自己真正的兴趣和长处。社会发展的不确定性，也要求学生必须学习基础知识。总而言之，要求在学校学习的每一个知识点将来都能用上，是一种不合理的想法。无论世事怎样瞬息万变，人们怎样浮躁地追潮逐浪，但只要个人有了知识能力，就能在人生之旅中做到“任尔风吹雨打，我自岿然不动”。家庭心育中，家长帮助孩子提高学习成绩责无旁贷。把一切平凡的事做好就是不平凡，把一切简单的事做好就是不简单。

北京大学每年对入学新生讲的第一段话是：“一个人成就有大小，水平有高低，决定这一切的因素很多，但最根本的，是学习。学习是不能偷巧的，一靠积累，二靠思考，综合起来，才有了创造。但是第一步是积累。积累说白了，就是抓紧时间读书，一边读书，一边思考，学习前人，这样才能有自己的发现和创造。但无论怎样，首先是学习。抓紧一切时间学习，不要抱怨，要做‘书呆子’。只有先做‘呆子’，然后才能做聪明人。一开始就想做聪明人，什么都没有却要装天才、做神童，那才是真正的呆子。杜绝现在的小聪明，争取将来的大智慧。”

儿童在幼儿园的主要任务就是玩。但儿童一旦上了小学，他的角色就变了。就像工人要做工、农民要种地一样，学生的中心任务只能是学习，要不然为何要叫其“学生”呢？“学生”就是学习的后生也。家长有义务引导孩子认识到，学习是学生的天职，同时也让孩子明白，学习对个人未来发展的重要意义，从而使孩子踏踏实实学习，不断提高学习成绩和个人的文化素质。

孩子学习应持有的正确态度是什么

三更灯火五更鸡，正是男儿读书时；

黑发不知勤学早，白首方悔读书迟。

家庭心育主要通过三条途径帮助孩子应对学习压力，掌握学习技巧，提高学习成绩。这三条途径是：激发其学习兴趣；指导其学习方法；培养其学习习惯。相关问题将在后面三个部分详细论述，这里先简略地说明一下学生学习应持的态度。

十一岁的小姑娘陈梦把学习视为生命中最快乐的事，她用学习和病魔搏斗。身患“母细胞癌”的陈梦，体重下降到仅40斤。毛发脱尽的她，在被医生宣布生命即将终结的日子里，实现了自己最想做的一件事——上学。三个月过去了，小陈梦听课认真，体力增强了，还长出了一寸长的乌黑的头发。后来，陈梦到医院照了一张X光片，医生惊奇地发现，原来那个像没皮的鸡蛋似的肿瘤竟然缩小了两毫米，病情正向好的方向迅速发展。陈梦的奶奶说：“孩子现在吃的药和住院时吃的一样，不一样的是心情，因为陈梦现在天天上学。”

有的家长说：“学习就是苦的，怎么会愉快呢？”看来，这些家长确实需要转变观念。其实，愉快和刻苦不是反义词，二者并不矛盾，两者不但不是生死冤家，而且是紧密联系的。“我在刻苦学习，我心情很愉快。”这多么自然！为什么一定要把刻苦和愉快两者对立起来呢？愉快的对立面是痛苦，而不是刻苦；刻苦的对立面是懈怠，也不是愉快。以懈怠的态度学习一定是痛苦的，而愉快和刻苦是可以结合在一起，而且是必然会结合在一起的。例如，曾经获得诺贝尔物理学奖的科学家杨振宁说：“什么‘苦读’？我在学习物理时总是感到极大的乐趣，越学越想学，一点都没有觉得苦！”世界著名的数学家、沃尔夫奖获得者陈省身给少年儿童的题词是四个字——“数学好玩”。

家庭心育要启发孩子乐于学习，帮助孩子体验到学习的乐趣，消除学习上的心理压力，使得孩子总持有较强的求知欲，能刻苦、认真地学习，能承受学习上的挫折，自强不息。人的学习过程不仅仅是智力活动，也伴随着情绪活动，二者密不可分。孩子如果想获得学习的高效率，就必须要有学习的动力，也必须要有一份好心情，一种正确态度。人可以把一匹马牵到河边，但无法强迫它饮水。兴趣和努力是统一的活动，训练的教育价值无可否认。我们不能一味地强调孩子的自由和兴趣，忽视基础学科的训练，否则会助长孩子任性妄为的个性，导致其害怕困难，不能坚持学习。下面是一些学习成绩较差孩子的心情。

某某和我的学习成绩也差不多，可是就特别招老师的喜欢，同学也羡慕。只要老师一表扬他，我就生气。

只要一想到考试我就害怕，我从来没得过第一，在考试时我总是慌神，连原来会做的题也做不对了。

每天回家，妈妈总会说：“课听懂了吗？作业做完了吗？不懂就赶快去问老师。”如果我做完了作业，妈妈会给我留许多的家庭作业，弄得我一点玩的时间也没有，我特别烦。

学习也没什么用，我看一些有文化的人生活并不富裕，而一些没什么文化的人也能挣不少钱。

有的孩子随着年级升高，学习成绩下降了，老师着急，家长生气，孩子自己也苦恼。因为知识的数量和难度都随年级升高而增加，如果孩子克服困难的意识比较差，就会造成学习成绩滑坡。学习动机是与满足学习需要有关活动的动力，是激励人们学习的理由。人要生存，必须学习。学习能促进智力的发展；学习可以使人更快乐；学习能使人生充实；学习能让人获得更多为社会服务的机会。

我们的孩子学习时，当然想取得好成绩，这是天经地义的事情。但是，也不能太以分数为重。因为“分分计较”可能导致学习观的偏差，使孩子误以为读书的目的只在于分数，而忽略了求知的真正意义。

大脑不是仓库，不能让简单的重复挤没了地方；心灵不是机器，要让学习插上热情的翅膀。学生如果有学习兴趣，喜爱学习，刻苦学习，那么，学习绝对是乐事，学习成功也指日可待。

一位考上了外国语大学的学生说：“小时候我没有别的英语书，只有一套《基础英语》，我越学越爱学，水平稳步提高。我看到，有的同学学习成绩不稳定，有的同学成绩平平或不好。他们急于提高自己的学习成绩，一会儿用这套教材，一会儿又换另一套教材；这几天参加这个培训班，过几天又参加另一个培训班。但是他们要求过急，总希望找到一颗灵丹妙药，服用之后，立竿见影。探讨学习方法以及寻找合适教材的确可以加快我们的学习步伐。然而，这两者如果不是建立在热爱学习、刻苦学习的基础上，只在方法上绕圈子、在教材上找捷径，恰恰就是学习中最忌讳的事。学习成功的关键不是我们采用了什么方法，不是我们选择了何种教材，而是我们对学习的要求有多强烈，对学习的兴趣有多大，是否有坚忍不拔的精神。我想，这才是真正的提高学习成绩的灵丹妙药。”

家长对那些不爱学习的学生应该尖锐地指出：只有在学习动机方面进行修正，才能改进自己的学习行为。首先要增强学习的内部动机，从学习过程本身感受到乐趣，才能激发学习热情。重要的是要让孩子觉得，学习并不是要牺牲自己，不是苦役、奉献或者付出，而是像呼吸一样，属于生活的一部分，是一种愉快的生活体验。所以孔子说：“知之者不如爱之者，爱之者不如乐之者。”

家庭心育帮助孩子树立正确的目标，从而使孩子具有良好的学习态度，对学习产生责任感。孩子具有了比较高的成就动机。他们有了自己的人生发展信念，愿意为社会做贡献，不愿虚度此生，相信自己的人生能获得比较高的成就，并且竭尽全力去实现。孩子相信只要自己努力，就会获得成功。这样，他们学习的心理负担将大为减轻。

“从来好事天生险，自古瓜儿苦后甜。”成绩优秀的学生有一种延迟满足的能力。优秀生懂得自己的付出和努力不会在短期内得到回报，生活中最好的奖励往往需要长期付出努力，而且回报来得比较迟。家庭心育中的生涯规划可以让学生学会延迟满足，事实上这样的学生在学业成绩和生活的各个方面都更为成功。

学习优秀者的经验是：在没有即时奖励的情况下仍能坚持完成任务。新课程改革中一些教育者推崇赏识教育，频繁地给予学生夸奖、称赞、许愿与即时奖励，对学生的学习来说，这些做法的结果很可能适得其反。

培根被世人铭记是由于他的“知识就是力量”的名言。两千年前，我国古代学者王充在《论衡》里提到：“人有知学，则有力矣。”“杂交水稻之父”袁隆平以自己的切身经历和体会提出一个灵感公式：

灵感=f（经验·知识·追求·思索）

1977 年，中国恢复了中断多年的高考制度，是中国思想和教育领域中拨乱反正的重要举措，通过这一举措，使全社会尊重知识、尊重人才。从国家角度来说，立国制胜之本在于拥有先进的科学技术和掌握现代的科技知识。从个体角度来说，一个人如果不掌握必要的科学文化知识，在智育方面达到较高的水准，就难以适应现代社会生活和生产的要求，就不能把握生存和发展的主动权，更不可能对社会进步做出积极的贡献。从社会角度来说，无论是物质文明建设还是精神文明建设，都主要依赖于国民的科学文化知识素养和智力发展水平。

当前我国最需要的是科学精神，是科学的意识、方法和知识。在现代社会，科学已经成为改造世界、创造奇迹的强大武器，社会生产和社会生活越来越依靠科学，而我国真正掌握科学知识的专门人才还很少，缺少必要的科学知识修养的劳动者为数众多。抓住科学知识教育这根主线，就可以带动全局，确保我们的教育不失现代水准，全面提高学生基本素质的理想目标就具备了坚实的基础。

有的学生喜欢说“无所谓”，成绩差有什么关系？某某学习成绩不好，不也挣不少钱吗？某某高中退学，不也万人迷吗？这种说法是弱者对生活感到无能为力时表现出的“精神胜利法”，在心理学中叫作“酸葡萄效应”，吃不到葡萄的狐狸就说葡萄是酸的。现在的社会，如果你学历不够，从根本上已经失去诸多选择与机会，很难获得大的成就。

高的升学率不是素质教育的刻意追求，却是其必然结果。实施素质教育不是不要考试，而是要把适宜的记诵、必要的训练和考试作为检查、促进和发展学生的手段；也不是不要知识学习，而是要强调知识应用、整合与发现能力的培养，重视学习能力和生存能力的培养，强调学习过程本身就是学生养成道德习惯、体验道德成长的重要资源。

家长应让孩子懂得：要使自己真正有竞争力，就必须在上学的时候好好学习，提高素质。如果在上学期间只是上网聊天、玩游戏、谈恋爱，只知吃喝玩乐，那么升学就业时就只能到处托关系，像没头苍蝇一样乱撞。这丝毫不能怪社会不认可他，因为知识和能力才代表竞争力，才能创造价值。能力是程序性知识和策略性知识。知识和能力分不开，所以知识就是力量。

现在有一些错误观念，影响了一些家长——什么“知识不是能力”“知识与创新无关”“高分低能”“中国人何必学外语”等。《中国教育报》报道了一项调查，具有一定的代表性。调查发现，某省的教育工作者对素质教育的宗旨、内涵、目标和要求的认识非常肤浅。如：35% 的校长和 70% 的教师把素质教育等同于“搞活动”“减负”和“组织兴趣小组”；86% 的校长、教师认为实施素质教育就是加强“非考学科”的德育、音体美教育和劳动教育等。现在总结出来的素质教育经验好像就是减负，文化课减少了，音乐、美术等艺术课增加了，成果汇报就是一台演出，教学改革就是上课小组讨论，上面的指示是唱样板戏、跳集体舞。这是对教育理解的偏差。这些偏差也与轻视知识有关，与盲从有关。他们以为素质教育不是对传统知识教育的完善，而是对传统知识教育的否定。

广义的知识可分三类：第一类知识为陈述性知识，如五四运动发生的年份；第二类为程序性知识，如游泳的技能与步骤；第三类为策略性知识，是用于支配和调节人们自身的观察、记忆和思维等认知过程的知识。这样一切后天习得的智力都可以用广义的知识来解释。知识中的一般概念和原理同具体事实性知识相比，更有助于同化新知识。策略性知识有助于学习者学会观察、记忆和思考，被认为是发展人的智力的核心成分。这样，研究如何发展智力的问题就变成研究如何有效地掌握不同类型知识的问题了。

程序性知识和策略性知识相当于“授之以渔”的渔。这一类知识比较灵活，需要个体投入更多的精力才能掌握，并在今后的学习工作中不断应用于实践才能形成稳定的能力，它能影响到人在比较广阔领域中的活动。

这样理解知识，可以使人们坚信习得的智力是由学生习得的知识的数量和质量决定的。那么家长就必须认真研究不同类型的三类知识在孩子的智力行为中起何种不同作用，不同类型的知识学习过程和条件有何不同，以及它们的测量和评价标准有何差异。

重视能力不能以轻视知识为基础，或者说重视第二类和第三类知识学习不能轻视第一类知识学习，就是说三种知识缺一不可，而陈述性知识是获得后两种知识的基础。

课程改革不是对传统教育的全盘否定，而是在传统教育基础上的不断完善；不是另起炉灶，而是继承与发展；不是摒弃，而是改良。实施素质教育不是不要知识，而是要更加重视全面的知识。然而，目前出现了轻视知识的错误倾向，一些人最喜欢举比尔・盖茨的例子，说他因为退学才成为大富豪，他们真的了解比尔・盖茨吗？

其实，比尔・盖茨没有上完哈佛，并不是念不下去了，而是他觉得有更重要的事情去做。他能够考上哈佛大学说明他本来就不是平庸之辈。他喜欢读书，在小学就对图书馆深有感情，与那些不读书的人有天壤之别；他并不怕考试，他有这个能力，他与懒惰贪玩不爱学习的学生毫无共同之处。那些无责任心的人，考试不及格的人想当比尔・盖茨，只能是东施效颦，结果显然十分不妙。在大学退学太容易了，但退学后成为全球首富却实在不容易。激光照排之父王选说：“有一次在香港看到高级商场中一些人在买高档首饰，尽管我当时工资很低，没有奖金，但我突发奇想：将来会证明，这些买高档物品的人对人类的贡献可能都不如我王选。”

杨振宁五岁时就读古文《龙文鞭影》，上完高二就直接考大学，两万人中他的高考成绩名列第二。大学一年级时英文期末考试，时间是两小时，他一小时就交卷了，而且成绩是全班第一。物理、微积分等考试，他不是 100 分，就是 99 分。他的弟弟说：“念书对振宁是很不费劲的，他 7 岁就进了小学三年级。”

激发学习兴趣对学习有多重要

兴趣是人对事物喜好或关切的情绪，是一个人力求认识某种事物和从事某项活动的意识倾向。兴趣表现为人们对某件事物、某项活动的选择性态度和积极的情绪反应。花不可以无彩蝶，山不可以无清泉，石不可以无青苔，水不可以无绿藻。同样，年轻人不可以无兴趣，学习有兴趣就不觉是负担。兴趣在人的实践活动中具有重要的意义，可以使人集中注意力，产生愉快紧张的心理状态。许多兴趣是人在童年或少年时培养起来的，兴趣和能力既有区别又有联系。个人的优势的能力一般以其兴趣为基础，然而一个人对某事有兴趣却未必有这方面的能力。例如各种棋类的国手都是从小对下棋有浓厚兴趣者，然而同样对下棋有终身爱好的人可能就是一个“棋篓子”，棋艺总是很差，难以登堂入室。

不要问鸟儿为什么歌唱，因为鸟儿天生要歌唱；也不要问人为什么要学习，因为人天生就要学习。物理学家严济慈先生说：“怎么会有人觉得科学枯燥无味呢？还有什么东西比支配宇宙的自然规律更引人入胜呢？自然规律的和谐与真实，使小说显得多么空虚，神话显得多么缺乏想象力啊！”求知欲是一种认识世界、渴望获得科学文化知识和不断探究真理而带有情绪色彩的意向活动。这是一种比较稳定的认知欲求，它促使人坚持不懈地进行探究知识的活动。人的求知欲并非随着年龄的增长而自然提高，它需要有适宜的环境刺激和正确的引导培养。对于热爱学习的人来说，学习本身就是对他的最佳激励。一个人对学习充满兴趣，是学习的真正内在动力。

如果学生之间总去比谁的家里最有钱，比父母的职位高低，比谁的身材最好、谁的网友多、谁知道的明星多、谁家住在高档的小区里、谁去了国外旅游，是不好的，因为这并不能使自己进步。而比谁的学习成绩好、比谁更努力学习才能激励自己进步。古人说："贫不足羞，可羞是贫而无志。"学习也如是，一个人学习成绩暂时落后并不足羞，可羞的、可怕的是落后而无动于衷，或以减负为名拒绝学习。

家庭心育中，父母帮助孩子激发自己的成就动机很重要。所谓成就动机，是个人在学习、工作、科研等活动中力求成功的内部动因。成就动机水平高的人参加活动总是力求去取胜，他们喜欢接受挑战，面对挫折和困难表现出极大的韧性和毅力，不达目的决不罢休。这是一种内在的激励。而外在的激励与学习本身无直接的关系，使用不当往往会产生副作用。当然，外在动机在适当条件下会变为内在动机，这时的学习行为才与自我的力量紧密相连。一些学生将学习看成受罪，那就肯定学不好，真正学有所成者必然是有强烈内在学习动机的学生。

观察发现，有一类学习困难的学生过于强调所谓的虚假自尊，并将学习成绩差作为别人厚待自己的理由，这种将个人学习成绩提高的希望全盘寄托于他人身上的做法，致使其内心十分脆弱，往往认为自己得到的帮助不够多，所以，学习失败时他的不愉快、烦恼、愤怒的情绪随之而生，并由此产生种种心理问题。还有一类学习困难的学生性格外向、爱面子、图虚荣，待人不真诚，往往打肿脸充胖子，平时抄别人作业，在考试时作弊。另有一类学习困难的学生往往以获得他人的赞许作为其学习的唯一内驱力，缺乏学习的内在动机，这容易导致学习疲劳，而对学习内容本身缺乏兴趣，容易产生厌倦和抵触情绪。所以，学习成绩的好坏，不仅与学生智力有关，而且与其品格和性格有关。这些学生都需要端正学习态度，胸怀理想，脚踏实地，注意方法，激发兴趣。培养抗干扰的能力，关键是培养自我教育的能力和坚持性。

促进孩子学习内在动机的因素很多，其中包括自我效能感、结果预期、学习的价值意识、归因倾向、合适的目标定向等。自我效能感是指个体相信自己有能力较好地完成某种或某类学习任务，是学习的自信心在某些学习活动中的具体体现。研究表明，具有高自我效能感的学生为自己确定的学习目标较高，为了证实自己的学习能力，他们更愿意独立地从事学习活动以及运用各种学习策略，实现自己的预定目标。学习的价值意识是指个体认为学习的成功对自己有价值或重要意义。如果学生认为自己的学业成功不具备很大的价值，他们就不太愿意花费大量的时间采用精加工、组织等策略，也较少使用计划、监控和调节等重要的学习策略。归因倾向对自主学习的影响表现为：如果个体把自己的学习成功归因于能力，把学习失败归因于努力不够，就更容易激发自主学习；如果个体把自己的学业成功归因于外部不可控的因素，把学业失败归因于自己的能力不够，就会影响其自主学习。目标定向对个体的自主学习也具有重要影响。一般说来，以掌握知识、发展技能为目的的掌握性目标定向对自主学习的推动作用更大；以显示自己能力、超越别人、获取他人赞许为目的的表现性目标定向对自主学习的推动作用相对要小些。因此，家长要想激发孩子内在的学习动机，必须综合考虑这些动机性因素，并视孩子的具体情况有重点地选择某一个或几个因素进行干预。

如果个人终生从事自己不感兴趣又缺乏相关能力的工作，既不利于个人的发展与成功，也会使整体的工作受损，实际是整个社会的损失。一个人做事和小猫散步一样，要去喜欢的地方，做喜欢的事才好。

然而父母要当心了，生活中真正能说出自己兴趣的中小学生其实不多，他们由于缺乏经验，无法理清许多个喜欢之间，到底哪个是自己真实的兴趣所在。人们必须区分真兴趣和假兴趣，如有的孩子说：我对电脑感兴趣，其实他只是对网络游戏和网络聊天感兴趣，而不是喜欢计算机与网络理论本身。那家长就可以请他想一想，能不能通过打网络游戏，设计出一个属于他的真正的游戏，并通过这样一个游戏的开发运作，走向成功的人生。如果回答是否定的，那他属于叶公好龙，这样的假兴趣只能让他浪费学习时间，荒废学业。可以请这个孩子回想一下：在最近三年的学习过程中，究竟花了多少时间在图书馆里研究信息技术的相关知识，听电脑网络相关课程和讲座？花了多少心思与师友探讨计算机的相关理论？又用了多少精力去关注与网络游戏开发相关的报道？编程能力以及相关的数学、英语知识技能与他人相比多掌握了多少？当真正考虑学校、专业和职业的时候，一定要把他表面上感兴趣的东西和他真正感兴趣且有能力去做的东西区分开。他真正感兴趣的东西，早已从小就融入自己的生活习惯，融入他对各种事物的看法之中。只有这样的兴趣，才能在多年的潜移默化中，转化成他个人的优势，这些优势才是他真正应该好好利用的。

如果孩子不能很好地观察到自己的优势，或者不能很好地界定自己的优势到底在哪些方面，家长可以建议孩子去实际从事或接触尝试某事，也可以让他的父母、老师、同学和其他了解他的人对他作一个评价。当孩子把自己的优势真正提炼出来并进一步强化后，就会发现，通过优势确定的专业，能转化为自己未来求职的强大能力，且可以带来愉悦感受。

提高学习兴趣的具体方法有哪些

（一）把生活兴趣转移到学习中去

一个人就算对文化学习没有兴趣，丰富多彩的生活中也会有让他感兴趣的地方。当他对大自然感到好奇，就想知道一年中为什么有四季变化，就可以把问题引入到学习中，用科学知识解释这个问题；当他看到耸立在眼前的摩天大楼，便想知道它是怎样拔地而起的，可以在学习知识中找到答案，把疑问带到课堂中去。在智慧家长的引导下，可以把孩子对生活中感兴趣的事物，适切地引入到文化学习中去。

家长可以指导孩子，凡事多问自己几个“为什么”，并努力从课本和学习中找到答案，解决问题。当孩子尝到了甜头时，就会爱上学习。大千世界，绚丽精彩，一定会有一些事物让孩子感兴趣，想弄明白它们。所以，请孩子把问题带到课堂中去吧。

（二）创设生动的生活情境

兴趣是学习最好的老师，是强大的学习动力。孩子有了兴趣，才会产生强烈的求知欲，主动地进行学习。比如父母可以假期时在家中搞一些对对联、猜谜语的有趣活动，会提高儿童学习语文的兴趣；闲暇时间在家中下棋、玩扑克游戏“24 点”、做数独（九宫阵），会提高孩子学习数学的兴趣；在家里家外种些植物、做个航模，会提高孩子学习科学的兴趣。只有经常性地启发孩子动手、动口、动脑、动腿，让孩子去发现问题、解决问题，才能使他们始终处于一种积极探索知识、寻求答案的最佳学习状态中。

读万卷书，行万里路。这是一个人丰富知识、激发兴趣的根本途径，在这个过程中，孩子逐渐见多识广，就会慢慢发现自己的优势到底在何处。

（三）让孩子在体验成功中学习

孩子在学习中难免会有困难、差错、失误，尤其是那些学习困难的孩子。家长如何对待这些失误很重要，如果只有冷淡、责怪、不适当的批评，那往往会挫伤孩子的自信心，而一旦丧失自信心，那么他们学习的主动性就会大大削弱，当然对今后的学习也就提不起兴趣了。

连续的失利对人的信心会带来很大的打击，必须防止孩子遭遇这种情况。所以，家长应努力创造条件，为孩子设置一些跳一跳就够得着的学习目标，让孩子经过努力能够获取成功，尝到成功的喜悦，从而激起其学习兴趣。

智慧父母激发孩子的学习动机可浓缩为一句话：

不是填满罐子，而是点燃火炬！

怎样帮孩子掌握科学的学习方法

人具备科学文化知识无论对社会还是对个人都极为重要，而且还是创新的基础。教育者帮助学生学习知识责无旁贷，父母帮助孩子取得学习上的好成绩无可厚非，但我们要做有智慧的父母，要指导孩子用适宜的学习方法来学习。学生在学习中如果能运用科学的方法，就能产生比较高的学习效率。

如果人的任务是要过河，桥和船就可以帮助过河；学习方法就是学生学习的桥和船。没有桥和船，就不可能过河。方法不对，越学越累；方法对头，事半功倍。“磨刀不误砍柴工”，要告诉孩子，在学习方法上花些精力是值得的。

“学海无涯苦作舟”，勤奋固然是舟，然而舟可以快如飞船，也可以慢似蜗牛，所以学习中的勤奋必须是高效率的勤奋，以科学的学习方法为保证。

人的学习方法是通过学习实践，总结出的有效掌握知识的方法。因其与学习掌握知识的效率有关，越来越受到人们的重视。学习方法并没有统一的规定，因个人条件不同，选取的方法也不同。然而学习环节和信息处理的策略仍有一定的规律可循。

父母首先需要帮助孩子掌握学习环节。对学生的学校学习而言，一个完整的学习过程由预习、听讲、复习、作业和小结五个环节组成。如此循环学习，孩子的学习成绩和能力就会呈螺旋式上升。

（一）预习环节

预习是学生学习的第一个环节。预习是指在教师讲课以前，学生自己先独立地阅读新课内容，做到初步理解，做好知识上的准备工作。所以，预习是学生进行课前自学的一种良好形式。如今，信息激增，经济和科学发展日新月异，为了不成为功能性文盲（即虽认字却不会学习的人），学会学习是极为重要的，而预习能使孩子的自学能力得以增强。另外，预习能使学生的课堂学习更有针对性。课前预习了，就可以带着问题听讲。学生预习首先是通览教材，初步理解其基本内容和思路，如果发现遗忘了或缺失了学习新课所需的某些旧知识，就先查阅、补习。学生在预习中应注意发现自己难以掌握和理解之处，做些简单的预习笔记，以便听课时用。书上的习题学生也要去做，不会做的话就回头看书，这样预习才有效果。

学生也并非每天都需要预习，一般在学习的主要科目将要上新课之前进行预习。家长要告诉孩子这些道理，在学习之初的小学低年级阶段，就要抓好孩子的预习。

（二）听讲环节

课堂教学是教学过程中最基本的环节，也是中小学生提高学习效率的关键一环。如果您的孩子不太会听讲，要告诉他，可以按照下面的做法来上好课：

1. 带着问题上课。如果学生带着一些自己预习中尚未解决的问题进入课堂，就产生强烈的求知欲。此时，他会集中精力听教师讲重点、难点和要点。课上，学生要学会在适当的时候放松，因为一节课中大脑始终绷紧了弦是不可能的，所以学生学会调节课上不同阶段的紧张程度便很重要。一堂课的开头结尾常常有不可忽略的事情，此时需要认真专注地听讲。

2. 紧抓教师思路。学生听讲须注意教师讲课中的逻辑性。如果遇到某一问题没听懂可迅速记下来，此时不必死钻“牛角尖”而忽略下面的内容，还是要顺着教师的讲课思路去听讲，那个没听懂的问题可伺机思考或提问。

3. 要当课堂主人。听讲时学生必须发挥主体作用，认真思考教师提的问题，仔细观察演示或实验，大胆发表看法，积极参加讨论。合作学习虽非万能，也是重要的方式，对学生今后的工作生活大有好处

4. 养成记笔记的习惯。学生课上要边听边记，以听为主。记录时善于使用符号，简洁明了，迅速整齐；可有自己的批语，重点处用彩色笔或着重符标明。课后应及时整理笔记，补上不明白的内容。

（三）复习环节

复习是学生学习过程中的中间环节，承上启下，十分重要。学生在复习中达到对知识的深入理解和掌握，并提高对知识运用的技巧，进而使知识融会贯通，举一反三，系统化，这样，才能使知识真正为自己所有。如果您的孩子平时不爱复习，考前突击，或直到不会做题了才想起要复习，或复习时一味死记硬背，没有章法，那就要对他进行教育，告诉孩子复习对于学习的重要意义。可以指导孩子掌握以下复习要点：

1. 多种形式复习。复习是对信息的重新编码，可采用看、听、记、背、说、写、译等多种形式复习整理知识，不必任何材料都一味地机械重复。科学研究结果表明，复习的效果关键在于编码的适宜性，而不在复习的次数。

2. 当天进行复习。要求孩子听讲之后尽早进行复习，可减少遗忘，同

时可使学到的新知识联系起来，搞清楚知识前后的联系和规律。

3. 单元系统复习。一般在测验和考试之前进行，这种复习重点在于领会各知识要点之间的联系。告诉孩子，系统复习要抓重点和难点，并使知识系统化、结构化。实践证明，对自己曾经的错题进行再次练习是提高成绩的法宝。然而，考试之后的复习易被许多学生忽略。个人成绩优秀与否，关键在于能否在这些别人忽略处付出努力。

4. 假期不忘复习。在每年的寒暑假、节假日或双休日，学生闲暇时间较多，家长可以督促和提醒孩子，除完成作业外，应适当复习，防止遗忘。在假期，孩子还可以适当阅读课外书，加深和拓宽对知识的理解、巩固和运用。

（四）作业环节

学生通过做作业，不仅可以及时巩固当天所学的知识以加深理解，而且可以运用知识，形成技能，有利于其能力的培养。本环节家庭指导的要点是：

1. 先复习后作业。就是说，学生先看书，后做题。这样可以省时省力，提高效率。

2. 认真高效检查。学生做作业态度要认真，独立完成，讲究速度，注意审题，言必有据，推理严谨，写字工整。最后要检查作业是否有遗漏和错误。如果看到孩子先玩后做作业，边玩边写，拖沓分心，那是做作业的坏习惯，必须要求孩子改正。

3. 仔细研究批语。教师的评语或批语经常会言简意赅地点出学生作业中的问题所在。家长要告诉孩子，应认真研究批语，更正错误。孩子的作业应保证完整，分门别类，到总复习时，方便拿出来参考。

做作业是学生的重要工作，要循序渐进，注意阶段性，家长不必刻意去超前寻找偏题怪题；而要变换形式，注意作业的多样性，题不在多，在于不同变式，新颖有趣。学生不应抱有任务观点做题，而是把做作业看成对自己能力的检验；关键是独立答题，不依赖他人。宁做真白丁，不做假秀才。

中科院半导体所所长、著名科学家黄昆先生说：“我刚上中学的半年是住在身为教授的伯父家。他见我下学后很空闲而询问我。我说老师安排的数学作业我都做完了。他说那不行，数学书上的题自己都要做。从此，我就按他的话做了，其影响深远。这不仅使我数学很熟练，也产生了很大的兴趣，而且由此我习惯下课就忙于自己做题，很少去看书上的例题。我后来回想，总觉这一偶然情况对我有深远的影响。”

（五）小结环节

某个单元学习完成时，以及测验与考试前后，是学生学习小结的时机。小结是学生学习的某个过程的终结环节，也是承上启下的重要环节。通过小结，学生可以了解自己的学习状况，以便总结经验教训，改进学习方法，对今后的学习起到促进作用。家长可以指导孩子做好下面的事情：

1. 进行系统小结。这样使自己的知识条理化、实用化。做好系统小结，迎接考试。

2. 正确对待考试。考试是学生对自己学习效果的检查。考试时学生要认真审题，想不起来的先放下。认真而不慌乱，沉着而不懈怠。卷面整洁，书写工整，步骤完整，格式正确。学生不得考试作弊，也不得协同别人作弊。

3. 做好考后分析。学生拿到批阅后的试卷时，看分数之后，重要的是对自己考试的状况进行分析。改正错题，认真研究，找出自己学习中的漏洞。学生对于自己做对了的题也要分析，看看自己的表达论证是否清晰严谨，解题的方法是否简捷明了。

以上预习、听讲、复习、作业和小结五环，如奥运会旗上之五环，环环相扣，缺一不可。家长指导孩子抓好学习过程中这五环的良好运行，必能达到其提高学习效率之目的。

帮助孩子掌握哪几种重要的学习策略

家庭心育帮助孩子掌握和运用学习中的三种重要策略，即观察策略、记忆策略、思维策略。学生掌握必要的学习策略技巧，并将它们用于学习记忆和理解所学内容中，在多种学科和情境中加以应用，能够使孩子的自学能力强、学习效果好、学习负担轻。

学习过程实际上就是大脑中信息运行的过程，大脑与电脑的工作原理相似。电脑工作需要信息的输入、储存和加工，人脑也是；对人脑而言，信息的输入是观察，信息的储存是记忆，信息的加工是思维。孩子学习的策略，主要包括观察、记忆和思维这三种，本节先说前两种，下节说第三种。

（一）观察策略指导

1. 观察的概念与意义

观察是有目的、有步骤、较持久的知觉活动。

思维敏捷，想象丰富，这就是人们所说的“聪明”。看看这个“聪”字，左边是个耳朵，右边是双眼、一口和一心。原来，耳聪目明才聪明。没有观察，就不能积累感性材料，一个对周围事物视而不见、听而不闻的人，必定是精神世界贫乏且生活经验不足的人，他是不可能产生丰富想象的，自然也就谈不上敏捷的思维了。心理学研究表明，在缺少日常刺激环境下生活的儿童，在理智上显得苍白无力，而且注意力涣散，容易受暗示，缺乏学习能力。由此可见，观察能力的培养对于学生的学习以及将来的工作都有着十分重要的意义。难怪科学家达尔文说：“我既没有突出的理解力，也没有过人的机智，只是在观察那些稍纵即逝的事物并对其进行精细观察的能力上，我可能在常人之上。”

学生如果没有经过训练，观察事物就会凌乱、不系统，看到哪里就是哪里。有的孩子在动物园玩了一天，回来写作文却只有一句话：“动物园动物真多，人比动物还多。”写完了，没词了。有的孩子观察主动性不够，积极性低，常常是稍看一下就算了。因此，他们的观察是模糊的、笼统的，尤其是对自己不感兴趣的事物，往往会匆匆略过。

观察是人们认识世界的门户，是智力活动的源泉。敏锐细致的观察力是智慧之母。观察是人类最基本的能力，它直接影响到一个人生存的质量。观察是有目的的感觉和知觉。感觉和知觉世界有时比知道和理解这个世界更重要。当人们对某一种事物有了感情上的联系，就会产生从更深层次上去关心它的责任感。目的明确的看、听、尝、闻、摸是人类了不起的本领，通过这些本领获取的信息使人们得以生存，使人们获得安全感及许多更为深广的东西。

罗伯特·鲁滨孙由于在生物碱、花色素研究上做出了杰出贡献，荣获了1947年的诺贝尔化学奖。他的母亲喜欢栽花种树，他从小受母亲影响，常常帮助母亲施肥、浇水、修枝剪叶，还细心地观察花草树木的生长情况，并写出详细的观察记录。这种观察习惯，对他日后的成功起到很大的作用。物理学家奥托·斯特恩通过实验得出原子磁矩的存在，并找出了测量方法，因而荣获1943年度的诺贝尔物理学奖。他十分重视观察情况，从不投机取巧，从不盲目下结论。1928年，英国细菌学家亚历山大·弗莱明正在研究葡萄球菌和影响它们变化的条件。一天，他突然发现在一个被污染了的培养皿上有一种来自空气中的绿色霉菌已开始繁殖。最使他奇怪的是，在绿色霉菌周围，所有原来生长的葡萄球菌全部消失了。于是他把这一奇怪的现象详细记录下来，并小心翼翼地把这些不速之客培养起来，让它们迅速繁殖。这就是对许多病菌有巨大杀伤力的青霉素的发现过程。

青霉素的发现似乎是偶然的巧合，但它恰恰是弗莱明长时间观察的结果，弗莱明也因此获得了诺贝尔生理学或医学奖。世界地图许多人都见过，却只有德国气象学家魏格纳从中研究出了新发现，因为他不是“看”，而是观察。有一次，魏格纳病了，躺在病床上，眼前只有贴在墙上的世界地图可看，观察中他发现南美洲东海岸和非洲西海岸形状大致吻合，难道全球大陆过去是在一起的吗？后来，当他得知某些无法自己跨越大洋的动物化石在大洋两边的陆地都有出土后，创立了著名的“板块漂移”学说，这个气象学家的发现让许多地质学家汗颜。

2. 指导观察策略

发展孩子的观察力可从以下方面入手：

（1）见多识广，开阔视野。要解放孩子的眼、耳、嘴、手、心。在自然和社会中，学生可以锻炼观察力。例如，观察“春天”，不仅要看春天：看吐新芽的柳枝，看解冻的小河碧波荡漾，看田野上农民耕种；还要听春天：听微风，听鸟语，听流水，听拖拉机声；还要嗅春天、尝春天、摸春天。通过这样观察春天，孩子就对春天有了丰富的感性知识。

(2) 明确目的，掌握程序。学生首先要明确观察的目的，才能有的放矢。另外，学生要做好观察的知识准备；掌握观察的步骤顺序，这个顺序可以是从里到外，也可以是从上到下，还可以是先两边后中间，总之要有顺序；学生在观察的同时还要积极思考，观察之后要写观察笔记。

(3) 细节特点，不可放过。学生在观察时不可放过那些似乎是司空见惯的事情，因为里面可能藏有重要内容。学生可以提出在观察中发现的新问题，为今后进一步探索做准备。在前面列举的科学家的例子里我们就可以看到，他们都是在司空见惯的事物中抓细节的能手。

下面提供两个发展孩子观察力的家庭小练习：

①请孩子观察世界地图，通过南美洲东部边缘和非洲西部边缘的对照，问他有什么想法。

②周围生物调查。请孩子观察社区中、校园里和家里有什么植物，又有什么动物。对花草、树木、蚂蚁、蚊蝇等进行研究，并思考这些动植物和我们有关系吗？为什么？根据社区、家中与学校的实际，请孩子对社区绿化、校园绿化、家庭绿化、环境保护提出自己的方案。

(二) 记忆策略指导

1. 记忆的定义与作用

记忆是人脑对经历过的事物的反映，是掌握知识的基本手段。英国著名哲学家培根说过，“一切知识不过是记忆”。一个人能牢牢记住学过的东西，说明他知识丰富，成绩优秀，所以谁都希望自己能够过目不忘。但是，有的孩子老是记不住学过的东西，于是就哀叹：“哎呀，我脑子不好，我缺少记忆细胞。”一个人记忆力的强弱确实是和先天有点关系的，但是培养和锻炼也可以提高人的记忆力。

瑞典杰出发明家诺贝尔在研制炸药时，为了解决炸药威力不大的问题，整日冥思苦想，绞尽脑汁，百思不得其解。一天深夜，他猛然想起了前些日子，自己的手被划破后，他用胶棉敷在伤口上，那么是不是可以用胶棉中的成分——硝化纤维来解决这个问题呢？他立即跑到实验室，终于制成了威力很大的黄色炸药。可以说，诺贝尔研制炸药的成功，正是他的记忆力帮了大忙。

大文豪茅盾能够完整地背诵一百二十回古典文学名著《红楼梦》。开始，人们还以为这是溢美之词，这么多内容，怎么可能完全背下来呢？有一次几个朋友应邀去茅盾家里聚谈，吃饭的时候，大家就请他背诵《红楼梦》助兴。他欣然答允，客人们随便点了一回，他就滔滔不绝地背了一遍，大家才知道确实名不虚传。茅盾惊人的记忆力，对他在文学上取得辉煌的成就显然起了很大的作用。

北宋的史学家司马光，上千年的史料都能记得住，写出了巨著《资治通鉴》。他这惊人的记忆力就是从小锻炼的。幼年的时候，司马光的记忆力并不过人，还常常比不上他家里的人呢。他靠的是用心攻读。每当听完老师讲课，司马光就关上窗户，反反复复地读，直到合上眼睛能背诵如流。

在一所学校举办的晚会上，大家要求一位同学表演个节目，这个同学不擅长文艺，却又推辞不掉，就对大家说："我既不会弹琴，也不会跳舞，我就给大家背个圆周率吧。"于是他一口气把圆周率小数点后 100 多位数背了出来。他就是我国著名的桥梁专家茅以升。茅以升小时候表演的这个不是文艺节目的节目顿时把大家惊呆了，一阵掌声之后，大家纷纷问他为什么有这样好的记忆力，茅以升说："按人的记忆规律要重复 10 次才能记住，我不过是多重复几次罢了。"背诵圆周率，背诵古诗，就是一种锻炼。

我们不可能事事都去百度，中小学生要想在学习中取得理想的成绩，离不开平时的积累，离不开复习，复习是学习中的一个重要阶段。砍柴的樵夫砍了一堆柴之后，为把柴运回家总要整理一番，捆扎起来，然后堆放到车上，这样在长途跋涉中才不会丢失柴火。相反，如果砍了柴不去整理，乱成一团，经过路途的颠簸，到家后会发现，柴火已经所剩无几。人在吃葡萄时，也会发现：那一串串完整的葡萄一般都是好葡萄，而一粒一粒散落的葡萄经常是破皮或变味的坏葡萄。知识必须系统化，才好掌握。所以，记忆和复习在学生的学习中是非常重要的。

2. 提高记忆力的方法

指导孩子提高记忆效果的第一条原则是：若要记性好，遗忘不可少。中小学生的年龄阶段本来是记忆力最佳的时期，可是有的学生在学习中总是丢三落四的，有时连作业也“忘”了做。可也就是他们，电视播出动画片、体育比赛的时间是从不会忘的，朋友生日也总要及时送上一份祝福。可见，这些孩子的记忆力并无问题，关键看把记忆力用在了什么地方。固然一个人脑子里记忆的“仓库”很大，但其中优势兴奋中心的区域并不大，所以要想记，先要忘，忘了才能记，有所不为才能有所为。也就是说，孩子最好尽量忘掉那些与学习毫无关系的琐事，这样学习中的知识才会记得很牢。像什么网络游戏中的游戏诀窍、某个歌星有些什么嗜好等，真有什么意义吗？恐怕没有。所以对这些八卦花边，最好一笑置之，聪明人不会在这方面下任何功夫。这样，清醒的大脑就用在了记忆与学习有关的事物上。就是说，记忆要强调目的性。

再厉害的专家也并非全知全能，人们问爱因斯坦，从费城到纽约的铁路有多长，他答说记不清了，他说他思考的尽是光速、时空等问题，而这条路有多长，在铁路手册上一查即知。有的大科学家不记得自己的生日，钱锺书连蝴蝶结都不会打，但他们对科学研究的各种数据、古今中外的各类知识却记得一清二楚。这说明，优秀人士记忆的目的性非常强。

指导孩子提高记忆效果的第二条原则是：若要记性好，信心先树好。中小学生应该相信自己的记忆能力。只要自己努力学习，采用科学的记忆方法，就没有记不住的知识。

现在世界上有人记 π（圆周率）的数值，还有专门的比赛。这个数值是个无限不循环的小数，非常难记。许多人争着去打破记这个数的世界纪录，目前最好的成绩是一个叫吕超的人创造的，他在 2005 年能够背诵圆周率小数点后 67890 位。我国象棋名手胡荣华、柳大华、蒋川等人可以同时与十几个人甚至二十个人下盲棋。对手们每人都看着自己的那盘棋，而胡荣华什么也不看，别人告诉他每一步棋走的什么，全凭脑子来记，结果基本上全是他赢棋。所以，孩子只要有正常的大脑，都可以记非常多的知识信息。让我们的孩子相信自己吧，他是能记住知识的。

指导孩子提高记忆效果的第三条原则是：若要记性好，复习要趁早。人的遗忘是有规律的，它大多发生在识记后的短时期内，时间越长，遗忘越慢，所以学习后要及时复习，不要等到快忘光的时候才复习，那已经不是复习，而几乎是重新学习了。学生每天下课以后，下一项任务不是做作业，而是复习。这个复习是很简单的，只要“三遍”，即先把老师讲的内容想一遍，再把书看一遍，最后把学习内容总结一遍就行了。

指导孩子提高记忆效果的第四条原则是：若要记性好，理解是个宝。有的学生把要记忆的材料一律死记硬背，这不仅使自己对学习丧失了兴趣，而且使自己的大脑过度疲劳，真是得不偿失。其实心理学的研究早已经发现，用重复的方法对学习材料进行机械的记忆虽然在某些情况下必不可少，但是，随着学生年级升高，尤其是到了小学高年级以后，学习的内容增多，难度加大，一定要逐渐增加在理解基础上的意义记忆，这种意义记忆的效果比起单纯的死记硬背要好，用时也要省许多。在理解的基础上记忆，还有利于把握知识的内在联系，考试时容易回忆起来。中小学生应该逐步增加在理解的基础上记忆的比例，这是记忆的一个核心策略。

有些知识，本来没有多少意义，可以人为地赋予其意义，这样就变得十分好记。比如，上海社区老人救助电话是“88547”，上海话谐音为“拨拨我社区”，就特别好记。又如，歌德是哪国人？歌德，就是歌颂德国，必德国人也。拜伦是哪国人？拜伦，就是崇拜伦敦，则为英国人无疑。

歌诀记忆可用于各科学习，如在语文学习中记生字。

“金”字：一个人，他姓王，袋里装着两块糖。

“漏”字：屋头内外有雨水，漏了。

“器”字：一只狗，四张口。

最后，我们将记忆的要诀归纳如下：

及时、分步——记忆的窍门；

背诵、重复——记忆的基础；

联想、理解——记忆的根本；

趣味、争论——记忆的益友；

简化、整理——记忆的助手；

体验、应用——记忆的关键。

核心学习策略是什么

核心学习策略，也是最重要的学习策略是思维策略。思维是人对事物间接、概括的反映。在当今的世界，富有娱乐化、快餐化成分的媒体接触方式容易对学生的逻辑思维产生抑制作用，可能导致思维的简单化和平面化。教育者可以从以下五个方面指导孩子讲究思维策略，培养思维能力。

（一）培养思维的速度

思维越快，效率越高。在信息时代，一个人思维的速度是重要的硬指标，思维迟缓有时会误事。考试和其他事情一样，是有时间限制的。学生在相应的考试中要想考个好成绩，就必须强调思维速度。家长须向孩子指出，平时对任何学习任务都要有时间限制，如果做作业，桌上就要有钟表，提高效率。要让孩子科学地利用时间，在学习中减少时间浪费，同时让孩子认识到快的好处和慢的坏处。

扑克游戏“算 24 点”可以融洽家庭气氛，并训练孩子四则计算能力，大大提高计算速度。网络游戏中国象棋或国际象棋类别下有一种“10 分钟快棋”，即一盘棋必须在 10 分钟之内完成，超时就输了。如果学生经常下快棋就必然能提高思维速度。

思维速度快，也是学习过程具有高速度的基础，学生在短时间内完成一定的学习任务，这是以个体对知识进行高效率信息加工为基础的。

（二）培养思维的广度

培养思维广度，要求学生有一定的知识积累，遇到问题善于联想。基础知识是思维的根，根深才能使思维之树本固、叶茂、花繁、果硕。

例如问及铅笔的用途，如果只能回答写、画者，说明他思路不广；而回答铅笔可以烧火、做秤杆、调电子表、做尺子、做筷子、做指挥棒者，思路就宽广多了。

文理兼备、博古通今、学贯中西者，思路较为宽广。“欲穷千里目，更上一层楼。”看问题能从多种角度想，想事情有多条思路，都需要一个人思路开阔，而不是一条道走到黑。

（三）培养思维的精度

思维的精度是指思维的准确性。在数字化时代的21世纪，微小的误差都可能导致巨大的失误。思维精密者还对创新有帮助，因为他不忽略事物细微的差异。学生在学习中一定要反对“差不多”思想，要检查验证，讲究逻辑推理。

有的学生做题时算出山高二万多米，汽车速度每秒五千米也毫不惊讶，丢个小数点、错个正负号更是常事，这种坏习惯如果不改掉，今后的学习、工作和生活都会深受其害。

思维精密，才可能学好数学和其他课程。不懂数学的人，将越来越不能掌握文明的主线。联合国教科文组织认为数学与外语是从事任何职业的人所必须具备的文化素养，因为语言是耳目，而数学是脑袋。这是一针见血之谈。家长千万别说：“我孩子聪明，做错题是因为他粗心大意。”粗心大意是大毛病，在心理学中叫作思维的精密性品质差。现在考试，孩子容易因此而丢分，那等孩子长大后，思维无精度就会出事，老板可不是老师，他会严厉得多。

（四）培养思维的深度

思维有深度是指能从纷繁复杂的现象中发现核心问题，达到对问题的深刻理解。例如有一年全国高考作文题是《毁树容易种树难》，如果学生写植树绿化祖国当然可以，但如进一步深入联系实际，写到生活中“行成于思毁于随”，或“破易立难”的改革等事例，说明学生思维有一定的深度。如果学生一写做好事就是拾钱包交公，一写我的老师就是满头白发带病坚持去上课，那便俗了，说明该学生思维深度不够。

思维的深刻需要有一定的悟性，在生活中善于联系和思考，不人云亦云。数独是一种很好的练习，如果一个人能把这些题基本做出来，说明他的逻辑推理能力已经达到很高的水平，他的学习成绩也不会差。现在学校教学中由于课程改革被削弱的平面几何，本源自欧几米德的《几何原本》。科学家徐光启说：“能精此书者，无一事不可精；好学此书者，无一事不可学。”爱因斯坦说：“如果欧几米德未能激发起你少年时代的科学热情，那你肯定不会是一个天才的科学家。”他们这么说，是因为这门学问能培养学生思维的精度和深度。

既然思维是人脑对事物概括的反映，这里就从一道数学题说明一下概括的意思。笔者上小学时也常做这样的题：某水池有一根进水管和一根排水管，单独放水需要 20 小时把空水池放满，单独排水需要 24 小时把水排完，问同时打开进水管和排水管，几小时可以把水池放满？有一个著名的相声演员认为这题脱离生活，没有价值，而且这么做是傻子，白白浪费宝贵的水资源，不利于环境教育。其实不然，这是一道思维题，是对生活中许多现象概括而成的数学模型。现实生活中类似同时打开进水管和排水管的事情太多了，如社会人口增减、生物新陈代谢、家庭收入支出、青草生长被吃、剧场有进有出、仓库存货出入、物质浓度变化和水库流量管理等。

可以说，水管问题就是仓储管理问题的初级阶段。在现代经济活动中，仓储管理是有重要地位的。企业为了保证生产的连续性，必须储存一定数量的原材料和零部件，如果储存太多则是浪费，如果储存太少则影响生产。一个仓库如此，一个国家的物资或人才储备也是如此。这种管理需要运用运筹学知识，分为确定性仓储管理、单周期随机性仓储管理和多周期随机性仓储管理等。这些问题的基础就是水管问题，水管问题就是从许多现实问题中概括出的一个形象化的代表，转化为一个数学模型，这样更有利于学生感受数学和思维的价值，认识数学和思维的本质。这么重要、有用、有趣、理论性的一个问题被不懂的人说得一文不值，家长和孩子可不能上当。

（五）培养思维的活度

创造性思维是灵活、变通、独特的思维。学生平时可以通过猜谜语、对对联、做智力游戏、在学习中一题多解、逆向思维和研究性学习来培养思维的活度。

爱迪生是个大发明家，他的动手能力非常强，做事情讲效率，在其一生当中，发明了电灯泡等许多对人类生活极为有用的东西。有一次，他在做电灯泡实验时，想知道他的梨形灯泡的容积到底是多少，就把这个任务交给了他的助手。助手的学问也不低，接到爱迪生的任务后，不敢怠慢，他用尺子测量，然后列出公式，用微积分计算，两个小时过去了还是没有算出来。爱迪生问："灯泡容积是多少?"助手说："就快算出来了。"又过了一个小时，还没有算出来。爱迪生等得不耐烦了，他走过去，拿过灯泡，向其中注满了水，又把这些水倒入了量杯，读出杯子水线上标的数据，即水的体积，也就是灯泡的容积。结果这题被爱迪生在一分钟之内算出来了。

于振善是个木匠。有一次，外县划给了本县一块不规则形状的土地，县长想知道这块地的面积到底有多大，就找人来算。不少人都觉得这太难算了，县长就问于振善有没有办法。于振善说，这事好办。他找来一块木板，锯成面积为1平方分米的正方形形状，再用刨子把木板刨平，使木板厚度为均匀的1厘米，称了一下这块木板的重量。然后他把那块地的地图贴在这块木板上，把木板依地图轮廓锯下来，再称一下重量。现在地图木板的重量和原木板重量之比就等于地图面积和1平方分米之比。根据这个比值求出了地图面积，再按地图比例求出那块土地的面积。

生活中有许多问题需要我们解决。人们往往采用由因求果的正向思维来解决问题，正向思维价值很大。但是，只有正向思维是不够的，有时采用逆向思维常能使问题迎刃而解，得到创造性的成果。

地里的庄稼并非长得越高越好，如果控制其高度，防止倒伏，反而能高产。合理密植可以提高产量，但庄稼太密了，却会减产。

确实，许多事情常常需要反过来想一想。数学中有反证法，我国传统思维并不都是正向思维，古人很聪明，他们也懂得逆向思维。他们观察动物，发现“虎卑其势，必有击也”；老子说过“将欲夺之，必固与之”；三十六计之一为“欲擒故纵”；中医治病，在给体弱者进补之前往往先用泻法。“有知顺之为倒，倒之为顺者，则可与言化矣。”逆向思维和正向思维结合运用，可以螺旋推进人们的认知。歌德说：“生命的本质是螺旋。”螺旋正是世界上物质存在与发展的基本形式。我们常说：波浪式起伏，螺旋式前进。又例如植物藤蔓的爬升、向日葵籽的排列、人头上的发旋、水的旋涡、台风的中心、蜗牛的壳以及海螺的壳，小至生物基本的DNA，大至宇宙的星云，竟然都是螺旋。人的思维亦是如此，正向思维、逆向思维相辅相成，也是螺旋，这使得人们的认识不断获得飞跃。

当前时代信息爆炸，人的认知超载，遇到不明白的拿手机搜索，立刻解决。那是多么快捷便利，但却减少了思维的过程，这是要当心的。一个人养成了良好的思维习惯，他就能胜任大部分工作，更重要的是，他的生活会更幸福。他今后或许永远也没有机会去计算一个仓储问题，但是他可能成为更好的伴侣、家长、技工、商人、提琴手、软件工程师，因为这个年轻人随身携带了可以应用在任何行动中的思维策略和理性知识。

为什么培养学习习惯最重要

所谓习惯，是一个人逐渐养成而不易改变的行为，是积久养成的生活方式。习惯的养成有如纺纱，一开始只是一条细细的丝线，随着人们不断地重复相同的行为，就好像在原来那条丝线上不断缠上一条又一条丝线，最后它便成了一条粗绳，支撑着人们的思想和行为。人是靠习惯生活的，道理仅是用来指导生活。能改变人生的不是你听过的大道理，而是你在日常生活中的小习惯。

清朝的北洋水师初建时，日本也害怕，因为其舰船吨位、火力均在日本舰队之上。然而，北洋水师访问日本时要进入横滨港口，可是铁甲的兵舰炮筒上却悬挂着水兵的衣衫裤子，原来水兵们洗衣服后，把炮筒当作衣服架子了。当日本人看到大炮上的衣服时，立刻放心了，有这样习惯的士兵，是不会有什么战斗力的，“彼不足虑也”。甲午海战的悲惨结果证明了这一点。部队生活中士兵随心所欲成习惯，这种队伍即使武器再好也不会有什么战斗力。窥一斑而见全豹，一叶落知天下秋。看一个人也可以从其习惯看，习惯决定命运。

学习习惯是在学习过程中经过反复练习形成并发展，成为一种个人需要的自动化学习行为方式。良好的学习习惯，有利于激发学生学习的积极性和主动性；有利于形成学习策略，提高学习效率；有利于培养自主学习能力；有利于培养学生的创新精神和创造能力，使学生终身受益。

学生良好的学习习惯包括如下几个方面：

——按计划学习的习惯。学生的主要任务是学习，同时还有劳动、文娱活动、体育活动、交往等方面的内容。学生应该有一个比较全面的学习计划，并且应该有按计划进行学习的习惯。计划可以调整，但不可放弃。计划应该包括每天的时间安排、考试复习安排、双休日安排和寒暑假安排。计划要简明，什么时间干什么、达到什么要求明确了，这样的学习就会有的放矢。

——专时专用、讲求效益的习惯。有些学生，学习磨蹭，平时看书做作业心不在焉，时间倒是耗得很多，但效益不好，其原因就是没有形成专时专用、讲求效益的习惯。人的学习，应该速度、质量并重，在规定时间内，按要求完成一定数量的任务。道理大家都明白，但要真正做到，并不是一件容易的事。

——独立钻研、善于思考的习惯。人的学习最忌讳的是一知半解。学生要想学习好，必须养成独立钻研、善于思考、务求甚解的习惯。学生应该学会站在系统的高度把握知识。很多学生在学习中习惯于跟着老师一节一节地走，一章一章地学，不太注意章节与学科整体系统之间的关系，只见树木，不见森林。随着时间推移，所学知识不断增加，学生就会感到内容繁杂、头绪不清，记忆负担加重。事实上，任何一门学科都有自身的知识结构系统，学生要从整体上把握知识，学习每一部分内容都要弄清其在整体系统中的位置，这样做往往更容易把握所学知识。此外，学生应该学会追根溯源，寻求事物之间的内在联系。学习不仅是死记硬背，弄清楚道理更重要，所以不论学习什么内容，都要问为什么，这样学到的知识便是有源之水、有本之木。

——自学的习惯。自学是人获取知识的主要途径。就学习过程而言，教师只是引路人，学生才是学习的真正主体，只有自己努力，学习才有真正的提高。学习中的大量问题，主要靠学生自己去解决。阅读是自学的一种主要形式，通过阅读教科书，主动查阅工具书和资料，可以独立领会知识，把握概念本质和内涵；分析知识前后联系，反复推敲，理解教材，深化知识，形成能力。学习层次越高，自学的意义越重要。高考是为了选拔有学习潜能的学生，对考生的自学能力有较高的要求。

——合理把握学习过程和学习策略的习惯。前已提及，学习过程包括预习、听讲、复习、作业、小结这五个环节，学生只有合理把握，才能收到良好的效果。要养成认真预习的习惯，预习可以帮助确定课堂学习的重难点，提高听课效率，还能够复习、巩固已学的知识。家长最重要的任务是能帮助孩子发展自学能力，增强其独立性，改变学习的被动局面。观察策略、记忆策略和思维策略等都已在前文论述过。

学生在学习过程中应当培养的优良习惯还有许多，诸如有疑必问的习惯、有错必改的习惯、动手实验的习惯、细致观察的习惯、积极探究的习惯、练后反思的习惯、理性思考的习惯、相互讨论合作的习惯、善于处理信息的习惯等。一个人只有养成了良好的学习习惯，学习才会变得愉快，学习的效率才会不断提高。

帮助孩子形成良好学习习惯是家长和教师最重要的工作。一位香港美发师在内地收徒，他有一个条件，就是只收那些从未学过理发的人。无独有偶，一位希腊长笛演奏家向那些曾经师从低级乐师的学生索要双重的学费。他们的理由是正当的。因为，改变一种旧习惯往往比学习一种新习惯要艰难得多。这是由于成为习惯的行为在人的头脑中建立了定式，打破这个定式当然比建立新定式难度大。试图去改变一个粗心大意的人，或一个挥霍浪费的人，或拖拖拉拉的人，或懒惰成性的人，是非常困难的一件事情。因此，家长应从一开始就培养孩子的好习惯，而不是等坏习惯养成后再让其改正。

心理健康的孩子，相信通过坚持不懈的努力学习，自己的学习成绩可以提高。他们在失败、挫折面前会更加勤奋，决不放弃。这样的孩子在学习中更多寻求挑战，相信通过知识技能的掌握可以使自己得到发展和提高。家庭心育讲究因材施教，但绝对不可用姑息、放纵的方式，而是鼓励孩子与他人公平竞争，养成好的行为习惯，为自己的生涯目标努力。世界对一些贫穷国家的援助多年来从不间断，但收效甚微。当一个人群、一个民族或个人受到很特别的保护，而不被放到一个公平竞争的环境的时候，虽然看似是对他们好，但事实上最后会令其生存环境变得更差。

心理健康的年轻人面对任务和确定的目标，会利用各种办法战胜困难，实现目标。家长帮助孩子养成良好的学习习惯，策略之一是让孩子记住自己的生涯规划，不断提醒自己坚持完成任务；策略之二是让孩子管理好时间，并安排好作息；策略之三是让孩子知道控制焦虑，提醒自己保持平静心态，把注意力集中在任务上。这些良好的学习习惯使孩子的心理负担大为减轻。

在谈及知识技能的传授时，孟子指出："大匠不为拙工改废绳墨。"学习者在掌握技艺的能力方面可能会有一定的差异，但高明的大匠（教育者）不会因为某些个体不能适应这些规矩而轻易地改变它们。这里的前提是，不能因学习者在能力上的差异而将普遍标准降低。

人的良好学习习惯的养成可以概括为"无律—他律—自律—自由"的过程。

第一个阶段是无律阶段。未成年人对许多行为习惯没有明确的认知和体验。这是由于少年儿童对世界的认识还处在自我中心主义阶段，对事物还不能进行社会化判断。这一阶段的任务是教育者、监护者以恰当方式引导儿童，让其行为朝社会化行为过渡。

第二个阶段是他律阶段。指未成年人借助于成人的权威去体认行为规范的发展阶段。少年儿童以权威人士的标准为标准，认识、判断和实施行为。在情感上，由于对大人的依恋和畏惧，儿童以听从大人的方式求得心理平衡。家长应当利用他律阶段儿童对成人世界的尊重，让其学习良好的行为规范，同时努力促进儿童认识行为规则的相对性和自主性特征。

第三个阶段是自律阶段。中小学生在行为方面经常处于或正在进入这个阶段，孩子能够借助于自身的判断和情感，自觉体认行为规范。他们开始认识到，规则是共同约定的，因而不是绝对的，并开始认识真正意义上而不是单纯意义上的规则。有人认为自律很难，其实自律之后受益多多：他不想得肺癌故不吸烟；他不想迟到故早起；他不想考前突击故经常复习；他不想待业失业故及早努力。自律者才能过上幸福人生。

第四个阶段是自由阶段。这时，人的行为达到了自动的程度，人采取某种行动之前并没有进行什么思考，而如果不进行某种行为他会不舒服。只有这时，人的行为习惯才真正形成。

如果家长能够依据这个规律去帮助孩子形成良好的学习习惯，相信会有较好的效果。

第 4 章

父母怎样当好心理辅导师

据说山西某村庄发生过这样一件有趣的事情，那里村民用于做饭的燃料一直很稀缺，村民都要到好几里路远的地方去砍柴，非常辛苦，且破坏植被，柴也越来越难打。有一次，一个农民在自己家的院子里挖菜窖时，意外地挖出了煤炭。原来村子的地下就是一个煤矿。于是大家用煤炭烧火做饭。从此，人们再也不用到远处去砍柴了。这个故事叫作“燃料就在脚下”。

同样，一个人的潜力经常是很大的。人如果不能真正了解自己的潜在能力而总是自我限制，必然阻碍个人的发展。有独立见解的人能看到自己的潜能，相信自己的力量，认为正确的就坚持，遇事会果断处理，而这也是这个故事给我们的一点启发。

一个人能正确、恰当地了解自我是很难的事情，“不识庐山真面目，只缘身在此山中”，一个人了解其他人还容易些，对自己就不容易有一种客观的眼光，可能看得过高或过低。

本章讲的是自我心理，包括悦纳自我、认识自我和调控自我。一个人只有客观地认识自我，才可以做到心理健康，也才可能正确地进行生涯设计。一个年轻人不能只听好话，在好话中陶醉。年轻人如果只把夸张、叫好的话搜罗起来当补药吃，就可能发昏自大。人真正需要的是理性的自尊和自信，对他人的表扬和批评都能有冷静客观的判断，善于分析、比较，既不因几句恭维而骄傲自满，也不因几句批评而失魂落魄。年轻人需要清醒地估计自己，然后切切实实做好自己的事情。本书第103页有个包含30道题的认识自我小测试，可以让孩子做一做。人生中顺境有顺境的好处，逆境也有逆境的用途，每一个年轻人，不管他处在顺境还是逆境，如果能抓住当时环境的优点，充分利用，他就能得到好处。从一些人的经验来看，一帆风顺并不一定有利，有时逆境的意义恐怕还要更大一点。

本章首先讲解自我心理的组成，悦纳自我、认识自我和调控自我的含义与方法，以及自我心理在儿童发展中的作用。另外，教师和家长必须掌握个性的概念。一个人健全完善自己的个性，是心理健康的表现；帮助孩子健全其个性也是家庭心育的重要任务。通过分析本章列举的梁从诫、帕格尼尼等人物，我们可以得到启发——人生的成功不全在于或主要不在于拿到一手好牌，而是怎样将抓到手里的牌，一张一张地打好，哪怕其中有些是很坏的牌。

“自知者明，自胜者强”是什么意思

中国古代著名哲学家老子说：“知人者智，自知者明。”意思是一个人能够了解他人，他还只是个比较聪慧的人；只有完整地适切地了解自己，他才是一个真正的明白人。学习自我心理，以指导孩子完善个性，我们放在了第4章。心理中许多分类和四有关，个性心理特征中的气质研究源远流长，古希腊学者希波克里特将气质归纳为四种类型，几千年来沿用至今，就是胆汁质、多血质、黏液质和抑郁质，下文会讲到。自我修养方面，古人讲究四维，即：礼、义、廉、耻。春秋时代齐国的管仲认为：“礼”就是不能越出应有的节度，即思想行为不能超出等级制的道德规范；“义”就是自己不推荐自己，即使自己的思想行为符合统治阶级的道德标准；“廉”就是不贪不污、方正高洁、廉洁正直；“耻”就是不与不正派的人在一起，即要知羞耻。过去中国人穿的中山装前身的四个口袋，就寓示着国之四维。家庭心育中，可以将传统文化进行现代诠释，去芜存菁，发扬光大。台湾学者龙应台对此的解释是：礼——规规矩矩的态度；义——正正当当的行为；廉——清清白白的辨别；耻——切切实实的觉悟。

自我是与现实有关的个性的意识部分，通俗来讲，就是自己的个性、喜好、观点。一个人了解自我很难，因为人经常不是把自己看得太高，就是把自己看得太低。一些人不能够很好地反思和察觉自己身上的问题，反而常常会将自己的行为合理化，以减少焦虑，这也会导致更加看不清事情的真相。

其实生活中越是高明的人就越是自知，越是谦虚，能在平淡中看出其不凡来。著名国画家齐白石 70 多岁时竟然说："我才知道，我不会画画。"写出小说激流三部曲《家》《春》《秋》的著名作家巴金也说："我不会写作。"大科学家牛顿说："在宇宙的秘密面前，我只是一个在海边捡拾贝壳的儿童。"北京的模范班主任、特级教师丁榕与笔者多有交往，她给笔者的印象就是一个谦虚谨慎的教师，总是和善地和别人讨论，有谦谦君子之风。笔者由丁老师又想起另一位谦谦君子：中国自然之友协会会长——梁从诫先生。

梁从诫先生是梁启超的孙子、梁思成的儿子。有才华的人通常平易近人，他也如此。大约在 2003 年，北京教育科学研究院召开国际可持续发展教育研讨会，大会分工由笔者负责接待梁先生，会后也由笔者送他出会场，帮他打了辆出租车。他特意叮嘱我，要打当时比较便宜的夏利出租车。梁先生年轻时经常骑自行车，绿色出行，但这时他已七十岁高龄，不能再骑车了。1978 年，梁从诫先生在中国大百科全书出版社里是一名普通的编辑。出版社第一次接待外国代表团时，主持大百科全书工作的阎明复从部队借来一名翻译。主宾落座不久，一进入实质话题，翻译就不灵了。接待室鸦雀无声，自幼受家庭熏陶的梁从诫急忙救场。整场翻译下来，极为顺畅。此后又有两次国外的百科全书访华团拜访邓小平，就由梁从诫先生全程担任翻译。

确实，人不怕被别人看低，而怕的恰恰是人家把自己看高了。别人把自己看低了，也没什么关系，今后总有机会展现自己的才华，让别人对自己刮目相看，形象自然会慢慢高大起来。可是如果自己被人看高了，就反而不好了，刚开始让别人觉得多么得了不起，对自己寄予了种种厚望，可自己随后的表现却让人一次又一次地失望，结果是越来越被人看不起。格外敏感与极度骄傲容易在一个人身上同时体现，两者其实就是一枚硬币的两面，同样都是脆弱自尊心的表征。一个人最好能有较为理性的自我认识与自我评价，只有如此才能以宠辱不惊的心态来面对他人的眼光，清晰地面对外界的赞誉与批评，也才能培养真实的自信。年轻人若能从小事做起，从基本开始，以退为进，由低到高，不仅学习和求职容易成功，也是自我展示的一种艺术。

什么是山重水复到柳暗花明的关键

NBA 篮球选手林书豪在 2012 年的成功说明，在正确的模式下，哪怕是个小人物，只要自己努力，坚持不懈，一切都有可能。林书豪说："在我成长的过程中，我妈妈的一些朋友会告诉她说，让我打篮球是浪费时间。她受到批评，但是还让我打，因为她看到我打篮球时很快乐，她希望我快乐，所以支持我所做的事情。有意思的是，我进入哈佛后，那些过去批评我母亲的朋友反而来问她，他们的孩子应该做什么运动才能进入哈佛。"因为热爱，打篮球才会快乐。热爱篮球的林书豪曾被球探低估，被球队放弃，只能在朋友家的沙发上栖身，终于在非保障合同还剩两天的时候替补出场，一战成名。

林书豪凭着热爱坚持自己的梦想，又用实力抓住了难得来临的机遇。梦想需要坚持！坚持是从山重水复到柳暗花明的关键。林书豪的成功，靠的是坚持不懈，和一颗热爱篮球的心。

坚持是一个人重要的意志品质，主要表现在自始至终朝着既定的目标前进，不达目的不罢休，具有坚忍不拔的精神。

北京的中学生莫潇燕高一时患上了股骨癌，化疗、手术、化疗，她每天呕吐几十次，掉光了头发，她的股骨和膝关节被换成金属假体。然而，她复课后从来不迟到，进入高三后，还被选为团支部书记。她因恶性肿瘤不得不接受第二次手术，但仍坚持学习，参加高考。患有骨癌的她在理科高考中考了 640 分，被保送北大英语系。2003 年 6 月 24 日在北大附中毕业典礼上，校长康健专门为莫潇燕设立并颁发飞燕奖。莫潇燕说："我把命运给我的特殊考验看成是它赐予我的特殊机会，让我更明确生活的意义，珍惜生命的每一天。"

著名科学家杨振宁经历过逆境，也经历过顺境。16 岁到 23 岁是抗战期间，是逆境，他当时专心读书；23 岁到美国，变为顺境，生活和科研环境好了，他认真做研究。

杨先生认为顺境有顺境的好处，逆境有逆境的好处，每一个年轻人，不管在顺境还是逆境，如果能抓住当时的优势，充分利用，就能得到好处。从杨先生的经验来讲，逆境对他的意义恐怕还要更大一点。

脆弱的反义词是越挫越勇，即碰到意外袭击，不但没有受损，反而变强了。人越是接触小伤害，就会因自我补偿机制而变得越来越强。反之，人越是拒绝小伤害，就会因过度保护而越来越弱。

现在的学校教育中，应试是学生必须做的事情，既然难以改变，就需要接受。其实从另一方面考虑，应试不仅比较公平，而且可以锻炼学生承受压力、解决问题的能力。在学生未来漫长的人生道路上，如果中考、高考的压力都承受住了、过关了，那么还有什么不能承受的狂风暴雨呢？

人生的旅途不是一帆风顺的，学习的道路也不会太平坦。求生存、求发展要有奋斗的精神。就算是以后精神物质生活极大丰富了，我们仍旧还需要艰苦奋斗。大而言之，求得民族的生存发展；小而言之，求得自身的生存发展。每个成长中的学生，长身体、学本领需要一种精神，还需要一股朝气和一种不屈不挠的奋斗勇气。这是我们民族生生不息的动力，也是每个家庭充满活力的原因。

父母需要教育孩子：年轻人要意志坚强，却不可一意孤行。《论语》曰："子绝四：毋意，毋必，毋固，毋我。"意思是：孔子杜绝了四种弊病，即不凭空猜测，不坚持己见，不顽固拘泥，不自我膨胀。个性健全的人总是能与他人和睦相处，而且有协调的自我。有人一辈子想发明永动机，结果一事无成，因为这根本是违背能量守恒定律的事，不可能有结果；有人连初中数学题也不会解，就想攻克哥德巴赫猜想，这就恰如用手锯和凿子想造出航天飞船，徒然浪费生命。这些人都是由于方向错误、不自量力，所以南辕北辙、枉费心机。人们在失败时，应通盘考虑目标能否实现，可以试着转换或升华目标，以及改变策略，有时就会取得“柳暗花明又一村”的效果。自知者明，自胜者强，确实是至理名言。

一个心理健康的人会问自己以下五个问题：

(一) **我拥有什么**

许多东西在人拥有时，觉得天经地义、司空见惯，一旦失去了，才知道其珍贵。通常我们不觉得已经拥有的对象多么可贵，只是为尚未拥有的东西苦恼。其实一个人拥有几乎数不清的东西：除了外界的阳光、空气、清水，人自身就拥有健康、友爱，一个人可以看，可以听，可以思考，可以走动。一个人如果走出抱怨，就可以看到自己所拥有的东西真的很丰富。

(二) **我应该为什么而感到自豪**

成绩不分大小，每一次成功都意味着向前迈进了一步。人可以为新战胜一个挑战而自豪，可以为帮助一个弱者而欣慰，可以为结识一个朋友而欢欣，可以为读了一本好书而高兴。实际上每个人的出生就已经是奇迹，那一亿个精子，只有一个到达目的地与卵子结合，成为世界上独一无二的个体。所以，一个人值得为之自豪的东西是很多的，只要他懂得“人比人，活不成”这句话，不盲目与他人比较。

(三) **我能放下自己的包袱吗**

伤心的经历和怨气是包袱，获得的荣誉和成功同样也是包袱。人背着这些沉重的生活包袱没有用，且非常累。建议自我总结一下，把值得借鉴的经验教训保存起来，清除垃圾，卸下重负，轻装出发。曾有一位百岁老人说起他的养生经：起得早，睡得好；七分饱，常跑跑；多笑笑，莫烦恼；天天忙，永不老。

有这样一个小故事：

有个盲人经过一条干涸的小溪，在桥上突然失足坠落。他两手攀住桥栏，胆战心惊地抓得紧紧的，自认为一旦失手，一定会坠入深渊。过路的人告诉他说："你别害怕，只管放手，下面就是实地了。"瞎子却不相信，握紧桥栏大声呼号。过了很久，力气渐渐用尽了，终于撒手坠落在地上。于是他嘲笑自己说："嘻！早知道下面就是实地，何必让自己辛苦这么久呢？"

（四）我怎么换个角度看问题

人往往是别人的建议者，却不是自己的。"怨天尤人"可以改成"我不能改变环境，却可以改变自己"；再进一步改成"我改变了自己，也就在某种程度上改变了环境"。看庐山，可以"横看成岭侧成峰，远近高低各不同"，那么看其他事物也可以有不同的角度和距离。

（五）我怎样过好今天

早起早睡，领先一步。杜绝拖延，绝不迟到。今日事，今日毕。成功者的一个特点是，设法把留到明天解决的问题在今天就解决掉。

让生活过得索然无味还是积极向上，许多情况下主动权就在自己手上。正是：

日出东海落西山，愁也一天乐也一天；
小康温饱日三餐，贫也相安富也相安；
遇事不钻牛角尖，身也舒坦心也舒坦；
常与知己聊聊天，忙也乐观闲也乐观。

全部的自我都要悦纳吗

自我意识的第一部分是悦纳自我。所谓悦纳自我是对自己有比较满意和接纳的态度。悦纳自我，不仅是悦纳自己的优点和长处，也要悦纳自己的不足和短处。人并不只是情绪的动物，并不一定要被情绪左右，对自己情绪的理性评价，能够让一个人表现得更好。

肯定自己就是接纳自我。在这个世界上，我们每一个人都是独特的，都有自己的长处和短处，都有家庭中父辈对我们抚养、教育的痕迹。一个人来到这个世界上，生命是有限的，出生前宇宙的一百多亿年我们没有丝毫体验，死亡后世界再有什么变化我们也全不知道了，只有这短短几十年可以体验。如此的不易，人们当然要珍视自己，尽可能地展示出自己的全部才华，故全部的自我都要悦纳。

自强就是一个人相信自己，有成功感和进取心，乐观向上，发言、做事不胆怯，有初步的抗挫折能力。一个人可以失败多次，但是只要他没有为此责怪旁人，他就还不算一个失败者。自爱就是懂得爱护自己、保护自己，避免损害自己的身体、人格和生命。

人需要的是理性的自尊和自信，要对他人的表扬和批评都能有冷静客观的判断，善于分析、比较，既不因几句恭维而骄傲自满，也不因几句批评而失魂落魄。要清醒地估计自己，然后切切实实做好自己的事情。无端生气对任何人都没有好处，生气离危险很近，英语中，生气（anger）只比危险（danger）少一个字母，自己总爱生气就真的离危险不远了。悦纳自我的要点是一个人比较善于调适自己的情绪，这样容易保持心理健康。

生活中人的不良情绪有两种表现：一是不及或过度的情绪反应，即情绪无动于衷或情绪过于强烈；二是持久的消极情绪状态，总沉浸在其中而不能自拔。另外，一个人也不应随时随地都以追求快乐为目的。有的人奉行“一切为了快乐”，但也有的人不是。享乐主义以快乐为生活准则，它的意识形态原理就是把冲动追求当成了行为规范。

人类最好的状态是完全沉浸在一项活动中，全力以赴，尽情发挥，在忘我的投入中感受到满足和愉悦。这是一种有意义的生活方式。

难道人情绪低落也有什么好处？是有的，此时人不容易冲动，不容易受骗，回忆目睹的事件时不容易出错。积极情绪能激发人的创造力、适应能力和自信心，但消极情绪会让人精力集中，冷静思考，更加谨慎，有利于综合处理各种信息。

不能要求一个人没有情绪，但他要知道如何处理自己的情绪，关键是情绪要适度，当愁则愁，当乐则乐。当愁反乐是阿 Q，当乐反愁也有毛病。调节情绪最重要的一个方法是升华。把消极情绪上升为创新行为就是升华。例如，歌德失恋后，写出《少年维特之烦恼》，这就是一种升华。又如，物理学家普朗克在研究物理时，家庭屡遭不幸：妻子去世，两个女儿又先后去世，一个儿子死于战争。他用加倍的工作来转移自己内心的悲痛，结果提出了量子理论，获得了诺贝尔物理学奖，这也是升华。

机会总是青睐有准备的人。一个人对自己的未来有什么打算，可以写下来，看一看。失意、沮丧、迟疑、挫折、没信心、失败、退步、自暴自弃、绝望都是消极负面情绪。人可以将这些负面的情绪整理打包，丢进垃圾桶里。年轻人要切记：几乎没有什么人能打败自己，除了自己。情绪没有好坏之分，善于调节就好，情绪不过分就好。人类大脑的边缘系统管情绪，边缘系统有两条通道：一条通到管理智的前额大脑皮层，故理智可部分地调整情绪；另一条通到管行为的神经，故情绪也不全由理智调控，会直接产生行为。我们无法做情绪的主人，但可以做情绪的朋友。

一个人有积极、健康的情绪状态，会呈现出愉快、乐观、轻松的色彩，而与此相对的情绪状态则是焦虑、烦恼、抑郁、压抑等。社会和人生是变化多端的，对一个人而言，万事顺心如意，件件按照自己的主观愿望发展是不可能的。生活有自己的进程，是无数个事变的组合，事情的变化有时很难说是好还是坏，一个人自寻烦恼自然毫无价值。当他碰到困难时，只要不懈努力，总是会找到解决办法的。一个人不必把一时的困难看成永久的困难，不必把局部的困难看成是总体的困难，这样的话，许多问题就能逐步解决。总之，人的情绪及其调节贵在自然、适度。换句话说，也就是全部的自我都要悦纳。

如何完善自己的个性

前面已经提到，个性是人的整体精神面貌。人的气质、性格都是个性的组成部分，个性又称为人格。汉代张衡的《论衡》中说："性，生而然者也，在于身而不发；情，接于物而然者也，出形于外。"性格是个性心理特征之一，一般指人对现实的态度和行为方式中的比较稳定且具有核心意义的个性心理特征。纵向研究表明，在性格特征上个体之间的差异过了一段时间仍然是稳定的，这种稳定性在性格的各个方面都是如此。通常在成熟年龄段比在童年期的稳定性要高。常见个性不健全者有如下四种：

一是反社会型人格。这类人的性格不合群，时常做出不符合社会要求的行为，不讲公德，妨碍公众。无法忠于团体，自私、不负责任、冲动，缺乏羞耻或罪恶感，归罪他人，总有许多理由为自己辩解。

二是多重人格。一个人分裂为两个或两个以上的人格，在不同时间内各自交替出现，使行为和言语失去一致性。此种行为常是情绪的困扰或心理压力所激起。

三是偏执型人格。敏感、孤独，避免与人产生亲密关系，避免竞争，性情乖张，喜做白日梦，对扰动情绪的事情尽量躲开，对外界保持漠不关心的态度。

四是妄想型人格。对事物极端敏感，顽固自大，想入非非，遇到事情归罪他人，人际关系不良，使别人对其敬而远之。

对年轻人的性格产生影响的一方面是遗传因素，另一方面就是家庭、学校和社会环境因素。不同的环境影响会造成儿童不同的性格。环境是和睦的还是矛盾的，是统一的还是破损的，是宁静的还是喧闹的，是舒适的还是脏乱的，是向上的还是颓废的，是积极的还是消极的，是热情温暖的还是孤独冷漠的，都会影响到儿童，使其性格各异。

溺爱型家庭培养出来的儿童容易形成依赖强的性格特点。这种性格特点是没有主见，缺乏自信，总觉得自己能力不足，甘愿置身于从属地位。遇事总想依赖他人，不敢独立负责，容易屈从于他人的要求，显得过分顺从。如果所依赖的人不在身边，便容易发生焦虑与抑郁。比如一个学生，看到自己的同学一天到晚忙于社会工作，于是也跟着他一起“打酱油”，耗费了大量本可用于学习的时间，最后同学混上了“一官半职”，加分或保送到大学，自己却一无所有，本科也没有考上。一个人给自己拿主意，是很简单又很艰难的事情。可恰恰在这一个个困难的解决过程里，学生才能慢慢进步，收获成长。

孩子完善自己的个性，是心理健康的表现，也是家庭心育的重要任务。人与人之间的差异，不仅表现在能力的高低上，还表现在个性的差异上。

（一）**有关气质**

气质是个性中比较稳定的并与遗传素质联系密切的成分。人的气质千差万别，并无好坏之分，只要适度、和谐就是美的。家长要帮助孩子了解自己的气质，正确对待自己的气质，扬长避短。

小说《红楼梦》中，四个女主角代表了四种典型气质。史湘云具有如钱塘江潮奔腾激荡的胆汁质气质，缺点是容易发火，容易急躁；优点是坦率和敢想敢干。好强激进是胆汁质人的特点，但过头了就是自负。他们不允许自己失败，在一定程度上缺乏了柔韧性。

王熙凤具有如庐山瀑布飞流直下的多血质气质，缺点是会想歪点子，不喜欢坚持办一件事情；优点是招数多，看问题比较乐观，活泼开朗，喜欢交往，积极向上。热情活泼是挺好的，但过度了就不一定好了。

薛宝钗具有如昆明湖水波澜不兴的黏液质气质，缺点是反应慢，反应小；优点是沉着，踏实，默默无闻，谦虚谨慎，有时便显得迟钝、缺少主动和热情。

林黛玉具有如黄山温泉潜流不露的抑郁质气质，缺点是过于敏感，孤僻怪异；优点是细致，温和，感情细腻，善解人意，敏锐深入，但有时过分严肃或缺少魄力。

贾宝玉则如世间大多数人一样，具有混合型气质，世界上大多数人是以一种气质为主导的混合型。四种气质是天生禀赋，各有千秋，并没有好坏之分。

（二）**有关性格**

性格指人对现实的态度和行为方式中的比较稳定且具有核心意义的个性心理特征。青少年儿童平时修炼、完善自己的性格，有助于心理健康。

性格表现在个人对现实的态度和稳定的行为方式上。有人果断，有人犹豫；有人稳重，有人急躁；有人内向，有人外向；有人独立，有人依从。性格也是适度为美，和谐为美。对性格起重大作用的是人与环境的相互作用，即实践活动。性格是比较稳定的个性心理特征，但又具有一定的可塑性，它是在生活过程中逐渐形成和发展的。

个性是人与人活动风格上的差异。例如，李白和杜甫作诗的能力都是史上最强的，以至于人们称李白为“诗仙”，称杜甫为“诗圣”。不过，他们的诗的风格却完全不同。李白的诗像天上的神龙，而杜甫的诗像稳健的骏马。著名教育专家斯霞老师和冯恩洪老师都是优秀教师，但二人的教学风格也不尽相同。斯霞老师讲课是平和中内含深沉，而冯恩洪老师教学是激情中充满诗意。课堂上同一内容，不同教师会讲成不同的样子。

个性健全的人主要有两个特征：一是与他人和睦相处；二是有协调的自我。下面对第二点稍做解释。有协调自我的人其个性结构比较稳定和协调，其理想自我与现实自我的差距不太大，其行动的手段和目的之间也比较协调。人经常有三种心态：第一种是遵循快乐主义原则的儿童心态，可称为本我，以《西游记》中人物猪八戒为代表；第二种是遵循现实主义原则的成人心态，可称为自我，以孙悟空为代表；第三种是遵循完美主义原则的父母心态，可称为超我，以唐僧为代表。本我、自我、超我这三个我中某一个太突出的话并不好，需要三者协调，心理才健康，个性才健全。尤其是本我与超我常常对立，靠自我来协调，协调好者，就是心理健康的人。

孩子容易形成的消极性格如下：

暴躁。这种缺陷表现为平常一言不合就冒火，容易被激怒，听到不顺耳的话就情绪失控，大动干戈，不去考虑行动后果。

嫉妒。这是一种以自我为中心、排斥别人、抬高自己的性格缺陷。总之就是见不得别人比自己好。其表现形式多种多样：有的因学习成绩受挫而产生；有的因友谊或爱情丧失而产生；有的因得不到表扬、尊重和鼓励而产生；有的因生理条件欠佳而产生；还有的因家庭经济条件欠佳而产生。嫉妒往往和人的虚荣心有很大的联系。

任性。主要表现是随心所欲，一旦个人的欲望得不到满足，便以各种形式发泄不满，以便引起别人的关注。孩子具有任性的性格，与家庭的溺爱密切相关。

孤僻。主要表现是疑心重，容易神经过敏，办事喜欢独往独来，不愿意和他人接触。孩子总窝在家里，不与外界交往，容易孤僻。

怯懦。这是以胆怯和懦弱为特征的缺陷，表现为胆小怕事、意志薄弱、遇事退缩和人际冷漠。父母在教育中过于强横粗暴，易使得孩子怯懦。

自卑。这是以消极的自我评价为特征的缺陷。主要表现为对自己的能力估计过低，办事缺乏信心，无所作为，悲观泄气。一系列的失败体验极易造成孩子的自卑。

人们发现社会上的许多优秀人士，不仅都具有杰出的能力，而且都具备良好的性格，所以说一个人的良好性格是其事业成功和生活幸福的催化剂。性格的培养是一个人自我长期磨炼的过程，水滴石穿，绳锯木断，家长可以告诉孩子，只要严格要求自己，修炼自己，雏鹰终将凌空展翅，在蓝天翱翔。

在家庭心育实践中家长可以指导孩子用以下方法完善自己的性格：

一是远离狭隘。人的狭隘表现为缺乏大的格局和远的眼光，还表现为对个人得失的斤斤计较和人际交往的狭窄。狭隘的人，思路狭窄，遇到一点委屈就耿耿于怀，与人闹了一点别扭就对人不理不睬。孩子如果能多见世面，思路开阔，克服封闭交往意识和狭隘的个人观念，拓展自己的兴趣爱好，积极参加集体活动，就能解除心理负担，告别狭隘。

二是远离暴躁。情绪适度是一个人心理健康的重要内容。有的人遇到事情如炮仗一样一点就着，容易冒火，听到不顺耳的话就反唇相讥、大动干戈，不去考虑行为的后果。孩子为了健全自身良好的性格，要认识暴躁的危害，在行为中持之以恒地加以控制。如果他能在即将发怒时及时停下来，默数“一、二、三、四、五、六”，大多数情况下都会转危为安，事事顺利。

三是远离任性。任性的根源在于年轻人在成人的溺爱之中不能自拔，其主要的表现是随心所欲。关键是孩子要把自己合理的需求和过分的贪欲分清楚。他应该认识到，这个世界是靠众人支撑的，没有了谁地球也还会继续转动。一个人过度地以自我为中心会成为孤家寡人，对谁也没有好处。重要的是克服任性，与人为善，学会谅解，团结合作。

四是远离孤僻。孩子在学习、生活、工作中要投身于友善之中、关心之中、协助之中和集体之中。只要不是有关原则的事情，就应该讲宽容、讲配合、讲团结、讲礼让。个人如果不与他人合作，其成就毕竟有限。人要像大雁一样排成“人”字，可不要成为离群的孤雁。

五是增强自我效能感。一个人就算有能力，不一定就能次次完成相应的任务。这时，自我效能感成了决定的因素。这是一个人在进行某一活动前，对自己能否有效进行某一行为的判断。这种自我效能感对人的认知、情感和行为选择都会产生影响。一系列的失败最能破坏这种自我效能感。

一个人正确了解自己的能力类型和水平，不是一件容易的事情。有的学生认为自己的脑子不好，能力不行，不是学习的料，这可能是缺乏自我效能感的表现。而他们一旦遇到挫折，就埋怨自己能力太差，命运不好，在困难面前打退堂鼓。在生活或学习上经常失败造成他们看不到自己的潜能。一些人不能真正了解自己的能力，而抱着自我限制的成见，这是他们获得成就的巨大障碍。有独立见解的人相信自己的力量，认为正确的就坚持，不看人的脸色行事，不人云亦云，不鹦鹉学舌，遇事会果断处理。

当然，人的自我效能感也要适度，要准确。没有自我效能感不行，只有自我效能感也不够，伪自我效能感和过度自我效能感还相当有害。如何培养正常的自我效能感呢？家长应帮助孩子创造成功机会；教会孩子在活动前进行自我心理暗示；在生活中加强对孩子竞争意识与合作意识的培养；还要帮助孩子探讨个人的自我认知等多方面的内涵。

认识自我为什么这样难

自我认知也叫自我意识，或叫认识自我，是个体对自己存在的觉察，包括对自己的行为和心理状态的认知和评价。自我认知是心理学的一个重要内容。

每个人都是独一无二的，任何一个人都是在某些方面像其他所有的人，在某些方面像某些人，而在某些方面谁也不像。本节探讨孩子如何才能正确地认识自己，这是家庭心育的重要内容。

家长应帮助孩子认识自己的身体发育状况和承受能力，对自己的兴趣、爱好、气质、性格、才能、特长有一定的了解，初步知道自己的长处和短处。说“自知者明”，是说了解自我的人是真正的明白人。一个人想要做到这一点，其实是很难的。比如，人经常能闻到别人身上的香味、臭味以及各种特殊气味，而对自己身上的味道浑然不觉。因为人的嗅神经常感受自己的味道而钝化了，这是为了防止同样气味的信息频繁刺激神经，不被打扰，这叫作钝化原理，可应用于多种感官。一个人马上会发现对方换了一双鞋，而自己嘴角的韭菜叶子却看不到，所以一直没有拿掉。车间里的工人时间一久对机器的噪声便充耳不闻，不然总在噪声震耳的车间里工作，非发疯不可。同样道理，人们对自己的了解也因此钝化，结果“不识庐山真面目”。儿童在成人的指导下能逐步学会自我评价，有一定的独立性、自主性，并能对自己的表现和行为进行初步的评价。

我的同事冉乃彦先生送我一本他的专著《真正的教育是自我教育》，这个标题是教育的一条规律。下面，我们先从一个故事说起：

小蜗牛问妈妈：“为什么我们一生下来，就要背负这个又重又硬的壳呢?”妈妈说：“因为我们的身体没有骨骼的支撑，只能爬，又爬不快。所以需要这个壳的保护。”

小蜗牛又问：“毛毛虫姐姐也没有骨头，也爬不快，为什么她却不用背这个又硬又重的壳呢?”妈妈答：“因为毛毛虫姐姐能变蝴蝶，天空会保护她的。”

“可是蚯蚓弟弟也没骨头，也爬不快，还不会变成蝴蝶，他为什么不背这个又硬又重的壳呢?”妈妈又答：“因为蚯蚓弟弟会钻土，大地会保护他的。”

小蜗牛哭了起来：“我们好可怜，天空不保护，大地也不保护。”蜗牛妈妈安慰他：“所以我们有壳啊！我们不靠天，也不靠地，我们靠自己。”

一些孩子经历的学校教育是在唱高调、掀高潮、迎检查、评优秀中度过的。他们经历的家庭教育不少是溺爱型的，一切都由家长包办。多的是娇生惯养、养尊处优，少的是独立负责、自我选择；多的是慷慨激昂、豪言壮语，少的是表里如一、自我教育。因此就有这样的孩子，在座谈会上大谈学习雷锋叔叔艰苦朴素的作风，回家就为了买名牌篮球鞋而与妈妈大吵大闹；在学校签名承诺保护环境，却在旅游时乱丢垃圾。

个人如何提高自我认知能力，首先要做到的就是心要静，不能浮躁。研究发现，孩子在平和安静的环境下，能更好地完成学习任务，而且会表现出非凡的专注力。人只有在冷静的时候考虑问题才能不被情绪所左右，所以冷静是前提。其次，要多接触社会，接触各方人士，学习各种知识，多解决一些困难的事情，有了这些积累，对自我认知能力的提高也是非常有益处的。最重要的是理性思考。人如果能够理性思考，尽量掌握科学规律，不受一己利害得失的干扰，保持平常心，就能提高自我认知能力。当然这是很高的境界，一些人不一定能做到这一步。人需要不停学习新的知识，这样才能够去充实自己，对自己提出新的目标和要求。总之人的进步不是一朝一夕能够完成的，而是需要人们用心去体会，不断完善，不断前进。

如何学会选择和负责任

为使孩子能主动探索周围的环境，自主选择目标、自我调控、自我发展、自我教育，我们的家长需要善于创设适宜的情境，给孩子以主动选择的空间和机会，以便教他们学会选择，学会负责任。

家长对孩子的事情不要包办，也不能怕孩子犯错误。人想学会游泳只能在水中实践，学游泳一口水不喝是不可能的，怕喝水在岸上学就永远不会游泳。孩子主动探索周围的环境，既是天性，也是权利。父母帮助孩子在实践中总结，将有利于提高孩子的理性选择能力和责任感。

家长还要培养孩子的自我评价力和批判力。在孩子的一种新态度、新行为形成之初，成人及时的评价可起强化作用；而孩子的一种新态度、新行为基本形成时，家长就不要急着评价了，而要留出一定的空间，让孩子自我评价，形成其批判性地选择有意义信息的能力。

（一）谁的事情谁来做

现实中有的学生由于家长的过度溺爱和保护，看问题盲目而见识短浅，认为应该及时行乐，而从不去做生涯规划，不去为遥远的将来担忧与奋斗，这是危险的做法。自然界中许多动物灭绝的原因就在于它们从不会审时度势、未雨绸缪，而是只管及时行乐。山羊啃草是把草连根啃掉，就管眼下多吃一点，而不想将来长不出草来怎么办。在任何地方，真正受人尊重的人，是有实力、学有所长的人，是专业方面有本事并负责的人，所以孩子要有学习的责任感，将来才能够爱岗敬业，这样的人才会赢得尊重。

现在有很多的家长心甘情愿、倾其所有、尽其所能，忘我地陪读、陪练、陪学、陪玩甚至是陪孩子做一切事情。由于成人把孩子的责任担到了自己肩上，结果，孩子缺乏奋发向上的愿望，缺乏责任心，缺乏生涯规划，自然很难成龙成凤，甚至不能成人。

墨西哥鳄鱼母亲在小鳄鱼出生后，总怕小鳄鱼被别的动物叼去，会准时跑到沙滩上去照顾，将小鳄鱼一只只地叼在嘴里，运往大海。但这时如果有敌人侵犯或母鳄鱼感到某种危险，它就会把小鳄鱼吞到肚子里加以保护，小鳄鱼因此丧命，于是母亲成了杀手。能够幸免于难活下来的，反而是那些没有受到母亲保护，被遗忘在沙滩上的小鳄鱼。

家长要想培养孩子的责任心其实并不难，只要“心狠”一点即可。当然，孩子缺乏责任心的问题必须一点一滴地改进，一个一个地解决，不能急于求成。

家长要矫正孩子在学习和生活上的不良习惯，让他们学会自己的事情自己做，家长不要总是做孩子的拐杖。家长特别要明确告诉孩子，学习是他自己的事，不是父母和老师的事；既然是自己的事，自己就要对其负责。例如小学生，就得自己检查作业，整理书包，背书包上学。我们看到有的家长替孩子做了这三项，甚至替孩子做作业，或监督孩子做作业，搞得自己身心俱疲，心脏做两个支架。这很不应该，也绝无好处。让孩子自己的事情自己做的目的就是要克服其依赖性，培养独立性，这里的独立应包括独立思考问题、独立解决问题、独立去做自己应做的事。

（二）谁的责任谁来负

责任心的培养是家庭心育的一个核心内容，应该说它是一个人的“立身”之德。具有责任心是一种道德力量，是对诚实守信的基本要求，是社会发展的基石。也正是在具备责任心和履行责任的过程中，人的社会意识不断发展、升华。责任心是个人对自己的行为后果、对他人的承诺以及社会要求的自觉意识和自愿承担，除了对社会、集体、家庭的外部责任外，重要的是一个人必须对自己的选择及行为负责。只有能对自己的选择和行为负责的人，才是具有独立个性的人。

一个孩子现在和将来争气与否，是要看自己的行为，并不看祖宗和父母如何。在孩子的自我管理中，必须改变家长大事小事一律过问、包办代替的做法，应给予孩子应得的权利。特别是当孩子发生过失时，父母不必焦急，应该让孩子负起相应的责任。比如由于早晨孩子晚起导致上学迟到，贪玩不按时完成作业，学习用具丢三落四影响学校学习时，就让孩子去承受批评教育。一般来说，孩子有了过失的时候，恰好是教育的良机，因为内疚和不安使他急于补救，而此时所接受的教训应该是最深刻的。不论孩子有什么过失，只要他有一定的能力，就应当让他承担责任，以便达到自我认识、自我弥补、自我教育、自我改进的目的。

（三）谁的成功谁体验

当孩子通过努力，学习成绩达到了自己所期望的水平，或劳动取得一定成效时，家长要积极给予肯定。因为这些成绩是在克服困难的基础上取得的。家长的表扬与肯定会让孩子体验到成功的喜悦，树立自信心，增强其成功感和自豪感，使孩子明白自己能做很多的事，自己应该做很多事并且能做得很好。

《道德经》告诫人们："甚爱必大费，多藏必厚亡。"意思是：过分爱惜必然付出巨大代价；过多拥有也会导致惨重损失。家庭教育必须反对溺爱，不必给孩子过多的物质享受。为此，家长要比较早地对孩子进行生涯教育和养成教育，了解其长处和短处，培养孩子各方面的能力，让其初步建立良好的生活习惯。这样在孩子能力得到提高后，适时地进行"责任心教育"才有意义与效果。

社会上有许多令人羡慕的职业，其中的一些看上去似乎挺美，实际上并不一定就适合于某个学生。作为准备走向社会的学生，一定要培养自我认识和自我评价的能力，从多方面了解自己，了解自己的个性、特长、能力、职业兴趣、价值观、社会角色，然后才能制订自己的考学计划或求职计划，以免走弯路。

人各有所长，年轻人在自我认识的基础上，要多方面开发自己的潜能，培养自己的爱好。有的人喜欢美容，有的人喜欢刺绣，有的人喜欢木刻或泥土制作，有的人喜欢与孩子打交道等，各不相同。有人会说，我没有什么爱好，就只有一副好身体，有力量。即便如此，也有一个怎样巧妙用力以及提高效率的问题。这些都是需要通过学习和实践来获取的知识和经验，也就是人们常说的智慧。下面这个小测试可以让孩子做一做。

了解自我小测试

对以下30题回答“是”或“否”。

1. 我每天要照三次以上的镜子。
2. 我一点也不在乎别人对我的看法。
3. 我感到其实并不了解自己。
4. 我很留意自己的心情或情绪变化。
5. 我常把自己和其他人进行比较。
6. 我常常在睡前对自己一天的言行进行思考。
7. 做错一件事后，我常不明白当时自己为什么要那样做。
8. 我比较注意自己的外表打扮。
9. 我做事情随意性比较大。
10. 在做出决定时，我很清楚这样决定的理由。
11. 我总是努力想了解别人的想法，并按别人的要求行事。
12. 我总是穿着比较整齐、干净的衣服。
13. 我弄不清自己是脾气好的人，还是脾气坏的人。
14. 我弄不清自己的能力比其他同学强，还是弱。
15. 我对自己将来会成为怎样的人毫无把握。
16. 我总是担心自己能否给他人留下好印象。
17. 我对自己的外貌有自知之明。
18. 我遭受挫折后总要对自己的行为进行反思。
19. 我常控制不住自己而向其他人发火。
20. 有时，我弄不清自己为什么没情绪。

21. 考试前我通常不知道自己是否能及格。

22. 不少事，我开始做后才发现我根本没能力完成。

23. 我不高兴时，总会设法从消极情绪中摆脱出来。

24. 考试后，老师批改前，我常弄不清自己考得好不好。

25. 大多数情况下，我知道自己行动的动机。

26. 我觉得别人应当对我有好印象。

27. 我常感到有莫名的烦躁。

28. 我不知道自己与班上哪些同学比较谈得来。

29. 我清楚自己的优缺点。

30. 一般而言，我很清楚自己。

评分：第4、5、6、8、10、12、17、18、23、25、26、29、30题答“否”记1分，其余题答“是”记1分，请统计总分。

0—10分，有自知之明；11—20分，对自己了解不全面；21—30分，不了解自我。

有的人一辈子都在自己的工作岗位上勤勤恳恳、兢兢业业，但一辈子也平平淡淡，没有什么发展。有的人则养成了一个良好的习惯，每天或每隔一段时间就思考一下自己所获得的成功和所经历的挫折，以及所拥有的快乐和所遭遇的苦闷，然后总结、反省获得成功与快乐的原因，反省遭受挫折与苦闷的缘由，最后发扬成功之处，改进失败之处，创造出了自己新的起点。他的人生，也在思考与反省中前进。

调控自我的意义

调控自我，是在别人的暗示、指导和监督下让自我行为自觉得到调整、控制。人们可以通过掌控自我，减少那些不必要、不适当的作为，因势利导，采取适当的行为。下面介绍的“延迟满足”实验会给我们家长有益的启示。

自我监控是自我意识的重要组成部分，是人对自己言行举止、情绪情感的控制。自我监控让自己做出应做的行为，制止自己不适当的行为。

20世纪60年代，心理学家米歇尔在美国斯坦福大学附属幼儿园做了一项实验与跟踪研究——一颗软糖窥见孩子未来。实验者对孩子说，如果坚持15分钟不吃你眼前的那颗糖，就会得到另一颗软糖；如果15分钟内忍不住，把软糖吃了，那就得不到另一颗了。结果是：有的孩子忍得住，有的孩子忍不住。实验者对这些孩子进行了长期跟踪，这是这个实验的难点。跟踪的结果总体上看，那些能够耐心等待的孩子长大后大多比其他孩子更有自制力，更加懂得克制冲动和忍受挫折。他们知道，牺牲眼前的利益、承受暂时的痛苦是为了将来能获得更多、更好的“软糖”。

自制力是一个人走向成功的重要心理素质，它对人生的成就与幸福起重要作用。此项实验亦证实《论语》所言：“见小利则大事不成。”

为什么实验中的孩子自制力水平会有高有低？家庭教养方式是一个关键的因素。如果父母过于溺爱孩子，对他们的要求有求必应，那么孩子就不会形成“克制冲动”的观念，因为在他们看来，一切是“所见即所得”，甚至“所想即所得”。培养孩子自制力的关键是培养“延迟满足”的能力。“延迟满足”不是让孩子凭空等待，也不是压制孩子的欲望，而是让他们明白人生规则：人们在生活中的许多愿望并不能一朝一夕立即实现，许多情况下，个人必须为此付出长期努力才行。研究表明：那些家境比较好、比较聪明的孩子的冲动性低于平均水平；人的自律性随年龄增加而增加，女性相对更好一些。对一个人而言，自制力并非取之不尽、用之不竭的，而是属于有限的资源，某一天有可能会耗尽，而人对工作做出计划和体内较高的血糖水平则是保持自制力的关键。对眼前利益的孜孜以求容易使人变得狭隘，故而人时常需要登高望远，开阔视野胸襟，使自己的目标更加远大，对人生的理解更加丰富。

在当今日新月异的社会里，年轻人要发展自己，需要培养自我教育的意识和能力。有了这种意识和能力，就能不断地重新认识自己，就善于根据社会的要求，以自己坚强的意志实现既定的目标。年轻人开始学习时都具有一定的学习动机，但是随着学习的进行、学习难度的增加以及失败挫折的增多，学习动机的推动作用就会逐渐减弱，而维持学习持续进行的力量是意志力。换言之，学习动机对学习具有启动作用，意志控制对学习过程具有维持作用。正是有了较强的意志控制能力，自主学习的学生才能够顽强地克服学习中的困难，排除外界干扰，实现自己的学习目标。

人类伟大心灵的全部秘密在于两个字——坚持。人的天赋决定其所作所为成就之上限；而其刻苦程度决定其所作所为成就之下限。一个人若没有奋斗精神和自制力，就把他的天分糟蹋浪费了。有些人的人生目标不明确、不具体、不坚定，遇到一些挫折，缺乏坚持性、自制力等意志品质，还说什么“见机而作”“好马不吃回头草”，其实就是知难而退，自设禁区。只要草好，马总要设法去吃，管他回头不回头，吃草才是硬道理。胸无大志者容易陷入身边琐碎的小事当中，斤斤计较，最后耽误了自己。

当孩子制订了一个不错的生涯规划时，必须依靠意志来贯彻。现在的环境中，大量的诱惑和充斥的信息时刻在攻击年轻人薄弱的意志壁垒。耳濡目染之下，他可能就会随波逐流。当然，只有当执行规划带来的负面影响小，效果可靠，富有乐趣，他才会更主动，坚持下去的可能性才会更大。最有效的途径是从多个方面进行小幅度调整，于是有益的行为得到固化，而有害的行为得到抑制，一些初步成果便可能在中短期内出现。

获得卓越成就的人的明显特征是不可动摇的效能感和对他们所做事情价值的坚定信念，这使他们能战胜困难。

小说家萨罗扬在他第一本文学作品出版之前遭到了 1 000 次以上的拒绝。诗人斯坦因的一首诗在最后被接受之前，被编辑拒绝 20 年之久。当毕加索询问是否可以把他的画带入巴黎沙龙以免遭雨淋时，一个巴黎商人拒绝了他的请求。凡·高在他生前只售出过一幅画。齐白石从木匠转为国画巨匠时已经进入老年。斯特拉文斯基最初演奏《春之祭》时，曾经被愤怒的听众和一些批评者赶出了城。不止艺术家，科学家的创新成果遭到敌意批评也是平常事。贝尔发明的电话在出售时遭到蔑视性拒绝：“这个公司的电子玩具能有什么用处?”获得 2011 年诺贝尔化学奖的谢赫尔曼发现了准晶体，当时还被某大科学家嘲笑：“哪有准晶体？只有准科学家。”

人生的旅途不是一帆风顺的，生活、学习和工作的道路也不会太平坦。求生存和发展要有奋斗的精神。一心一意才可能成功的道理何在？“板凳要坐十年冷，文章不写一句空”有什么必然性？为什么说“一勤天下无难事”？诺贝尔经济学奖获得者司马贺通过研究发现，一个人必须掌握 5 万个图式才能成为某个领域的专家。任何事情要做得漂亮必须得操练。比尔·盖茨在上中学和大学期间，累计在计算机上操作了一万小时，才有了其视窗软件；陈景润“1+2”发现的后面是 6 麻袋的算题草稿纸；李云迪多年朝夕苦练钢琴才有今日之成就；聂卫平即使在北大荒农场也要走几十里路找对手下棋。其实古今中外都一样，没有人随随便便就能成功。无论在哪个领域，人若想取得真正属于自己的心得和创见，都不能急功近利，只有通过长期的积累和艰苦的努力，进行严谨、独立的分析思考，才可能成功。一个人一辈子能做成一件事都是不容易的，双鸟在林不如手握其一，一个好猎手是不会同时追两只兔子的，因为追二兔不得一兔。一个人一心一意地做事，其实是减少了心理能量的损失，才可能把事情做好。

如何帮助孩子调控自我

青少年的理性思维虽有发展，但尚未成熟，有时就不容易控制自己的行为，而做出贸然的举动。

根据美国科学家的研究显示，青少年爱做些出格的举动、疯狂的事情，这和大脑的腹侧纹状体的化学活动密切相关。当他们从事冒险活动所获得的实际奖赏要比期望的更高时，大脑的那个部位会释放出一种叫作多巴胺的物质，使人快乐而上瘾。

科学家指出，14—16 岁儿童大脑的腹侧纹状体对这种正面的刺激信号反应最为活跃，他们会做一些成人认为根本不值得做的事情，甘愿冒险，例如打架、超速驾驶、吸毒、酗酒、滥交等。目的就是想知道这种冒险能带来什么收获，而不顾可能存在的巨大风险。家长了解了这些，就可以适当引导处在青春期的孩子去做些更有益的活动，如阅读名著、进行科学实验、参加体育活动、进行音乐表演以及演出戏剧等。

学校教师可以告诉孩子的父母：家庭心育在中国内地还是新生事物，家长要修通一门学问，尽管做好家庭心育比较艰难，但仍然有可能。这要求家长必须掌握一定的心理学知识，心无旁骛，踏实刻苦，充满智慧。只要家长辛勤投入，讲究方法，假以时日，迟早会见效。做学问需要积累，需要长期下功夫。可惜我们所处的是容易浮躁的时代，一些家长也染上了浮躁病，沉不住气，急功近利，听了一两句话就想立竿见影，在家庭教育中遇到困难往往难以坚持，到头来一事无成。

“宝剑锋从磨砺出，梅花香自苦寒来。”司马迁也好，陈景润也好，贝多芬也好，爱迪生也好，在其一生中都用奋斗和坚持战胜了困难。

让我们再看看音乐家帕格尼尼的生涯。帕格尼尼 4 岁时出麻疹，险些丧命；7 岁时患肺炎，几近夭折；46 岁时牙齿全部掉光；47 岁时视力急剧下降，几乎失明；50 岁时又成了哑巴。然而帕格尼尼 3 岁学小提琴，即显天分；8 岁时已小有名气；12 岁时举办首次音乐会，大获成功。之后，他的琴声几乎传遍世界，拥有无数的崇拜者。他在与病痛的搏斗中，用独特的指法、弓法和充满魔力的旋律征服了整个世界。人们称他是“操琴弓的魔术师”，歌德评价他“在琴弦上展现了火一样的灵魂”。

人的一生确实如此：上天给你一分天才，就搭配着相应的苦难。

好的人生是可以争取来的，当然需要沉重的代价。贫穷、苦难、挫折可能是一笔财富，但无论是谁在当时都不喜欢这些东西。其实更准确的说法是：有些人能把贫穷、苦难或挫折变成财富，有些人则不能或没有。古诗云：

亭亭山上松，瑟瑟谷中风。

风声一何盛，松枝一何劲。

人生的成功不在于拿到一手好牌，而是怎样将抓在手中的牌，哪怕其中有些是坏牌，一张一张打好。桥牌的高手有时能把小牌升格成赢墩；而桥牌低手拿着许多大牌或将牌也会桥断路绝，把牌打宕。本章列举的一些优秀人士就是高手，应该说他们的生涯之牌并不都理想，但由于奋斗与坚持，他们还是把人生之牌打得有声有色，真让人佩服！追寻梦想的过程才是最重要的，在自己满意的工作中奋斗，整个人生都充满了趣味。意志是决定达到某种目的而产生的心理状态，常以语言或行动表现出来。一个人一心一意去实现人生目标，像数学家陈景润那样，环境虽然无比恶劣，但目标正确，兴趣盎然，坚强的意志使得行动成为习惯，节省了心理能量，便会因此使成功的概率大增。正是：

有志向者事竟成，百二秦关终属楚；

苦心之人天不负，三千越甲足吞吴。

第 5 章

父母怎样当好生涯规划师

北京朝阳区新源里小学有个男孩，相貌出众，能歌善舞，且唱歌声音很好听。他的父母都是文艺工作者，帮孩子从小就做生涯规划，孩子也希望今后成为歌唱家。父母想周日带孩子去北京少年宫学唱歌，可是都有演出任务，没时间，去不了。孩子的班主任路文举老师很是支持，牺牲了自己周末的休息时间，拉着孩子的小手，带他去少年宫歌唱班和舞蹈班参加训练。这个孩子经过刻苦努力，不负众望，终于成长为一名全国闻名的歌手，他的名字叫蔡国庆。

学习是人的天性，教育的最终目的是为学生准备未来。生涯规划是一个人规划未来生涯发展的历程，在考虑个人的智力、性格、价值、兴趣以及环境的前提下，做好妥善安排，并调整和摆正自己在社会中的位置，以期能适得其所。生涯教育是有组织的、所有人都参加的、贯穿于人一生各个发展阶段的综合教育，以指导和帮助人们明确未来的发展方向。知子莫若父，生涯教育与生涯规划最适宜在家庭中进行。本章在家长如何帮助孩子做好生涯规划的主旨下，重点介绍了家庭生涯规划的准备与步骤，以帮助孩子学会生存。这里从生涯准备和生涯决策两个方面介绍具体应该采取的步骤。

另外，本章最后介绍的闲暇教育，也不是父母们可以等闲视之的问题，因为人的差异在于如何利用业余时间。学生们在学校学习，听的是同一群教师的课，参加的活动也差不多，学校环境没有什么差异；然而在家庭中，在闲暇时间里，学生可以自行选择从事什么活动，人的差异就充分显示出来了。因此，人的闲暇生活也可以规划。

教育者需要了解生涯、生涯规划的定义与作用。清楚生涯规划的两个要点，并掌握生涯准备和生涯决策的方法步骤，学会对孩子的生涯规划进行指导。你看智慧父母多么重要，不仅是孩子的身体保健师、学习指导师、品德引导师和心理调节师，还是孩子的人生规划师。

父母应学会帮助年轻人在危机出现后妥善应对的技巧。帮助孩子掌握扬己之长的几种方法，帮助孩子成为文理兼备、具有创新意识的人才。另外，父母要熟悉教育和职业方面的最新信息，做孩子升学、选专业、找工作等重要决策的好参谋，帮孩子学会生活的本领。生涯规划指导是家庭心育中的生活心理部分。

社会需要什么样的人才

如果教师和家长能够相互支持，开展指导有方、结构严谨的心理健康教育，那么，青少年儿童将会获得更好的个人成长机遇。

联合国教科文组织提出了新世纪人才的“四个学会”：学会认知；学会做事；学会共同生活；学会生存。人们学会生存，是为了适应和改善自己的环境。这种能力是人们在瞬息万变的现代社会中必须具备的能力之一，因为社会发展迅速，尤其是网络和人工智能的发展简直一日千里，一个人原先的知识技能在一段时间之后可能有所滞后，年轻人可能无法在社会上找到合适的工作。那么，他该如何面对激烈的竞争？如何面对可能的失业？如何更好地生存？因而，这种能力也就成为家庭心育必须培养孩子的基本能力之一。这种能力培养的特殊性在于，它更多地关注对孩子意志、品质、生活态度、生活技能、生涯规划能力的培养。教育孩子从小做一个实干的人，不仅要培养孩子应对挫折的能力，也要让他们学会以积极乐观的态度面对生活。目前独生子女容易发生的一些问题如以自我为中心、自卑、抵抗挫折的能力差、沉迷网络、生活无目的，甚至厌世情绪，都从侧面反映出这一方面能力的培养亟待加强。

渊博，指精深而广博，形容知识广且深，博学多才。无论什么时代，都需要这样的人才。大家都知道年轻人今天不容易找工作，然而若文科生懂科学技术，理科生有文学素养，那么这种人是今天特别需要的。2018 年 2 月 6 日去世的学者饶宗颐先生说："首先不要自我设限，保持广泛的兴趣和强烈的求知欲。可先从一个小范围内的方向做起，注重不同领域间的关联性问题，这样慢慢就越做越通了。"

国家大力推行素质教育，是以创新精神和实践能力为重点，培养全面发展的人才。中国社科院的邹东涛研究员认为：人才可以分为四种，第一种是"一"字形人才，这种人才的知识面虽然比较宽，但缺乏深入的研究和创新；第二种是"1"字形人才，这种人才在某一项专业知识方面比较深，但知识面太窄，很难将各种知识融会贯通，结果难以进行创造性研究；第三种是"T"字形人才，这种人才不仅知识面比较宽，而且在某一点上还有比较深入的研究，但是他们也有弱点，就是不能冒尖，难以有大的创新；第四种是"十"字形人才，这种人才与第三种人才有些相似，他们比第三种人才强的地方是敢于出头、冒尖，有大的创新。冒尖的"尖"这个汉字造得好，下大上小才是脱颖而出的尖子，如果没有大的底盘，就不容易冒尖。

这种"十"字形人才并不仅是简单的"文理结合""学贯中西"和"博古通今"，而是说，高层次的自然科学人才应具有较高的人文社会科学素养；高层次的人文社会科学人才，应具有较高的自然科学素养。非文非理，亦文亦理，一个人融社会人文、科学技术于一体是今后时代的需要。正如苏东坡所说："博观而约取，厚积而薄发。"如果一个人过度偏科，则对自己的发展非常不利。一个人是否成才要看他的基础是否雄厚。中科院院士徐光宪教授认为：科学可以移花接木，科学可分为上、中、下游。数学、物理学是上游；化学是中游；生物、医学和社会科学等是下游。上游科学研究的对象比较简单，但研究的深度很深。下游科学的研究对象则比较复杂。移上游科学之花，可以接下游科学之木。具有深厚基础的科学家，把上游科学移植到下游科学，往往能取得突破性的成就。而近年来，某省有不少的高三学生为获得更高的高考总分而舍弃物理，实为鼠目寸光，得不偿失。当然这省的高考改革也有问题，给物理的分数权重太低。1994 年的诺贝尔经济学奖得主纳什是一位数学博士，后来转而研究经济学，把数学中的概率论之花移到经济学之木上来，提出预测宏观经济发展趋势的博弈论。这个范例值得我们借鉴。

具有创新意识的人才不仅能够参与竞争，而且能够超越竞争。超越竞争就不会一窝蜂地追赶潮流，人家干什么，我也干什么；而是能够发现更有战略价值的新领域、新思路、新课题、新产品，不断形成人无我有、人有我优的局面，而总是领先一步。如果家长随大流，强迫孩子上许多补习班、特长班，对孩子则是有害无益的。

古人说："君子不器。" 意思是有修养、有学问的人不要做一个简单的器皿，只存物，不创造。也就是说，人不可一成不变，只有一种用处，再无其他用处；不要只能做一种事情，不能做其他事情。有才华的人应该文理兼备、学贯古今、多才多艺、眼界开阔，应该有多方面的功用，不能太单一了。

不同的岗位要求具有不同气质和能力结构的人，人在选择工作时除了考虑社会的需要外，还要考虑自己的需要和特长。人的长处具有广泛的含义，即凡与周围人相比，在某些方面具有一定的优势，皆可称之为长处。一个人扬长的前提是有自知之明，扬长的结果经常是成功。

有哪些扬己之长的方法

（一）挖掘潜能

一个人的潜能没有得到发挥，是人生的憾事一件。齐白石若不是 40 岁转行从事绘画，他到老仍然只是一个普通的细木工木匠。固然他也是一个好的细木匠，但我们就将无缘欣赏那些精致的花鸟虫鱼国画了。诸葛亮若是20多岁时不出山，也只能以一个农夫的身份终老于林泉之下，当农夫也挺好的，但我们就将无法看到新野破曹、草船借箭、六出祁山、七擒孟获的故事，听不到借东风、失空斩等京剧名段了。一个人必须观察和感悟乃至发掘自己的“闪光点”，并让它不断丰富，使之更加突出，用于学习、工作和事业中。我们还可参考本书第8章加德纳的多元智能理论，一般而言，一个人总有一两种能力在众人的平均水平之上，值得在生命的早期就开始挖掘。

（二）研究己短

世间万物，皆各有其长，亦各有其短。陈景润不善交往，教书不灵，故从教师转行数学研究而潜心钻研数论，终有了“1+2”之成就。张顺没有李逵力气大，故岸上吃亏后一定要水中逞威，把李逵淹得翻白眼。这都是有效地克己之短扬己之长而在竞争中保持优势的故事。每个孩子都有缺点，有短处，但这并不可怕。家长要告诉孩子，有时要避开自己的短处；然而，仅仅避短还不够，一个人知道自己的短处还要研究它，看它能否成为另一领域的长处。古代学者刘邵说：“观其所短，以知其长。”意思就是，通过观察一个人的短处来知道他的长处。

奇特的是，一个人的所谓短处放在另一个领域却可能正是长处。例如某甲的性格安静，极不爱动，特别坐得住，让他去跑销售做公关必定失败，那么他从事科学实验、看管仓库或管理图书工作就很稳定合适。又如某乙胆小谨慎，从不做出格之事，她去创新设计开发产品显然不灵，如果她去当会计、管家或出纳就可能很称职，开拓者当会计有时反而容易犯错误。我们看一根小小的保险丝，色灰质软，价格便宜，无金银之贵，无钢铁之坚，火柴烧得化，指甲掐得动，它显然是弱者，绝对没有钻石戒指那样闪耀动人。但谁家也离不开保险丝，家里没有钻石戒指倒是无所谓。保险丝保护了电器，保证了安全，这就是研其短而用之。

（三）勇于创新

人的潜在能力虽然不是无限的，但也不容易被挖掘出来。一个人要想成功，关键是不断创新。就像巴黎时装，年年翻新，季季有变，“总把新桃换旧符”。人无我有，人有我优，人优我变，人变我溜，溜到新的领域再开拓新天地，总是令人耳目一新，总是在工作中领先一步。

例如通信的历史，从鱼雁传书到驿站驿马到邮政寄信，从电报到电话，从电传到“伊妹儿”，从短信到微信，今后必定还会出现新的花样。创新是没有穷尽的，以创新的方式工作才能真正发挥个人的特长。教师家长应鼓励年轻人，既不重复别人，也不重复自己，要敢于创新，善于创新。

（四）与人合作

人应能发挥自身特长，同时注意与他人的协作交流，注意所处环境的文化氛围，把自己和外界交融起来，方为上策。NBA 公牛队的乔丹如果没有罗德曼的篮板和皮蓬的助攻，恐怕也难以成为“空中飞人”。扁鹊在列国行医，这个国家重视女子，他就当妇科医生，那个国家喜欢儿童，他又成了儿科大夫。

一个人发挥自己的特色又符合社会的需求，适当扩大工作范围，善于与人合作，常能立于不败之地。

保护孩子的安全需要知道什么

安全是人的基本需要，如果父母想要孩子接受良好的教育，首先必须创造良好的环境，让孩子有安全感。孩子的生涯中总会有些坎，需要父母帮助去克服。所谓危机，是指人受到干扰事件影响，处于极大压力的关键时刻。例如家庭危机是家庭系统所出现的破坏、混乱或不能正常运转的状态。家庭成员死亡、重病、出走、婚姻解体、再婚、入狱、失业、升学失败等均易造成家庭危机。风险是现代社会的常态，只有能很好地面对当下与未来危机的人，才不至于被吞没。风险社会的存在对公民的心理素养是一种锤炼，对人们的生涯规划是一种挑战。这里谈谈家长如何帮助年轻人在危机出现后进行妥善的应对。

危机来临，人必然产生消极情绪。一个人与其要扼杀自己的消极情绪，不如寻找导致消极情绪产生的外界因素。只要个人积极努力，社会回归常态，消极情绪也就会回归正常水平。痛并生活着，本就是人类高贵的天性。苦难也可以是美丽的，这听上去很难接受，只有当个人将此挖掘得足够深时才能理解。劝谕他人忘忧，须从根本上找到症结所在，否则即使大灌心灵鸡汤，效果仍然可疑。

2003 年，SARS（非典）肆虐全国，灾难过后，有人就好了伤疤忘了疼，故态复萌：野生动物照样吃，宠物狗照样乱养，痰照样随地吐，咳嗽喷嚏照样对着人。这就是不肯进步，不肯升华，循环而不肯上升，振动而不肯前进。在大的危机之后，如果不爱学习的变得爱学习了，不讲公德的变得讲公德了，官僚主义者变成为公民服务了，整天内斗的变得宽宏大度了，诸如此类，那么我们也就没有白白经历灾难。

面对突发事件，人们提高应对能力具有重大意义。应该全面广泛地提高全体社会成员保持良好心理状态的自觉意识，强化促进自身心理健康、提高适应能力的知识和技能。

人如果只看到风险的危害，而忽视风险的内在机遇，就总是被动应付。其实汉语“危机”这个词挺有意思，它有两层意义：危是危险，机是机会。危险的来临不仅带来灾害和痛苦，同时带来了时机与机遇。古人就说过一些话表达这样的意思，如“多难兴邦”“塞翁失马，焉知非福”“亡羊而补牢，未为迟也”“祸兮福所倚”。这里的关键在于化解与转化，要靠人的认识，靠升华。司马迁受到皇帝的不公平刑罚后，坚持写出千古流传的《史记》，这就实现了从祸到福的转化，这便是最好的一个绝招——升华。在物理学中，升华指物质从固态直接变成气态的相变过程。心理学中升华又可以比喻改变目标，获得不一样的更大成就，思想境界得以提升。

一个人对风险和危机的态度是在文化背景中培养出来的，深受从心理到伦理、到信仰的影响。一个人看不到人生道路上的风险和危机，才是他最大的风险和危机。人生的过程实际上是一个充满痛苦的过程。如果危机来临，个人用不着大惊小怪，在认真的生涯规划过程中，在痛苦的升华过程中，生命才能得到锤炼，人生才能大放光明。

2017 年 12 月 27 日教育部等 11 个部委联合出台《加强中小学生欺凌综合治理方案》。《方案》指出：中小学生欺凌是发生在校园内外、学生之间，一方单次或多次蓄意或恶意通过肢体、语言及网络等手段实施欺负、侮辱，造成另一方身体伤害、财产损失或精神损害等的事件。《方案》还强调，预防欺凌，家长要接受培训。

未成年人需要有人监护，使他们的权益不被侵犯。少年儿童做错了事，除自己承担一定责任外，还应由其监护人来承担法律责任。法律还规定，家长对孩子不仅有监护权，还有抚养的权利和义务。同时，未成年人也是中华人民共和国的公民，也应享有公民的基本权利。作为一个人，孩子也有个人的私域和生活空间，包括不想让别人甚至是父母知道的生活内容，比如日记、信件，这些都是受法律保护的。我国已经签署的联合国《儿童权利公约》中规定：儿童的隐私、家庭、住宅或通信不受任意或非法干涉。有的家长对这些法律法规意识很淡薄，认为孩子是我生的，我对孩子有教育的义务，我就有权去干涉孩子。其实这不仅违反有关法律，而且也绝不是一种好的教育方式。父母终究比孩子成熟，完全可以通过更好的方式来处理和孩子之间的问题。

孩子已经能独立思考一些问题，具有半成熟、半幼稚的特点，容易产生各种问题。家长应该帮助他们提高觉悟，学会自我保护。对家庭心育来说，重要的是帮助孩子树立心理警戒线。

——知法守法，做合格小公民。我们的孩子要学习《预防未成年人犯罪法》《未成年人保护法》等法律，用法律指导自己的行为。学法，知法，守法，用法，寻求用法律手段保护自己的正当权益。父母要带个好头，绝不能因为社会法制不健全而知法犯法。

——自我保护，学会具体方法。学生要提高自我保护的意识，对人和事能够敏锐识别，清醒判断，理智自制，灵活自卫。学习各种危险情况下的正确处理方法，做到有备无患，保护好自己的生命，懂得何时拨打电话119、110、120、999。“害人之心不可有，防人之心不可无。”当然，自尊、自爱、自重、自强是最重要的。

——努力学习，充实精神世界。孩子正处在长身体、学知识的黄金时期，努力学习，让自身的价值在社会生活中得到充分体现。有的孩子喜欢多交朋友，闲暇时间经常游玩，适当打扮漂亮些，这些都是可以的。但是，要注意择友必端，不能进入不良交友圈；有的孩子超越经济条件，一味地追求虚荣，超前消费，十分不可取；为了游玩耽误学习也属于因小失大。有这样一个学生，因为没钱去买高档的物品，先是借同学的用，后是悄悄拿同学的用，再后来就发展到行窃，当场被抓住，受到处分。所以孩子还是应该参加健康有益的活动，多读一些好书，使自己发展良好，健康成长。

——学会防暴自卫。告诫孩子是家长的责任，家长须告诉孩子，生活中要警惕上当受骗，勇敢反抗流氓的强暴，在力量不够的时候要智斗盗贼，学会逃生。当孩子在野外遇到野兽时要冷静躲避，并防止被毒蛇咬伤。孩子在任何时候都不要惹是生非、捅马蜂窝。孩子不要把名贵的衣服及物品穿着或带到学校去，否则很容易令别有用心的人打他的主意。交通信号是交通的指挥员，交通标志是无言的警察。孩子上街行走要注意遵守交通规则，乘车要注意安全。过马路时走人行横道，还要注意过往车辆，因为我国有许多开车的人从来没有让行人先行的习惯，在人行横道上也是如此。

——保证活动和运动安全。孩子外出活动、旅游和到公园游玩时要遵守规则，避免事故的发生。孩子看电影、看文艺演出、看体育比赛时特别要提高警惕，防止意外事故的发生。游泳滑冰是很好的运动，但要防止溺水和骨折。同样，孩子在劳动中的安全也是不容忽视的。

——避免家中出事故。孩子在家里应当注意预防煤气中毒、食物中毒、药物中毒。水火无情，要特别当心；玩火是必须禁止的，也不能随意到河渠里戏水。另外，孩子在家里要避免触电和坠楼。大城市中燃放鞭炮既污染空气、产生噪声，又危及健康，是有文化的学生不应去做的事情。

歌德说过一句深刻的话："从祖先继承得来的东西，必须从头赚取，否则不属于你。"家长要指导孩子学会选择和负责，帮助孩子做好其生涯规划，在这个过程中增进相互了解，密切亲子关系，两代人同时还会受到震动心灵的教育。下面两节说到这个问题。

不确定性怎样影响生涯规划

一个国家，或民族，或学校，或家庭，或个人的竞争力，最根本的是其“文化力”。文化是渗透在生活中点点滴滴的细节。人的创造性蕴藏在他的自主性当中，而自主性的发展离不开他生活的文化环境，是在与他的生活环境相互刺激的过程中形成的。如果环境能不断地刺激一个人做出主动、独立的反应，为他提供个性发展的机会，他的自主性就会得到比较充分的发展。家长可鼓励孩子多参加各种活动。例如：全神贯注地看书，心神专一地思考，安安静静地写作，坚持不懈地研究。纵观大量人才的成长经历，可以看出他们创造力的取得在很大程度上得益于家庭教育的成功。

一个人从出生到死亡，其人生的各个阶段就是生涯。人的生涯不仅是职业活动，而且覆盖到生活的各个方面。其实生涯就是一个人从生到死的全部生活，生涯规划是一个人规划未来生涯发展的历程。在考虑个人的智力、性格、价值、兴趣以及环境的前提下，做好妥善安排，并调整和摆正自己在社会中的位置，以期能适得其所。生涯教育是有组织的、所有人都参加的且贯穿于人一生各个发展阶段的综合教育，指导和帮助人们选定前途。

生涯规划之于人生，宛如指南针之于船，虽然确有些没有指南针的船也能到达彼岸，也有些设置了指南针的船反而没有到达彼岸，但大多数人还是愿意坐装有罗盘的船，那会比较踏实。在生涯规划过程中，人们需要不断磨炼自我，挑战自我，完善自我，不断开发自我的潜能，实现个人的价值，最终达到心灵的升华和人格的完善。

孩子是父母继续成长的巨大动力，大多数人都希望成为自己孩子学习的榜样。如果父母们做好自己的生涯规划，努力提高工作效率，勇敢地接受挑战，将会持续地进步。所以，养育孩子也是父母提高自己的良好机会。家长在开展家庭生涯教育、充当孩子人生规划师时有以下要点：首先，帮助孩子认清自身的兴趣和能力；其次，给孩子提供社会各方面的信息并帮其分析；再次，不必要求孩子过早定向，可让孩子自己初步选择方向。

（一）生涯规划是有用的

生涯规划当然是有用的。不肯随大溜的人，往往有自己的主意，有自己的人生选择。做事预先有准备就容易成功，没有准备就可能失败。无论是杨振宁、陈景润，还是郎平、蔡国庆，都是从小规划自己的人生，最终走向辉煌。

2009 年 10 月，科学家高锟因发明光导纤维而荣获诺贝尔物理学奖。高锟童年时的理想是成为一名知道世界万物变化的科学家，并为此目标而坚持不懈地努力。他小学六年级时便开始做化学实验了，这使他养成了敢于探索和追根究底的科学精神。在实验中，他看到蓝色的硫酸铜结晶闪烁着宝石般的光辉，是那么迷人，是那么神秘。在年少的高锟看来，这简直就是奇迹，他乐此不疲。1966 年，高锟和另一位同事合作的论文《光频率介质纤维表面波导》发表了，那一天被视为光纤通信诞生的日子，高锟也被人们称为“光纤通信之父”。

人的生涯规划之作用宛如导游图，它当然不如 GPS 那样的精准，却仍然十分有用。固然任何一张城市地图都不可能完整地描绘现实的城市，但它足以告诉你如何到达你想去的地方。至于有些家长认为自己少年时并没有规划人生，结果也成功了，这种现象的确也是存在的。他不一定有意识规划，却可能在无意识间完成了规划；另外，如果他真的有意识做生涯规划了，焉知其成功不会更大呢？就像吸烟者也有长寿的，然而吸烟者长寿比例仍然比不吸烟者小很多；如果他不吸烟的话，他可能会活得更长。应该说好的生涯规划不一定准，但十分有用。家庭开展生涯教育主要不是解决具体问题，而是帮助孩子完成特定年龄阶段的发展任务。生涯教育使得孩子给自己建立一个愿景，因而能帮助他珍惜过去，立足现在，展望未来。

（二）不确定性不影响规划

确实，影响一个人的人生发展的环境因素很多，个人想要准确预测今后的人生很难，就像目前的科学技术还不可能预测地震，不可能准确进行天气的中长期预报一样。虽然科学已经能够测量太阳和地球之间的距离，其误差甚至不超过 1 厘米，但明天是否一定下雨，仍不能 100% 预报准确。预言永远是一种失败的艺术，但生涯规划并非预测，人们不该问所做的生涯规划能否最终实现，而应该问它是否合理，是否有用。预测不是生涯教育的目的，人的生涯规划能帮助个人的是：如何做以及为什么这么做，而不是哪里或什么时候。

这里需要用一个词，即混沌，原是古代传说中天地形成前的元气状态。人们把肉和菜剁在一起，包在面片里，然后放水中煮熟食之，谓之馄饨。《淮南子》上说："洞同天地，混沌为朴。未造而成物，谓之太一。"古希腊人对宇宙的看法也是如此。混沌意味着即使有准确的系统模型，也不能预测未来的演化。人们对初始条件的了解只要有一点点误差，这微不足道的误差也会越变越大，最后让预测面目全非。数学与物理学一百多年来对随机现象进行了有效的研究，创立了混沌理论，发现我们这个世界原来是有序和随机的统一体。事情的发展像一枚有正反面的硬币：一面是有序，其中冒出随机性来；另一面就是随机，其中又隐含着秩序。

一个人有正常的生涯规划显然比不规划要好些，在生活和求职方面均如是。改革开放前，青少年是"一颗红心党挑选""做一颗万能的螺丝钉"，现在不同了，我们的青少年有很多选择的自由，孩子小升初就得选择；中考得选学校；高中选课、选文理科；考大学要选考的科目，上大学要报学校和专业等志愿，还可以选择复读或留学；学生毕业后也要自己选择职业。从选择配偶、组织家庭来说，过去要看出身，现在比过去选择的可能性大很多，甚至可以选择与外国人结婚，也可以选择不结婚。结婚后可选择不生孩子，也可以选择生一个孩子或生两个孩子等。在这种情况下，个人的生涯规划越来越显得必要和重要。

就人的长期行为而言，不可能做到具体预测。1981 年 4 月，东德和西德的几个教授在一起闲话国家统一问题，当时国家已经分裂好几十年了，大家都认为国家的统一是极为遥远的事情，至少在 20 世纪里是不会发生的。结果谈话后不到 10 年，柏林墙就在一瞬间轰然倒塌，国家统一了。这正是社会历史发展中的突变。不确定性即是世界，也是人类与生俱来的一种状态。科学并不能为所有的问题提供完整的答案，但科学还是比愚昧迷信好得多。从根本上说，不确定性并不是人类暂时无知的产物，而是人类所具有的认识能力的根本局限。

人们对事物或世界原理运行的认识，至少受到四个不确定因素的限制：

一是对所有影响事物的因素认识不充分；

二是对这些因素观察的次数不足、精确度不够；

三是缺少将所有信息有效整合的适当模型；

四是没有足够的能力计算这些模型。

接受不确定性的存在，并不意味着人们要停止规划和寻找解决方案，而是提醒人们武断推测会阻碍人们发现有效的解决方法。而且，在面对复杂的情况时，接受不确定性的存在还会敦促人们保持开阔的胸襟、开放的心态，激发创造性思维，推动科学进步。

（三）生涯规划中的要点

人对未来的期望能产生力量，这早已得到科学的证明。自我实现预言是美国社会学家莫顿在揭示人类社会活动的建构特征时使用的一个概念，意思是说一个本来不实的期望、信念或预测，由于它使人们按所想象的情境去行动，结果预言竟然应验了，变成了真实的后果。家长在孩子的青少年阶段对其进行生涯教育，孩子又做了生涯规划，就会变得有理想、有目标、有策略、有方法，就可能在今后的生活中做到知行合一，也可能会实现自己的自我实现预言。

谁能够在有限的时间和空间中及早做出正确的选择，就可能领先一步。他可能会因此充分挖掘自己的潜力，而不是总与自己的弱点战斗。一个人若不想“临歧而哭”，就得想办法拿出个主意来。人需要追求理性生活。一个人在生活中讲道理、分真假、辨是非、有秩序，会给自己带来好心情。我们看到：一个人如果凡事肯动脑子，并按规划、法则和规律行动，就容易取得更好的效果；而如果他行动先于思考，就只能跟着感觉走，失误和挫折就会不断纠缠着自己。家长帮助孩子思考与规划，可以使行动避免盲目，减少前进道路上的挫折和失误，形成可持续发展所需要的学习能力、生活方式和正确态度。生活中许多选择没有绝对的正确和错误，有得必有失，人生真正的悲剧其实是始终左顾右盼，最后什么也没干。

尽管如此，生涯规划如果做不好以下要点的话，仍然会面临规划的失败。孩子的生涯规划中重要的四点是：

1. 生涯规划的目标要明确、适宜、系统，这些目标是孩子跳一跳就够得着的。

2. 策略是专业化、精准化思想的体现，是智慧之泉。例如以小搏大，点石成金，注重效率，巧用时间，都是策略。生涯规划中必须有策略，且策略要合理、有效、匹配，这些策略是为实现目标而妥善制定的，是实现目标的保证。

3. 一个人实现自己的生涯规划需要坚持不懈地行动，再完美的目标和聪明的策略，也会在没有执行力的人的手中变成一张废纸。

4. 个人某个具体目标的失败不一定是坏事。如果一个人万事一帆风顺，一是不可能，二也不见得好。一个人只有在感情、学业、事业以及选择上失败一次，才能长大，故而失败来得早些也不是坏事。要是等到三四十岁再经历大的失败，反而有些来不及了。

如何做生涯规划的准备

（一）仔细探索世界和社会的信息

这种探索包括让孩子了解世界、了解社会、了解教育、了解生活以及认识工作世界，也包括和孩子一起阅读各种人物传记类的优秀读物，并与之讨论读后心得。例如：我国目前每年有数十万学生出国留学，每年留学的人数仍在增加，且留学低龄化成为比较普遍的现象，孩子在生涯规划时就需要了解这些信息。

当今中国，发展极不均衡，既古老又现代，既落后又先进，既坚守又变通，既矜持又活跃，既充满活力又充满矛盾，既充满希望又充满挑战。如果一个人能收集不同观点、不同信息，从不同角度进行通盘考虑，那么他对未来的确定性就会增强，也就是说未来的可知性程度是由自己掌握的信息与角度的多元性所共同决定的。

家长可以帮助孩子建立家庭、家族与小区资源人士的名单，邀请相关人士与孩子讨论有关生涯发展的问题。孩子可以访问父母或亲戚朋友，探讨其工作与休闲活动。家长可以帮助孩子建一棵家族职业树，看看自己的家族成员都是从事什么工作的，曾经取得过怎样的成就。孩子也可以实地访问有关工作者，然后作口头或书面报告。家长可带领孩子做田野调查或参观旅行，以观察各类工作者的职业角色。家长还可利用一些人们工作的图片、视频，请孩子去辨别何者属于农业，何者属于工业，何者属于服务行业。可以用话剧或小品演出的方式，请孩子扮演不同的工作角色，穿上各种行业的制服，并指导其扮演此角色。然后，共同讨论当他扮演此工作角色时的心理感受，以及他对于此工作还想获得什么样的信息。另外，指导孩子选定一个他将来所想从事的行业，并请其详细描述此行业中人们典型的生活方式。同样，指导孩子拜访一家当地的商店，并和老板或店员讨论未来商品的发展趋势。

美国北卡大学教堂山分校丁邦荣教授介绍，雇主都不愿意碰到这五类人来应聘：

——好吃懒做型，不动脑筋，晚来早走；

——无故拖延型，一推再推，不了了之；

——一团乱麻型，效率低下，毫无章法；

——穷凶极恶型，埋怨嫉妒，欺凌同事；

——消极悲观型，不思进取，难以合作。

现在的人们想得到信息并不是困难的事情，有时太多的信息反而使人目眩。如果把十首最动听的乐曲一起放，人们听到的只是难听的噪声。聪明的人是具有集中注意力于重要事务与信息上这个特别才能的人，他们能够把有用信息与垃圾信息分开，又能在关键时刻发现看似无用的信息中真实隐含的重要信息。

（二）认真了解自我的个性

了解环境后，家长应帮助孩子了解自己，从而培养起积极乐观的态度、极强的生存能力及良好端正的品德。在自我觉察方面，孩子要了解自我，首先要扩大“公开我”的部分，可借助与他人的沟通交往，使彼此更加了解。其次要开拓“潜在我”，借助与他人互动，发觉自己某一方面的潜能与特殊才艺。再次要分享“隐私我”的部分，适度开放自己，分享个人的情绪，让别人对自己有更多的回馈，以了解更多的自我。最后要接纳

“背脊我”的部分，通过别人诉说自己的优缺点，好像能看到自己背部一样，从而看法更加周全，更有自知之明。家长应帮孩子提高认识自我的能力，鼓励其参加各项活动，以激发个人潜在的多元能力。指导孩子写日记，将他感觉到他是独特的、有价值的、获得尊重的事情记录下来。家长可以指导孩子举办“兴趣博览会”，并让孩子将他的兴趣介绍给家人和同学。家长还可以要求孩子创作“我的志愿”的作文或诗句，并在家人中加以讨论。一个不断超越自己的人，才有希望超越他人。

前已提到，自我心理的健全在于认识自我、悦纳自我、调控自我。当一个人自我的规定性仅仅依赖于外物决定，如身份地位、名誉头衔、领导评语、金钱外貌等，其自我就容易迷失，因为这种外在的规定性不一定准确，且是很容易变化的。所以人的自我可以更多地依赖于自身的内质，如清醒的自我意识，独到的思想见解，普世的道德情操，特别的创造才能等，这样就比较容易保持自我。这是由于这些内在的规定性比较稳定，具有连续性和一致性。

当然，社会与自我这两方面的信息不可能全部被个人知晓，因为人毕竟是有限理性的动物。然而，尽管如此，根据不完全的信息，个人通过权衡概率和利弊得失，仍然是能够做出合乎理性的决断的。在一般情况下，人会寻求满意方案，而放弃寻求最佳方案的努力，正所谓“不求当状元，但求能上榜”。而且人是欢迎不可预测的未来的，因为只有这样才有意思，才给他提供了按部就班的行为所不能造就的发展机会。任何未来的事情如果都可准确预测，人活着还有什么趣味？尽管如此，对社会和个人两方面信息的归纳总结都需要进行验证，不能用空谈来证实，这个时候需要调研，需要数据。定量研究的作用就是能验证归纳总结是否合理，需要孩子大胆假设、小心论证，最后是科学地进行决策，做出自己的生涯规划。

这样，一个年轻人就提出了自己今后大致的生活、学习、工作的目标与方向。通过逐步的信息整合，把自己的生涯目标逐步具体化，用明确的词汇描述出来，同时制定出分阶段目标与实现目标的策略。

请注意，家长帮助孩子搜集的不光是学业、职业方面的信息，生活与心灵诸方面的信息也要有，如爱情、婚姻、家庭、价值、品德等。婚姻是通向人类生活的途径，人们现在已经可以全面、诚实、纯洁地看待性。婚姻带来稳定、承诺、名分，但也会带来束缚和负担。夫妻关系是家庭人际关系中的一个核心内容，特别要处理好。夫妻关系，包括性关系、经济与物质关系、教育子女及赡养关系等综合家庭社会关系。夫妻关系处理好了，容易把家庭的其他人际关系也处理好。一个人不仅可以享受家庭给予的天伦之乐，也要承受苦难，尤其是在家人亡故、重病致残、失学失业等重大挫折事件发生时，夫妻这对家庭的顶梁柱就需要坚定地共同承受下来。任何一方都不能退缩，患难夫妻更具有美学价值。妻贤夫祸少，子孝父心宽。丈夫努力的方向是：办事讲效率、善于创新、说话直率、胸怀宽广、果敢坚强，显出大丈夫风度。妻子不喜欢丈夫的是：吃喝嫖赌、不孝顺父母、精神萎靡、孤陋寡闻、不学无术、卑躬屈膝。恋爱、婚姻、家庭也是生涯教育的重要内容。人的生涯规划不仅是学业和职业规划，还包括对生活和心灵的规划。

家庭生涯教育有哪四个一

家庭生涯教育是家庭心育的核心内容，生涯教育的任务是：让年轻人发现和发展自己的需要、兴趣、能力、价值观、抱负，为职业选择打好基础；学习知识，了解社会，提高技能，将幼年的职业与生活幻想变成可操作的计划。生涯规划就是孩子走向成人、走向成功的第一步。生涯教育注重四个一，简述如下：

（一）找一个规划导师

这个导师可以是家中成员，或学校的，或他人介绍的，甚至是网上的。这个导师能够把孩子学习中的理论实际化、应用化，能够点拨学习方法、设计方法。孩子平时要多思考这方面的问题，这样才能在与导师的交谈中获得更多的指导。

北京师范大学附属实验中学学生殷岳参加了北京市科技俱乐部，得以有机会走进北京大学化学与分子工程实验室，见到导师严纯华教授，严老师问她："你来实验室有没有自己的目标？"殷岳很茫然地回答："就是想来看看大学实验室是什么样的。”严老师说：“你来这里不应该是为了获得某种奖励，而应该了解、体验一个科研工作者对于一个课题进行探索、研究的过程，你在研究中所学到的知识就会伴随你一生。”殷同学在导师的指导下确定了研究课题，经过刻苦研究，成功研制了稀土复合型防伪材料。2010 年 11 月，在“明天小小科学家”的颁奖现场，殷岳在一等奖的名单中听到了自己的名字。颁奖活动刚结束，一位北大教授问她：“你有兴趣来北大吗?”这一天，她拿到了北大元培班的保送名额。2011 年，殷岳成为北大学生。

（二）确定一个人生榜样

榜样是人们头脑中愿意模仿的、突出的人物形象和楷模。班杜拉的社会学习理论是一种在行为主义刺激—反应学习原理基础上发展起来的理论，着重阐明人是怎样在社会环境中学习的。班杜拉主张把依靠直接经验的学习和依靠间接经验的学习结合起来。社会学习理论强调观察学习，认为许多模式都是通过观察别人的行为及其后果而学来的，特别强调模仿对象及其特征对激发特定行为的重要性。

由此想到，榜样的行为会被学生学习、模仿。作为中小学生的孩子会有一些偶像，诸如名人、伟人，或自己的长辈等，这些人可能在某一段时间里影响孩子的思想和言行。孩子确定人生榜样的目的不一定就是将来成为他，而是让孩子自己在学习生活里有一个参照学习的方向。研究榜样的成功历程，促进自己更加努力才是当下的现实目标。这方面的详细论述请参考本书第 6 章。

（三）组建一个成长小组

有的孩子喜欢单打独斗，这也不是不可以。但志同道合的几个人一起为一个目标去努力，相互提携、相互监督、相互激励、相互帮助，则更能促进年轻人的学习和发展。

三国时期，诸葛亮年轻时在南阳的茅庐中研究时事，规划自己的未来。他的周围也有一个非正式团体，经常在一起谈论天下之事，其成员有庞德公、司马徽、黄承彦、孟公威、徐元直、崔州平、石广元。一个人如果与聪慧的朋友们交流信息、思想和看法，能不断碰撞出新的火花，自己也能够从崭新的角度认识自己的生涯规划，当然，自己也用思想使朋友有所受益。

（四）建一个成长日志

孩子可以建立一个自己的成长日志，如果是电子版的成长日志就更为方便有用，他的生涯规划就是日志的首页。年轻人在上面记录下自己每一天的努力和探索，记录下每一天的成功和失败，同时也可记录下灵感的火花和今后的计划。

北京“鸟巢”体育场组成的材料是一堆钢条；美丽的婚纱拆开后是一些布块；顶级电脑拆开来就是一些灰色硅片；人的日子过得没有目标便只是几段散乱的岁月。但如果把适宜的目标策略和持续的行动努力凝聚到每一天，就成了生命的永恒。

年轻人在定位自己的价值观后，可以设定人生每个阶段的目标。目标，是具有兑现日期的梦想。从理想角度说，人追求的目标是以最小投入来获得最大收获，多快好省，然而历史证明这种两全其美的希望是难以实现的。这样的想法是不实际的，可行的是低调追求的目标。所谓的满意策略，就是人们在若干不甚理想的方案中选取一个较好的方案，在多种弊端中选择一个负面影响最小的弊端。

订立一个小小的目标，完成它；再确立一个新目标，一个稍大些的，再完成它，这就是成就。如果一个人立志要夺取某个体育项目的奥运会金牌，他必须先具备获取学校、地区、省、全国乃至亚洲金牌的实力，设定并且达成这种阶段性的目标。确立清楚的、具有挑战性的以及可以操作的目标，才能不断进步，创造自己的前程。

家长可以考虑以下三个做法：

一是不替年轻人选择，不强制，而是提出建议。让孩子在行动中学会行动，孩子自己选择人生是其应有的权利，有利于其责任心的提高，有利于其直面挫折的态度的形成。

二是注重年轻人自我认识和自我评价能力的培养。父母不要急于评价孩子，要留出一定空间引导他们进行自我认识、自我选择、自我评价。

三是注重年轻人批判能力的培养。要让他们学会区分周围的信息哪些是事实，哪些是假象，及早培养他们的科学思维方法和批判能力。

请孩子在其生涯规划中认真考虑下面的问题。第一，为什么做？这是成功的基础要素。如果弄清楚了这个问题的答案，即便暂时没有可行的策略，终究也会寻找到解决的方法。第二，怎么做？要点是如何做对、如何做好、如何做快。第三，做！万事俱备，“做”是东风。不行动的结果就是没有任何结果。

让年轻人懂得选择。在孩子面临选择时（小升初前、中考前、高考前等），实际上家长不一定完全了解自己孩子的能力和兴趣爱好。有的家长喜欢越俎代庖，代替孩子决策，这对孩子的发展不利；如果孩子对专业没有兴趣、心情不愉快，对成才是不利的。家长所代填的志愿过高或过低，也影响孩子学业，而且会使孩子形成“父母要我学的”“我就靠父母了”的依赖心理。所以在选择时，家长应该做的是帮助而不是代替，是参谋而不是司令，最后决定权应该掌握在孩子自己手中。

让年轻人带着目标和希望出发，带着坚强和毅力前行。

生涯规划的步骤是什么

人的一生中有许多选择的路口，每个人终将独立地去面对生活，承担好的结果或不好的结果；父母也终会离开孩子，不能永远代替孩子去承担。如果在中小学阶段父母就能适当放手，不代孩子做选择，让孩子自己在选择中去学会选择，则对孩子的人生之路是好事一桩。这样做还可以让孩子知道，父母已经给了他选择的权利，他做出选择的同时就注定得由自己承担选择的后果。家长要做的事情是：只要事情无关底线，给孩子创造广泛的机会；同时给孩子出主意、提建议；尊重孩子自己的选择，选择者自己承担责任。而人一旦有了责任心，在以后的生活中才会幸福，在以后的工作中才会成功。

制订生涯规划的具体过程有四步：

（一）了解背景，提出目标

家庭生涯规划要达到的目标是，使孩子了解社会、了解自己，进而整合信息，做好自我生涯规划。选择生活和工作适宜的目标和策略，从而改进自己的行为，有效学习，减少不适当的行为。

前已提及，个人制订生涯目标时，第一步需要先收集资料。一是仔细探索社会的有关信息，二是认真了解自我的个性能力。这样提出大略的生活、学习、工作的目标和方向，通过逐步的信息整合，把自己的生涯目标逐步具体化，用明确的词汇描述出来，再制订分阶段的目标与策略。

年轻人有一个明确的目标为什么有利于他的进步呢？因为任何人的时间、智力和精力都是有限的，“心无二用”。心理学的研究表明，对于绝大多数人来说，同时思考两个或两个以上问题时，思维效率就会大大降低。有的人整天忙忙碌碌，早起晚睡，力气不少费，结果却一事无成，就是因为没有明确的目标和可行的计划。

有个青年苦恼地对著名昆虫学家法布尔说：“我爱科学、文学、音乐、美术，我用自己全部的力量投入了学习，结果却收效甚微。”法布尔掏出一块放大镜，对青年说：“把你的精力集中到一个焦点上试试，就像这块透镜一样。”

对一个想要成功的人来说，目标要专一。年轻人兴趣广泛并不是坏事，但是如果同一时间内学习的项目太多，目标不明确，就顾此失彼，照顾不过来了。一首乐曲有主旋律，学习也要有中心，不要三心二意，这山望着那山高。

有的学生说：“我也有目标，可是学习成绩还是不行。”这还要看所制订的目标对自己是否合适。如果个子很矮，就不太可能成为优秀篮球或排球运动员。如果是色盲，何必以美术家作为自己的目标呢？另外，有的人定的目标太大、太远，缺乏可操作性，这样的目标不能使人在工作中始终保持精力集中，容易发生虎头蛇尾的现象。

心理学家发现，人在整个事情刚刚开始时和即将结束时，最能集中精力和注意力。于是就有了一个很好的办法可以避免做事半途而废，那就是把一个大目标分解成几个小目标，将一个大任务分解成一串小任务，其中每一项的小任务都是有时间要求的。这样，就大大增加了开始和结束的次数，做事时能切实感到自己在逐步前进，在逐渐靠近大目标。

因此，确立正确目标，分解复杂任务，坚持不懈努力，人就会逐步走向成功。

（二）**确定策略，执行计划**

为达到生涯目标需要有策略，策略是达到目标的道路和桥梁，无策略而谈目标则空洞无效。策略不是一个简单的方法问题，而是一门综合的科学与艺术，它受自身的素质、规划内容的特点、时代的脉搏等诸多因素的制约。

重要的是，孩子在充分运用自己的想象力和思维策略时，要遵循灵活性和适用性原则。不管问题是多么具有综合性、实践性，都需要进一步根据实际情况和自身的特点进行研究，根据各种特殊的情况做适当的调整。要考虑各种途径，评估途径的可行性，选择适当的途径，进而朝自己的目标迈进。

下一步就是规划的初步执行。年轻人依照阶段化的各个分类子目标，拟定执行步骤，安排执行进度，逐条付诸实施。

生涯教育中指导孩子学会提高时间利用效率是很重要的。要根据每天的作息时间表及自己的实际情况合理分配时间，在一定时间里完成学习任务。学习任务不可太多，要有一定的机动时间，以便应付突发性和临时性事件。孩子从小注意提高单位时间中的成效，必然会节约时间，事半功倍。学习计划制订后就要督促自己按照计划去做，这才是关键。

家长可以用以下的方法帮助孩子提高做事的效率：

第一，帮他制订一个学习计划。学习计划应该目标明确，重点突出，留有余地，能及时调整。

第二，制订一张作息时间表。有了这张表，孩子就等于有了一个无声的管家每天在帮助、监督自己。他可以按表上的规定来做作业、活动和休息，久而久之就能养成做事有计划、有条理的良好习惯。

第三，利用最佳时间进行学习。孩子放学回家先做作业可以使作业的完成有时间上的保证。做完作业再进行其他活动。清晨醒来是记忆最好的时间，这时也是学习的最佳时间，效率自然会高；晚上临睡时，把一天学习的内容“过电影”似的回想一遍，也有利于记忆。

第四，采用交叉学习的方法。心理学研究发现，学习同一内容的时间过长会使学习效率大大降低。当孩子作业负担较重的时候，可以语文、数学作业交替做，零碎时间可以用来记外语单词，外出游玩时可以把所见所闻做些即兴口头表达训练。

许多有成就的人，是从小就有确定志向的人。然而，任何一个宏大的理想，都不可能没有最初的火花，正如冉冉升起的旭日，肯定有其最初的一道亮光，这就是其生涯规划。

（三）全面考察，成效评估

年轻人要阶段性地对自己执行生涯规划的行为进行成效评估。客观和主观条件是变动不居的，在执行规划时也可能发现当初做生涯规划时未曾想到的方面，因此，反思行为实为必要。

人在一些特殊时段，反而是延迟决定更好些。在中国政法大学王大伟教授的博客中有这样一段对话。

有一个女孩问我：“是留在北京继续‘漂着’，还是回老家？北京发展可能性大，但很难留下，竞争异常残酷。老家舒适安逸，有很好的位置，但发展可能性小。”

我说：“不要急着决定。有两种人生，一是谁要跟上时代的脚步，谁就不会默默无闻；二是自我设计，自我实现。第一种人生简单、充实、知足、省心；第二种人生复杂、徘徊、恐惧、劳神。陈景润非要与命运抗争不可，最后成了历史名人。其实人生也是在赌，最后还要自己下决心。”

在某些情况下，延迟决定，等待时机，不失为妙策之一。

（四）修正行为，继续前进

由于生涯规划为日后的计划修改预留了弹性，因此个人在评估时若发现了问题，就可以修订规划以及修正自己的行为。以下这段话是居里夫人的名言，讲得极好：“生活对于任何一个人都非易事，我们必须有坚忍不拔的精神，最要紧的还是我们自己要有信心。我们必须相信，我们对每一件事情都有天赋，并且，无论付出任何代价，都要把这件事完成。当事情结束时，你要能够问心无愧地说：‘我已经尽我所能了。’”

如何帮助孩子进行重要决策

决策就是为了达到一定目标，而采用一定的科学方法和手段，从两个或两个以上的方案中选择出一个满意方案的分析判断过程。周末去哪里玩？买一支雪糕还是一瓶饮料？虽无关紧要，却也是小小的决策。生涯规划的核心就是决策。越是重要的决策，风险就越大。如果一个人想要有效降低决策失误带来的风险，就不能采用某些不称职的领导惯用的“三拍模式”，即决策前拍胸脯保证；决策时拍脑袋想招；失败后拍屁股走人。这种模式害国害人也害己。有人分析决策类型有五种：直觉冲动型；宿命麻痹型；服从依赖型；犹豫延宕型；理性计划型。当然是最后一种决策类型最为理想。

我们可以学习采用“SWOT”模式，实施理性计划型决策。

首先，帮助孩子确定正确的价值观，初步确立生涯理想。

其次，帮助孩子进行 SWOT 分析。SWOT 即如下四个英文单词的缩写：strength（优势），weakness（弱势），opportunity（机会），threat（威胁）。前两个是个人的内在因素，后两个是环境的外在因素。SWOT 分析主要包括：自我条件分析；分析各种机会；外界环境评估；初步生涯决策。

再次，帮助孩子列出生涯目标及相应的行动计划。

周坤在《问题分析与决策》一书中提出了一个问题分析与决策模型：

第一步是状况评估：查明难题；排出次序；计划步骤；准备行动。

第二步是问题分析：描述问题；识别原因；评估原因；确认原因。

第三步是方案决策：明确目的；评估方案；评估风险；做出决定。

第四步是应变措施：识别隐患；找出潜因；提出预防；计划应变。

决策是选择，是一项特殊的本领。个人看到许多信息和可能性，又从中选出满意的、合适的。人们在这方面的能力是有差异的，家长在日常小事上要注意对孩子这方面能力的培养，这样，孩子才可能每临大事有静气。

高中理科学生肯特的理科和英语成绩都很优秀，但语文成绩一直不好，语文高考一模才得90分（满分150分），而他的第一志愿是北京大学，怎么办？他在父母的帮助下，进行了SWOT分析：他的优势是其他各科优秀，思维和学习能力强；劣势是从小偏科，缺乏学习语文的兴趣和习惯，连四大名著都不肯阅读；此时环境提供的机会还不错，就是这一年高考规定与往年不同，过去是先报高考志愿，这一年却是二模以后考生再报志愿，可以心中有底，并且肯特的高三班主任是一个经验丰富又负责任的语文教师；环境提供的威胁是，北大招生永远万里挑一，自己又没有任何加分。

针对以上分析，肯特制定了如下措施：每天中午到语文王老师处“吃小灶”；复习语文的时间超过其他各科；让名师给自己修改几篇作文的旧作并讲解；尽量多读课文和文学作品。结果二模语文提高到103分，其他学科成绩也有所提高。到高考时，肯特同学的语文得到115分，其他学科考试分数都很高，总分比一模提高了50分，如愿考上北京大学。

（一）考试与填志愿策略

我国的人才市场在不断完善，社会对人才的需求更加多元化。孩子选报高考志愿时首先要注意不随大溜、赶时髦，要对自己的实际情况进行较为客观、准确的估计，然后方能做出比较合理的选择。比尔·盖茨说：“这是一个绝妙的生存时代。从来也没有过这么多的机会让人去完成从前根本就无法做到的事情。”面对众多的学校和专业，考生在填报志愿时要有一种勇气和果敢的精神。应该说目前升学考试的路越走越宽，况且人生之路很长，通过上学求知只是人们生活的一部分，人们更多的是要通过社会生活和工作实践求得更多的知识，增长更多的学识和才干，所以家长和孩子在报考关头都需有一颗平常心，以免产生过于紧张的情绪。考生选报的志愿是今后录取的重要依据，所以必须慎重而果断地选择。考生在选报志愿时应注意以下问题：

第一是尽可能多地收集资料和信息。仔细阅读当年的《招生简章》，注意看清各高等学校各专业在本地区的招生人数、男女比例、语种要求、收费金额、住宿与走读等条件。了解学校录取的专业和比例，以及学校的地理位置。既要从往年看其专业设置、招生政策、招生人数有什么变化，又要看自己的学习状况，自己的成绩在全体考生中所处的位置，同时要正确分析本校在全区学校中的教学水平，参考本校近两届考生的成绩和去向。另外，要从不同的渠道了解将报考学校的真实情况，包括师资力量、设备条件、管理状况及升学情况，否则就可能被表面的信息所误导。

第二是实事求是。考生要自信，也不要好高骛远，侥幸心理要不得，应该从自己的实际出发。考生要根据自己的实力、家庭环境、身体状况和爱好特长来填写志愿，在实力具备的基础上考虑兴趣，将专业、将来的工作去向、志趣理想与实力联系在一起。特别要注意根据自己的身体状况，参考体检通知书中提出的报考专业建议，然后去挑选适合自己报考的学校和专业。选报中专、职高、技校要特别注意各专业工种在视力、色觉、身高、血压等方面的要求。考生绝不能寄希望于自己考试时超水平发挥，水平是不容易超的，正常发挥就很不错了，实事求是比什么都强。

第三是正确处理各级志愿之间的关系，保持梯度，注意志愿多样化。同时，考生在对待热门专业时应保持冷静，要看到专业的发展前景；而对待冷门也不要弃置不顾，要考虑社会的需求，并兼顾自己的兴趣爱好。服从分配栏要慎重考虑，不要勉强。每年都有不少学习不错的考生信心不足，不敢报考好学校，使自己失去机会。第一类志愿是自己跳一跳能够够得着的，要有点拼搏精神，不要怕考不上掉到第二志愿；第二类志愿是正常情况下能考上的；第三类志愿是保底的。学生一定要考虑老师和父母的意见；老师和父母则一定要尊重考生自己的选择。

根据上述条件和要求便可结合孩子及家庭各方面的实际情况选报志愿，特别应提醒注意的是，家长只有指导考生选报的义务，不能代替或强迫考生填报自己不愿意的学校或专业。这一方面是尊重孩子的权利，另一方面也是要避免因选报志愿不合学生本人意愿从而引发家庭矛盾。

（二）选学校注意要点

一些考生对选学校举棋不定，可从以下方面综合考虑：

1. 根据自身情况，主要是自己的应考实力，在学校和区域中的位置，并查看高等学校往年招生情况和分数线。

2. 了解学校的专业设置、师资力量。

3. 网络查询和实地考察相结合，考察学校硬件和软件。

4. 选择办学时间较长的正规院校。注意查看当年的《高等学校招生专业目录》。

5. 其他条件相似的情况下，当然选择离家近的学校。

学生不要报不适合自己的学校和专业，不要看别人报什么就从众。珍惜机会，使付出的努力得到回报。如果真的无所适从，可以多听父母和老师的意见。千万不要乱枪打鸟，期待大堆彩票里面中一张就好。我国在今后相当长的时间内，一直就存在的就业压力将更加突出，中国经济正在进行宏观调控，本科毕业生、研究生毕业生的数量都在逐年增长，同时一些单位却还在裁员。

一名高三女生，当年一模分数出来了，上一本绝对没有问题，可她第一志愿就想报一所服装设计学院，属于二本。老师又是“威胁”又是“利诱”，还请她的父母到校做工作，让她报一本。不过她的父母比较开明，孩子的事情就由她自己决定好了。最终她如愿以偿地进了服装学院。如今，她不仅学习自如，还和几个学姐组成设计团队，一起推出了自己的“潮牌”，网上销售已经小有名气，俨然已成为一名设计师。

家长要收集各方面的信息，努力做好孩子的参谋。家长应帮孩子找信息、出主意，但不替孩子决策。有人问著名电视主持人白岩松，会不会让他的儿子当主持人，他回答：“我可不想当儿子的导演和编剧，我只想当他的观众。”

为什么人的差异在于闲暇时间

教育部门要求中小学给学生减负之后，学生的闲暇时间增多了。学生一年中的节假日和双休日加起来大约有 180 天，是一年时间的一半。

闲暇是一种以时间值来衡量的特殊存在，是一个人在完成工作、学习和生活自我服务后剩余的自由支配的时间。有人说，闲暇时间做什么有什么关系，我想怎样就怎样呗。其实不然，爱因斯坦曾有一句名言：人的差异在于业余时间。此话的道理何在？原来，学生在学校学习，听的是同一位教师的课，参加的活动也差不多，没有什么差异；而在闲暇时间，学生就可以自行选择从事什么活动，人的差异也就充分显示出来了。闲暇有助于学生个性的自由充分发展。社会化过程中的个体总是处在一种矛盾之中，个体一方面要使自己的行为、态度符合社会的要求，和社会达成一致，一方面又总是会使自己在某些方面有别于他人，表现出自己的个性。人的社会化和个性化发展是相辅相成的，最终目标是让每个学生作为受尊重的、有别于他人的个体进入社会。

闲暇决定一个人的生活质量。可是我们看到有的孩子一旦闲下来，就会无所适从，甚至无事生非，于是家长便想方设法用学习把孩子的闲暇时间全部填满。有时候，家长与孩子一样不懂闲暇的重要性，甚至根本不会休闲，这种局面很令人惋惜。那么，不少孩子在闲暇时间做什么？一般是做作业、上补习班、请家教补习、看电视、网络聊天和玩网络游戏，能就近参加社区文体娱乐活动的很少。南京的媒体曾进行一次以“小学生的暑假生活过得快乐吗”为主题的专项调查，四成小学生给出否定的回答。一个学生这样写道：暑假就 50 天，而我 50 天都在上课，连以前每年一次的旅游也因为即将升毕业班而被暂停了。一个学生回答：很不愉快，因为要考电子琴，整天练琴，还要考语文数学。家长、家庭教师、孩子都应正确认识，辅导毕竟是辅助性质的，切不可把提高学习成绩的希望全部寄托于此。孩子必须以学校的课堂学习为主，特长班、占坑班、兴趣班和家教只是补缺补差，或做些拔高，要防止孩子对这些辅导班和家庭教师产生依赖感。

一个孩子接受特长教育与否，要看他是否学有余力，是否真有此方面的特长。如果孩子在校的功课都很吃力，再去上兴趣班肯定没效果。离开了孩子的兴趣，特长教育是毫无意义的。

在假期让孩子接触社会，如参观、旅游、走亲戚、访朋友、进行社会调查、参加劳动或文体活动等，不仅可以使孩子得到积极的调整和休息，还会使之开阔眼界、增长见识，对品德进步、文化学习和身体健康都有好处。

当然，在以下一些情况下并且经过孩子同意，报班或请家教是可以的：由于孩子生病、转学等原因，文化知识需要补习；孩子某一方面显示出特别的天赋，需要个别提高；孩子某一门课程学习方法不对，需要补习过关。

好的补习班教师或家庭教师除了要有一定的文化科学知识之外，还应具有一定的教育学和心理学知识，并能够运用于对孩子的教育。教是为了不教，各种补习班教师或家庭教师如能教方法，就有助于孩子自学能力的提高。所以，一定要报班或请家庭教师的话，应找优秀的。

对于那种在校不认真学习的孩子，关键是端正其学习态度，培养其学习习惯，请家教作用不大，甚至有副作用。望子成龙是人之常情，是可以理解的，但操之过急，报许多辅导班，孩子又无余力和兴趣，反而欲速不达，还使孩子产生疲劳和厌学情绪。所以，报班和请家教要有的放矢，否则便会弄巧成拙，变成了“辅导辅导，不扶就倒”，那就麻烦了。

少年聂耳从邻居木匠的笛声中欣赏到了美妙音乐，从此走上音乐之路；少年爱迪生在母亲的呵护下在家中孵鸡蛋，并幻想着“会飞的药”；少年达·芬奇去寺院游玩看到琳琅满目的壁画，回家默画下来；少年陈中伟喜欢解剖，喜欢研究小动物的身体结构，终成“断手再植之父”。花有色香味，人有才情趣。闲暇正是孩子才情趣发展的沃土。所以，看一个人的业余生活，就看他怎样安排自己的闲暇时间，便能够知道他今后有没有出息。因为上学上班就像体操或跳水运动员的“规定动作”，是规定好了的，得的分数虽也有不同，并不会有太大的差异。人要想有与众不同的发展，当然要有大量业余时间的投入，在“自选动作”上下功夫。体操冠军和跳水冠军哪一个不是身怀绝技？他们夺冠的分数主要就是靠高难度的自选动作得来的，这个分数差异可就大了。为避免孩子虚度闲暇时光，教师和家长可以这样指导孩子：

（一）**积极休息**

会休息才会工作。当一个人长时间学习和工作之后，大脑某些区域的活性就变弱了，这时继续工作的话，效率极低。一张一弛是文武之道，人累了就需要休息，休息好了再学习。头悬梁、锥刺股是最笨的方法，不仅不能提高成绩，反而对健康十分有害。孩子参加有益、有趣的活动是积极的休息，并不是浪费时间。闲暇有益于学生的身心健康。身心健康是学生个体社会化的物质基础。教育过程中的任何活动都是在学生大脑皮层主导作用下实现的，教育活动的开展必须符合大脑兴奋与抑制的规律。学习材料的难度过大、分量过重、时间过长、形式单一，都会使孩子大脑皮层从兴奋状态转入抑制状态，产生疲劳。我国中小学生目前每天的学习时间总体上大于身心所能承受的标准，长时间精神高度集中地学习，使得学生疲惫不堪，体力和脑力都急剧下降，身心都需要适当的闲暇时间进行休息和调整。节假日能够保证中小学生有相对充裕的时间放松一下超负荷的身心，实现生活方式由单一性向多样性转化。学生应在闲暇中获得积极的休息，提高生活质量，增进身心健康。

常言道："一日之计在于晨"。上午的时间比下午和晚上的好。学生早上早一点起，诸事从容，就可以用学习效率最高的时间处理难度较高的学习任务，进行有创意的思考。学生可以把学习效率低的时间用于看报、整理家务、游戏和重复性的学习任务。由于早起，学生就容易比那些晚起者领先一步，就产生了心理优势，继续做事更容易成功。第二军医大学遗传学教授傅继梁的人生经验是"提前五分钟"，即什么事情都提前五分钟。比如说等公共汽车，你早五分钟等车，车子到了你就能上车，就是说机遇来了你能抓住。如果晚了半分钟，那很可能就坐不上车了。当然你可以坐下一班车，然而，那就还得等一些时候。别人由于领先一步，就总是比你主动。如果是末班车你没有赶上，那你就只能走回家了。

（二）计划有趣活动

制订计划本身是要花费一定时间的，但磨刀不误砍柴工。我们应分清事情的轻重缓急，先做必须做的事情。"凡事预则立，不预则废。"有了计划就有了目标，人的动机就容易激发。不打无准备之仗，订计划是好方法。孩子应尽量减少上网聊天的时间。年轻人对独处的时间和交往的时间两者的比例要掌握好。

孩子可以依据个人的爱好合理地利用时间，科学地安排闲暇，选择丰富多彩而又适合自己需要的生活模式，达到张弛有度、学玩结合的目的。闲暇活动内容丰富、形式活泼、范围广泛，从而为学生的个性发展开辟了广阔的天地。学生能自主支配时间、自主选择生活内容，因而可以充分发挥自己的特长，自由地开拓自己的智慧和才能，实现自己的理想。

1. 运动。体育运动是人们身体健康的源泉，也是心情美好的秘诀。锻炼身体好比健康储蓄，锻炼得越多，得到的健康利息就越多。

2. 家务。可以搞一搞“今天小鬼来当家”活动。一屋不扫，何以治天下？靠千座金山，不如靠两只手。勤劳的双手、顽强的生命力和生存的本领将会给孩子的一生带来幸福。从布置温馨小家开始，学着做称职的小主人。在活动中帮孩子插上实践的翅膀。除了阳光和空气是大自然的赐予，其他都要通过劳动实践取得。让孩子走进这片广阔的天地，积极参与劳动实践，插上实践的翅膀飞翔。

3. 旅游。旅游使孩子开阔眼界，不断地身历心领，从而获得一份真切的认识与感受，增进现代社会中的生存竞争能力。孩子们应利用好这些悠闲的时光，充分领略大自然无穷的魅力。有一名中学生在作文中写道：“走进大自然，在荷花里穿行，在绿意铺陈的荷叶间流连，享受属于自己的一刻，让疲惫、压力消失，只留下馨香的静谧感觉，想象自己是一株最美的荷花，随碧波荡漾，等待花开。我心中的暑假也好比一座小岛，为那摇晃的紧张学习的小船，提供一个停泊之地，休整休整，加足燃料，为以后的学习加把劲。”

4. 社团。教师和家长应鼓励孩子组织并参与学生社团、学生社会实践活动或者学生社会公益发展项目。不见得每个学生都是团队活动能手，但是不要丧失信心，不要放弃发展自己的机会。请孩子记住，时刻为以后要投入的那个社会做准备。

5. 实习。首先是在闲暇时间做志愿者和实习生兼职。实习让孩子了解真实的社会需要，也让其比较了解自己相对爱好的工作。孩子可以在寒暑假实习，也可以在平时就寻找兼职或非坐班实习机会——有很多创意和设计类工作是不需要坐班的。建议孩子的实习与兼职不要完全集中在同一类工作中。

（三）阅读经典好书

读书可不是一件小事。孔子要求儿子伯鱼读《诗经》和《礼记》，他教导伯鱼说："能够跟人整天孜孜不倦谈论的，只有学问。外貌、身体不足观，勇力也不值得害怕，一个人如果没有可以炫耀的祖先，也没有值得一提的宗族姓氏，而最终能够名播四方，并且传之后世，不也是做学问的结果吗？所以，君子是不能够不学习的。"

秦始皇焚书，是灭绝文化的愚蠢做法。1932 年，日本侵略者刻意轰炸了当时中国最重要的文化机构——上海的商务印书馆和东方图书馆，造成中国文化史上的重大损失。全民阅读是民族文化复兴的战略工程，直接关系到个人、家庭与国家的命运和未来。读书决定一个人的修养和境界，关系一个民族的素质和力量，影响一个国家的前途和命运。

年轻人对于排队等候、乘坐公共汽车这些时间的边角料要充分利用，例如此时可以背英语单词。而打网络游戏、看电视肥皂剧以及读武侠、言情小说会耗费大量的时间，是时间的黑洞。由于学生的学校课程都是一样的，这里说的领先一步，指的是闲暇时间中，无人监督的情况下要领先一步。

孩子读书如果能领先一步，可以说好处很大。闲暇时间读书有助于完善学生的知识结构。人的认知发展过程与个体社会化过程有着密切的联系，认知过程制约着社会化过程，也受社会化的影响。完善学生的认知结构是学生个体社会化所必需的。目前，中小学生一方面在加班加点、夜以继日地学习，一方面又表现出文化的空前缺乏。很多学生连一本中外名著都没有读过，缺少最起码的文化底蕴。怎样使您的孩子爱读和会读课外书呢？

第一，要打好基础。教师和家长应身教加言教，自己首先要多读经典，给孩子树立读书榜样，教育孩子认真读书，学会熟练地查字典和词典。对不懂的内容要学会提问。学会摘录和写读书笔记。

第二，要指导选书。家长可以陪孩子到书店购买书籍。学会选购难度恰当、内容有趣、有益健康、价格合适的书。家长还可以带孩子到图书馆阅读和借书。在家里给孩子设立小书架。

第三，要持之以恒。送书给孩子当礼物，确保孩子可以很容易地拿到家里的藏书。设立家庭读书日，使得读书成为家庭的集体活动。从每天半小时亲子共读，过渡到孩子每天自己专心阅读半小时到一小时。随着兴趣的提高，孩子会养成终身学习的好习惯。

做个书虫看古今，“书山有路勤为径，学海无涯苦作舟”。孩子在童年这段时间里阅读名著，将会与书结交为终生挚友，在书的海洋里遨游，吸取精华，充实自己，扩展自己的视野；放飞自己的心灵于浩瀚的书海，让精神做一次长途旅行。阅读是孩子享受一次美味的精神大餐，这不要太多的花费，无须太大的空间，更不用担心天气是阳光炙烤，还是大雨倾盆，只要一张桌子，一张凳子，仅此而已！想去哪就去哪，尽情遨游，享受书中的乐趣。

一些父母把使孩子成功的责任推给学校；而另一些重视对孩子进行教育的父母让孩子参加兴趣班、艺术体育班和补习班，提高用以竞争的“综合素质”。其实，这些都没有做到点子上。好的家庭心育，是从亲子共读开始的。

（四）提高信息素养

法国教育部长 2017 年 12 月 10 日宣布，为维护学校秩序和国民健康，从 2018 学年起将禁止小学生和初中生带手机上学。这些信息工具很锋利，却是把双刃剑。如果孩子要做网络社会的主人，就需要做到不因被爆炸的信息所包围而无所适从；不被繁芜冗杂的腐朽文化所侵蚀而不能自省；不被虚拟的世界所迷惑而不能自拔；不被庸俗低劣的时尚所侵袭而失去文化品位。

从素质教育的培养目标来看，信息素养是个人素质的重要组成部分。信息素养是指一个人能够确定何时需要信息，具有检索、评价和有效使用所需信息的意识和能力。人的信息素养主要包含以下六个方面的能力：

1. 运用工具。能熟练使用网络等信息工具。

2. 获取信息。能根据自己的学习目标有效地收集各种学习资料和信息，能熟练运用阅读、访问、讨论、参观、实验、检索等获取信息的方法。

3. 处理信息。能对收集到的信息进行归纳、分类、存储、鉴别、分析、综合、抽象、概括、表达。

4. 生成信息。在信息收集的基础上，能准确加工信息，使之简洁明了、通俗流畅、富有个性，从而创造新信息，用信息解决问题，让信息发挥效益，达到收集信息的目的。

5. 信息协作。利用信息和信息工具作为交往和合作的媒介，与外界建立多种和谐的协作关系。

6. 信息免疫。浩瀚的信息良莠不齐，需要个人拥有科学的甄别能力和自控、自律、自我调节能力，能消除垃圾信息和有害信息的干扰和侵蚀。网络社会可能存在的弊端也应该引起我们的注意。

家长可指导孩子每周尝试写一篇博文，把博客当成其自我总结与反思的工具，也把博客当成观察社会生活与周围人群的工具。博客的写作可以使孩子养成流利的书面表达能力与思维分析能力。如果每周至少写一篇博文，孩子一年就能写50篇博文，十年就是500篇。如果能把这样的博文精选一些编成一本成长日记附在其求职简历后面，会显得非常独特。

第 6 章

为何“其身正不令而行”

《北京青年报》上，一位名叫春日迟迟的教师发表了一篇文章《别瞧不起种地的》，大意如下：

一个学生的妈妈向我抱怨自己的孩子：“太不懂事了，不知道学习，就知道比吃比穿，我每天晚上给他辅导功课，考试依然倒数。人家郝强父母是种地的，郝强次次考试都第一，懂事听话。”这位母亲缺乏种地的经验，其实培养孩子还真像种庄稼。当农民见到庄稼长势不好的时候，从来不去怨庄稼，而是在自身找原因，我是否误了农时？施肥浇水多了少了？除草了没有？地垄高低如何？改进自己的耕作技术是农民要做的事情，这应该给我们的家长一点启发：孩子就是幼苗，家长就是农夫，教育和种地都需要智慧。

有的家长不明白，身教重于言教。

初中学生郝强年年获得一等奖学金，勤奋刻苦，谦虚有礼。他的父母原是普通工人，下岗后在郊区承包了几十亩地，每天在地里辛苦劳作，日子过得很不容易，既没时间也没能力辅导孩子。郝父朴实敦厚，谦虚有礼，开家长会时脸上总带着平和的笑容，安静地坐在教室的一角，并不因孩子的优秀而炫耀、张扬，孩子的谦虚、踏实正来源于此。面对苦难的生活，他们不抱怨、不哀叹，努力打拼，这带给孩子的正是积极进取、永不言败精神的熏陶。成功虽然没有模式，但成功必有原因。孩子的智商可能没有太大的差别，但他们所受的影响也许会造成真正的差距。那个种地的父亲不会讲大道理，但潜移默化地用自己的行动影响了孩子。

人格的影响远胜于高谈阔论，我很想告诉那个抱怨的母亲：他们为了生活，努力打拼，那种勤劳踏实，对孩子来说本身就是很好的教育范本，而你做到了吗？

本章在介绍社会学习理论后，推出家庭心育的榜样示范方法：家长做出表率，并被孩子推崇，得到认可，久而久之，孩子就效仿、跟随，这就是榜样作用和示范效应。一个家庭家史中的历代人物，其中可能有普通劳动者，也可能有各行各业的骨干，甚至有一些精英人物。在家庭心育中，家长并不是要拿名人作为炫耀的资本，而是认真总结其成人成才的经验和规律，才能将这笔宝贵的精神财富转化为今天家庭心育的精神资源。通过示范来引导，正是所谓的见贤思齐，即：当人们见到有道德有能力的贤人时，就要考虑怎么向他看齐。为人父母者把示范、说理和体验、活动统一起来，是有效开展家庭心育的重要方面。

在阐述了家长心理保健和生涯规划的具体方法后，对父亲和母亲在家庭心育中的作用有进一步的说明，认为夫妻二人应该分工合作，才能相得益彰。本章最后提出一个新的概念，即家庭道德赋能，认为在公民道德、职业道德和道德健康三方面可以进行家庭道德赋能，这将有利于孩子的健康成长。阅读本章要了解社会学习理论基础上的家庭心育之榜样示范法，掌握家长心理保健的方法。

如何发挥家长的带头作用

从这里开始本书已然过半。中国传统做文章讲究起承转合，本书第1章是起；前面的第2章至第5章是承，讲述了家庭心育的内容，包括人际心理、学习心理、自我心理和生活心理——对人春风拂面，对学习如夏热情，对心理障碍似秋风扫落叶，对困难挫折如严冬一般无情。笔者称之为家庭心育的“春夏秋冬四季”。这里开始的第 6 章至第 9 章是转，介绍家庭心育的方法，笔者称之为家庭心育“东南西北之方法四方”。为何叫四方？以下各章均会解释。方法的多元是健康的，如果家庭心育不讲究方法或只重视一种方法是不会高效的。无论采用什么方法，目的都是为了把孩子的眼光引向广阔的社会，指导孩子怎样进行心理保健，怎样面对陌生领域寻找答案，怎样考虑多种方案并做出抉择，怎样综合使用知识进行创新。

第 6 章讲家庭心理健康教育的榜样示范方法。人们常说“六六大顺”，“六”确实是很巧妙的一个数字，被古今中外绝大多数人所喜欢。蜂巢外形是正六棱柱，下底是正六边形，顶部是三个全等的菱形，人们经仔细研究发现，这正是世界上节省材料的最优结构。不算本身，“6”可以被 1、2、3 整除；“6”的各个因数之和恰好等于其本身，所以数学上称“6”为完全数，且是最小的完全数。因此在古代，意大利人把“6”看作是属于爱神维纳斯的数字，以象征美满的婚姻。

家庭心育的榜样示范方法是指：家长做出表率，并被推崇，得到认可，久而久之，孩子就效仿、跟随，这就是示范效应。榜是木牌、匾额，样是式样。“金榜题名时”是古人四大乐事之一。榜样二字均为木字旁，在中国传统文化五行中，木属于东方。

家庭的生存方式包括人类基本的衣食住行，这些是维持生存的活动。家庭以亲子、血缘为纽带，特点是直观性、重复性、经验性和习惯性，这就构成了榜样示范的前提条件。《颜氏家训》上说：“夫风化者，自上而行于下者也，自先而施于后者也。”上者对下者、先者对后者的表率作用与榜样力量，是家风的重要成因。启动孩子心中的智慧和道德资源不是靠说教，而是靠行动。研究者在研究中发现一个规律：儿童善于模仿成人的行为。一旦家长起到模范带头作用，孩子也会随之产生转变。孩子面前的父母应当是对生活充满信心和期望的人，无声地影响子女。正是受到不断扩大的父母引导力的影响，儿童也能活跃地产生自己的行为习惯。

以身作则是孔子提出的教育心理思想，他在《论语》中说：“其身正，不令而行；其身不正，虽令不从。”他要求弟子立志，自己首先就“志于学”“志于道”；要求弟子“好学”“乐学”，自己就“发愤忘食”地“学而不厌”。孔子重言教，也重身教，发挥了榜样的潜移默化作用，在学生中享有很高的威信。以身作则既是教育者的重要品质，也是教育的重要方法。以其昭昭，使人昭昭。

然而有些家长有不文明的行为，有丧失自我的表现，这就不能成为孩子的好榜样；有的家长甘于平庸，不思进取，不再学习，只会一味地埋怨环境；有的家长一切为了孩子，甘愿为孩子当牛做马，说什么“我们是不行了，全靠你为我们争气”之类的话，这些表现对孩子的健康成长不利。

心理健康的父母容易培养心理健康的孩子，阳光的家长容易让孩童心中充满阳光，只有家长也做自己的生涯规划和家庭计划，才能帮助孩子进行生涯规划，并有利于家长自己的生活和职业生涯。因为榜样的力量很大，以其昏昏，不能使人昭昭。光有言教而无身教，比之没有言教更坏，因为孩子看到家长言行不一，会有一种被欺骗的感觉。孩子是看家长如何做的，而非听家长如何说。直接的身教要靠有影响的人物带头，在家庭中靠家长，在学校里靠教师，在社会上靠各级政府领导干部，其身不正者拿雷锋说事是没有效果的，只会有反效果。

家长关注自身的职业成就和家庭的生活幸福是很重要的。家长只有在愉快、幸福、平和的心境中，才能高效地开展工作。家长对自身的生活和职业有所规划，更能快乐工作、宽容待人、悦纳自己、幸福生活。这样，对家庭和子女大有好处。

除了家长的经济收入以及他人的认可和尊重之外，其个人日常的精神生活质量对孩子的影响也很重要，这包括：父母是否有读书的习惯，父母是否有独立思考并表达个人主见的习惯，父母是否充分地享受了爱他人并被他人爱的情感生活，父母是否规划自己的未来。

有的家长靠专制、棍棒教育，要求孩子听话，不服不行，可能暂时有一定的作用，但是从长远来看，是很不可取的。《吕氏春秋》有言：“威不可无有，而不足专恃。”“强令之为道也，可以成小，而不可以成大。”家长是不能通过强制孩子来获得威信的。确实，身先士卒是最有效的命令，以身作则是最严格的规章。

社会学习理论的重要特点是什么

美国心理学家班杜拉的社会学习理论具有以下特点。

首先，本理论强调行为和环境的交互作用，焦点集中在个人为应付环境而习得的行为模式上。家庭是学生生活的重要环境，它与学生的心理和行为具有交互作用，从中我们可以得出创设良好家庭环境的重要性。

其次，本理论强调认知过程的重要性。由于人类能够用符号来思索及提出情境中的问题，因此，人们能够预先知道个人行动的结果，并依此来改变行为或激发某种行为。

再次，本理论强调观察学习。该理论认为许多模式都是通过观察别人的行为及其后果而学来的，特别强调模仿对象及其特征对激发特定行为的重要性。由此可见，家长的行为会被孩子学习、模仿，家长只有减少不当行为，才能减少家源性心理伤害；家长要有正确的教育行为，以利于孩子提高心理健康水平。家长、教师、同学，乃至影视、故事、小说中的人物，都会成为未成年人模仿的对象。因父母与孩子朝夕相处，影响更加显著。孩子们羡慕，就会模仿，耳濡目染、潜移默化。如果环境中缺乏足以身教的榜样人物，儿童也可能因经历这样的历程学到不道德的行为。

班杜拉的社会学习理论强调观察学习在人的行为获得中的作用，认为人的多数行为是通过观察别人的行为和行为的结果而学得的，观察学习能力是人的基本能力之一。依靠观察学习可以迅速掌握大量的行为模式。同时，本理论重视榜样的作用。人的行为可以通过观察学习过程获得。但是获得什么样的行为以及行为的表现如何，则有赖于榜样的作用。榜样是否具有魅力、是否拥有奖赏，榜样行为的复杂程度、榜样行为的结果以及榜样与观察者的人际关系都将影响观察者的行为表现。尤其在生命的早期，儿童的观察学习对象主要是家庭亲代的具体生存行为。

有个经典心理学实验。把五岁儿童分成三个组，先让他们参观许多特别好玩的玩具，并告诫之：“不许玩这些玩具。”然后设定三种不同的情境。第一组是“榜样—鼓励”组，让他们看短片，内容讲一个男孩正在玩被规定不许玩的玩具，孩子的母亲却对他大加赞扬，而且与孩子一起玩。第二组是“榜样—批评”组，也看类似电影，不同的是，孩子母亲见孩子正在玩不许玩的玩具后，对孩子严厉批评，孩子马上放下玩具，发抖，用毯子捂住脸表示恐惧。第三组是控制组，不看电影。最后分别对三组儿童进行观察，各待在屋中一刻钟，实验者在单面观察窗口观察孩子克制自己不玩玩具的时间长短。第三组是无榜样组，平均克制时间五分钟。前两组是榜样组，第一组平均克制时间为一分二十秒，第二组平均克制时间为七分钟。两组孩子的控制时间差距显著，可见榜样力量的作用是很大的。

最后，此理论强调自我调节过程。某个特定行为会产生外在的后果，也会产生自我评价的反应。认为行为的增强来源于外界反应与自我评价。该理论还重视利用自我强化或自我惩罚的方式来加强行为的自我控制。家长应该了解孩子对自己教育的反应，成为反思型有智慧的父母，不断提高家庭心育水平，不断改进教育行为。其实，《礼记》中早已说过：“下之事上也，不从其所令，从其所行。”意思是：下级对待上级，不是听从他的命令，而是顺从他的行为，说明领导者应当以身作则。

面对异彩纷呈的世界，今天的孩子都面临着比以往任何一代人更多的诱惑。培养合格公民，是家庭教育的责任，每一个家长都要努力为孩子提供未来所需要的诚信、责任、尊重和价值观教育，使之成为善于思考、有使命感的公民，在未来社会发挥积极作用。人的行为发展，特别是精神的成长当然需要有正面榜样。儿童自己的生活中也有许多榜样，应该让孩子从自己的生活中得到教育。教育的内容和方法都需要强调贴近孩子的生活，关心他们的喜好和烦恼，使用他们喜欢的表达方式。广大家长可以记住印度诗人泰戈尔的诗句：“不是槌的打击，乃是水的载歌载舞，使鹅卵石臻于完善。”

家庭中父母的教育主要在其自身行为，而不是靠讲道理。教育不仅是文化知识的传递，而且是人格心灵的唤醒。教育本来的意义就是施与效，《说文解字》中说：“教，上所施，下所效也。”“育，养子使作善也。”家庭是每一个孩子生活的第一个环境，家长是每一个孩子的第一任教师，家长的一言一行、一举一动都可能成为孩子效仿的榜样。如果一个家庭有浓厚的学习氛围，孩子便容易模仿和受到感染。家长经常阅读，孩子便爱读书。孩子其实是家长的一面镜子，发生在孩子身上的一些心理问题都能反映出父母在教育子女上的得与失。家庭生活是最真实的，给孩子的印象也最真切。因此，家长如何不断提升家庭文化，教育者如何为孩子做出好榜样，都是极其重要的，用道德和智慧树立起来的权威才是真正的权威。

家长如果平时有不择手段办事之嫌，或对孩子进行“丛林法则”的教育，则孩子也容易在学校发生伤害同学之类的事件。如果发生了这样的事，家长首先应该让孩子勇于承认自己的错误，培养对自己行为负责的意识。家长不能“护犊子”，要和孩子一起去面对同学、学校和同学的家长，用比较合适的方式化解矛盾、解决问题。

孩子是通过家长之所行来学习的，智慧的为人父母者必须经常审视自己的素养，反思在多大程度上将美德与健康行为贯穿在生活中，示范于孩子前。成人自己不爱学习、不看书、知识贫乏、思维懒惰，却要求孩子考上北大清华，这不是开玩笑吗？人们常说，在哗啦哗啦的麻将声中，孩子很难解出一元二次方程；在韩剧又哭又笑的喧闹声中，孩子不容易写出清新优美的作文。常闯红灯、酗酒吸烟、放任宠物、随地吐痰、满口脏话、破坏公物，有这一类不文明行为的成人必须思考这些行为会给自己的孩子带来怎样严重的影响。智慧父母必须成为孩子的好榜样。

家长维持心理平衡有哪些方法

《菜根谭》中说：“风来疏竹，风过而竹不留声；雁渡寒潭，雁去而潭不留影。故君子事来而心始见，事去而心随空。”上节说到家长树立榜样的重要作用，本节特别提出家长心理保健的方法。家长心理健康，孩子的心理也会受到好的影响，变成心理健康的孩子。家长请注意，不要把心理健康与快乐画等号。现在，我们生活在节约型社会，既应节约资源，也应节约快乐，一个人每天中有十分之一的时间快乐，就很不错了。

情绪是人对环境变化的反应。人类的祖先在史前的生活环境非常恶劣，消极情绪的产生应该是源于此时。结果我们直到今天仍然天生地害怕某些事物和现象，例如怕毒蛇猛兽、怕高、怕黑、怕孤独、怕巨响、怕挨饿。人有各种情绪，每一种情绪经过数万年的演化幸存下来，肯定是有用的：快乐使我们放心做事情；惊讶使我们好奇而增进学习能力；恐惧告诉我们避开危险；生气使我们威慑来犯者；悲伤警告我们节省能量；厌恶促使我们远离有害的对象。只有第一种情绪——快乐是积极的，惊讶是中性的情绪，而后四种均为消极情绪。虽然每一种情绪都有用，却也没有一种能够始终都有用。一个人如果整天快乐，一切为了快乐，是绝不可行、绝不可取的。如果一意孤行，只顾享乐，人必会因此付出惨重代价。所有的心理体验对人的生命都是有意义的，都是重要的，烦恼、忧郁、痛苦、愤怒等消极情绪都是个人在成长中必须经历的。酸甜苦辣咸，五味都不可少，那才是真正的生活。没有天就没有地，没有消极也就没有积极，就像白天和黑夜的更替一样，自信和自卑、快乐和悲伤、镇静和烦躁、开朗和消沉都是交替存在于人的生命中的。

家长做到心理平衡的具体方法如下。

（一）当机立断

法国有个寓言，叫作布里丹的驴。说是布里丹这个地方的一个磨坊中有一头驴，它发现左右相同距离的地方各有一堆干草，由于不能决定先去吃哪一堆草，最后竟然饿死了。

生活中确实会出现这种两难情境，但人应比这头蠢驴聪明一些。需要决策的时候，人应该当机立断，快刀斩乱麻。因为当断不断，反受其乱，犹豫不决会使家庭处于不安定的状态。人需要拿得起，也放得下。成年人的事情比较多而杂，要调整自己的情绪，放眼事业，珍惜家庭，主动把事情做好。

同时，人做事拖沓的害处，不仅仅是耽误事情那么简单。心理学的研究发现，拖沓者比不拖沓者出现更多的躯体症状，这很好理解，利索的人把事做好了，心中石头落地，心情放松；拖沓的人，总是担心事情尚未完成，压力很大，又由于拖沓已成恶习，不愿马上行动，心中充满矛盾。因此，做事拖沓的人要改变自己的行为，防止因拖沓而付出过多的健康成本。

（二）寻找港湾

人需要一间自己的房间，放些自己喜爱的东西，可以在此处从精神上补充新的活力。当然，家就是港湾，但家庭成员之间有个私密空间，好处还是不小，故有条件的话自应与孩子分屋休息睡觉。人需要在保持平静安宁的健康心态和保持志存高远的进取精神两者间获得一种可贵的平衡。

在这个比较私密的空间里，家长可以沉思。沉思能为人带来力量和平静，每天有一次沉思的机会就可以，有 15 分钟的时间不被任何事情打扰，对人的健康很有好处。人们产生心理疲劳的一个重要原因是满负荷的工作安排，家长又要做家务管孩子，又要工作，孩子总有事，单位又闹心，弄得家长焦头烂额、疲惫不堪。这可以通过提前做计划来解决，每天在自己的时间表中留出一个小时的机动时间不安排事情，就能使自己获得喘息。

智慧的父母需要懂得享受生活，万勿在幸福中而不自觉。在日常的生活中，全家可以找机会回归自然，在湖光山色之中，人的繁杂的思绪将得以解脱。

（三）积极思维

命运的创造者只有自己，消极悲观的错误想法不仅于事无益，而且有害。家长需要保持乐观向上的生活态度、宽容博大的豁达心胸、厚德载物的高尚品格和旺盛勤奋的思考能力，这才是智慧家长。家长以持续不断的学习激情，去为自己不断补充精神营养。有时家长需要献出爱心，对他人做出有益的举动时，自己的内心也得到安定。

（四）休息运动

2017 年的诺贝尔生理学或医学奖颁给了科学家迈克尔·杨等三人，表彰他们发现了生物钟的分子机制。生物钟是人体内各器官所固有的生理节律。人们如果逆自己的生物钟而动，必然损害健康；应该顺其规律起居，不熬夜，不晚起。我们提倡全家成员无论父母还是孩子，都要按生物钟作息，坚持早睡早起，生活有规律。

全家每日需要科学进餐，人的精力与体力的能量来源于食物，科学进餐，不吸烟，少喝酒，能从根本上防治疲劳症。坚持体育运动也很重要，家长如果每天坚持进行半小时温和的户外运动，体能会逐渐增加。孩子每天轻松半小时，也会有意想不到的收获，他的大脑得到积极的休息，学习成绩也会因之提高。

家长与孩子心理健康的标准同样是第 1 章中提出的五条，即认知正常、情绪适度、行为协调、沟通和谐、个性健全。家庭心理保健的方法有多种，但概而言之，要求家长具备四点：一为德，有适应时代的思想理念；二为博，有宽广深厚的知识背景；三为活，有灵活有效的家教技能；四为和，有稳定和谐的家庭关系。做心理健康的智慧家长，对孩子的健康成长将大有帮助。

父母在教育中如何分工互补

班杜拉的社会学习理论实验研究发现儿童最喜欢模仿他心目中最重要的人。就孩子生活中对其影响最大的人而言，非父母莫属。

（一）父亲在家庭心育中所起的作用

大量的研究表明，父爱在孩子尤其是男孩的成长中起着重要且不可取代的作用。父亲对孩子的智力、体力、情感、性格方面都会产生影响。研究发现，一个孩子如果与父亲接触少，他的体重、身高、动作等方面的发育速度都要落后一些，并容易存在焦虑、自尊心不强、自控力弱等心理障碍，这被专家称为“缺少父爱综合征”。

一个健康的家庭结构，就好比一个等腰三角形，父母就是支撑孩子的两个底角，父母都与孩子接触，共同教育，孩子才能健康成长。从某种角度说，在孩子的成长过程中，父亲的作用不亚于母亲。孩子如果一直能得到父亲的关注，对形成其健全的人格和突出的能力非常重要，也有利于孩子发展良好的人际关系。

教育家黄炎培就说过：“教育的目的是培养金的人格，铁的纪律。”合格的智慧父亲，不仅给予孩子物质生活的保障，而且应该粗中有细，成为孩子健全人格的雕塑家。

《三字经》上说：“子不教，父之过。”中小学教师会发现，现在有相当数量的家庭中，养育孩子简直成了母亲的专利，父亲的影子很少出现，学校开家长会，父亲出席的数量远少于母亲，这并不利于孩子的健康成长。一些家庭中父亲的教育是缺位的，教师必须告诫孩子的家长，父亲在教育中的重要作用。在中国，中小学中大多是女教师，致使一些孩子从早到晚都不能与男性成人接触。一些国家比较注意这个问题，像日本，小学男性教师人数占到教师总数的48%，而我国的占比数远低于此，那么父亲在教育中就更加不应缺席了。因此父亲应起示范作用，正人先正己。父亲每天要拿出至少半小时的时间参与孩子的活动，哪怕是讲个故事，与孩子一起运动一会儿，或陪孩子玩一玩、聊一聊也行。这样会让孩子感受到父爱，孩子需要新时代的智慧父亲。跟母亲相比，父亲教育孩子时往往只画出一个大的框架，为孩子留下一个比较大的自主空间，在孩子遇到困难时，能促使孩子去发挥自己的智慧与能力，而不一味指望得到父亲的庇护，从而帮助孩子在意志品质上以及解决问题的能力上得到充分的锻炼，这能使孩子更加坚强、更加能干。

父亲不仅在家庭教育中应起到重要作用，自身也应注意保健。这是因为，比起女性，男人是世界上比较脆弱的群体。20 世纪 50 年代，男性比女性平均多活 3 年；到 60 年代，两者寿命已经拉平；70 年代，女性平均多活 1 年；到现在，我国男性平均寿命不到 69 岁，而女性已经达到了 73 岁。有社会学家分析，个中原因有四条：男性有病不去看；有家不爱回；有话不肯说；有泪不轻弹。从 2000 年开始，每年的 10 月 28 日定为中国男性健康日。男性预防生理和心理疾病的能力均低于女性。许多人以为女性情绪善变，精神脆弱，其实男性对精神压力的耐受力远远低于女性。资料表明，男性癔病患者和自杀者均多于女性，男性癫痫患者人数则是女性的 8 倍。吸烟、酗酒对男性造成极大危害。ED（勃起障碍）威胁着我国 8000 万 40 岁以上的男性。男性保健有十个问题值得注意：

1. 每年应例行体检；

2. 如胸口痛一定要检查，可能是心脏病；

3. 平时少吃油腻和油炸食品；

4. 不吸烟、不酗酒；

5. 注意身上的痣是否出血长大；

6. 外生殖器如出现小包，立即到医院检查；

7. 保持一定的体力活动；

8. 勤测血压并注意控制血压；

9. 如果如厕时间变长，要去医院检查是否得了前列腺炎；

10. 了解家族病史，及早预防遗传性疾病。

男性应该爱护自己，积极参与家庭心育，做个有智慧的父亲。争取做到：理性与感性互补，刚强与柔软调和，工作与休闲兼顾，事业与家庭并重。

（二）母亲在家庭心育中所起的作用

在家庭心育中，父亲的作用固然重要，母亲当然更是不可缺少的教育力量。家长在培养孩子独立性时，往往同时需要培养孩子克服困难的精神和毅力。我们常见有的母亲一看到孩子碰到了困难，不是鼓励他去克服困难，而是立即代劳，替孩子检查作业，端饭洗碗，背书包，铺床叠被，洗衣洗袜子。这样，孩子的吃苦耐劳精神怎能培养起来？顽强的意志怎样练就？独立性怎能养成？所以越是勤劳的母亲越容易培养无责任心、懒惰的孩子。有位妈妈家住在五楼。下班后回到家，忽然想起自行车放在一楼公共车棚里忘记是否锁了，就叫上小学的儿子去跑一趟：“妈妈累了。”人们发现这个小孩被妈妈训练得勤快能干。所以，当妈妈的不要太能干了，要有智慧，留点事情给孩子做吧。

母亲爱孩子天经地义。然而，未来是属于孩子的，孩子未来的路要靠他自己去走，未来的生活要靠他自己去创造，让孩子走出自己的路，开辟自己的天地，谱写自己美好的人生。过度的爱，就变成了害。

有智慧的母亲从不唠叨。许多孩子最头痛的，是当母亲在唠叨时，并不是只讲一件事，而要反复进行历史回顾，即所谓的找旧账，并且一件事情来回反复地说。这种情形实在是超出了孩子的心理负荷，所以他就干脆充耳不闻。这么一来就形成了恶性循环，看到孩子没有反应，妈妈就越唠叨；她越唠叨，孩子就躲得越远。有时候没办法躲，实在受不了时，孩子就会反击，从而引发激烈的争吵。奇怪的是，极少有孩子反映父亲唠叨的。

母亲一般这样解释自己的行为：我这是爱他，我对孩子用心良苦，对别人的孩子我还不愿意唠叨呢；我希望孩子全力以赴，学习上进，我是关心孩子；我唠叨他还不怎么听呢，不唠叨更不听了。

为什么女人爱说话？俗话说男人是视觉动物，而女人是听觉动物。研究发现，女性比男性更加需要语言的交流。这是由女人的大脑构造决定的，她更加需要通过讲话进行沟通，而说话的主要目的是倾诉，她要的不是答案，也不是解决办法，而是语言交流本身。就像不少妇女逛商店并非为了购物，逛的过程就是目的。而对多数男性来说，这绝对是浪费时间，是受罪。通过大脑扫描图可以清楚看到：女人说话能力比男人强很多。女人嫌男人总是沉默，男人看女人则似乎总没有闭嘴的时候。女人会说话，但是，真正会教育孩子的妈妈却是言简意赅的，是不唠叨的。

唠叨的妈妈通常是沮丧的人。唠叨的对象是丈夫、朋友或子女。她们觉得寂寞、绝望，认为没有人爱她，也没有人感激她。“我是为你好才唠叨你，你却不领情。”唠叨的妈妈通常是完美主义者。她对孩子要求特别高，特别全，总把自己孩子与周围最优秀的孩子比，看自己孩子什么地方都不满意，怎么做都不满意，总是有更苛刻的要求，这样的妈妈难有快乐时光。唠叨的妈妈可能是从小经常受到批评、指责的人，是自卑的人，即使事情成功了，心情却不好，人缘也不好。唠叨的妈妈可能是从小受到溺爱的人，没有体验过艰苦，不会体谅他人的需要，总是索取、提要求，总是以自我为中心。

如果妈妈不再唠叨孩子，会改变什么呢？

一是变孩子的消极情绪为积极情绪，改变心态，增强其生理和心理健康。二是可以带来良好的亲子关系，没有孩子愿意和不高兴的妈妈一起生活和学习。有的妈妈说：“我还不是为他好，我是刀子嘴豆腐心。”请这些妈妈收起刀子，把豆腐心简洁地表达出来吧！

妈妈有什么方法对孩子减少唠叨？

首先，“人比人，活不成”。对孩子凡事看两面，勿将孩子与其他儿童攀比。其次，欣赏孩子。通常不是孩子缺少真、美、善，而是母亲缺少发现真、美、善的眼光与心灵。

当然，不能为了防止唠叨而容忍孩子的不良品质与行为。“你的作业是自己的事情，需要自己检查。”这不是唠叨。“你竟敢让我检查你的作业！你看邻居小李就自己检查，成绩比你强多了。你什么时候能让我省心啊？”这就是唠叨了。

这里孩子的行为也有个关键之处：别忘了感谢妈妈的琐碎工作，这可以大幅度减少妈妈的唠叨。

（三）父母分工合作

孩子的成长是一个漫长的变化过程，智慧家长正确教育子女的方法主要应该是爱和严相结合，母亲要与父亲做到分工合作，发挥各自的优势。家长要重视培养孩子的独立性，放手让孩子做力所能及的事。孩子的独立性是在实践中逐步培养起来的，在这个过程中，孩子的能力会由弱变强。可是，有些家长怕孩子做不好，做得慢，干脆自己代劳了；有的家长生怕孩子累了；有的家长认为只要孩子把书读好，自己再苦再累也值得。孩子的大小事情家长甘愿包办，结果，一个中学生连自己的衣服也不愿洗、不会洗，吃完饭把碗一推，这样，只能养成孩子的惰性。所以，建议家长放手让孩子做点事，当他们做得不好时，应鼓励和指导孩子做；当他们做得好时，应表扬和提出新的目标。这样会增加他们的锻炼机会，养成独立的行为，为未来的开拓创新奠定基础。

父母如果没有“团队”意识便不能通力合作，协调一致，只会放任情绪，甚至互相攻击，逞一时口舌之快，会让孩子无所适从，家庭教育便失效，父母权威丧失殆尽。

家长还要创造机会，培养孩子自己拿主意、做决定的能力。一些家长十分注意培养孩子听话顺从，却不注意倾听孩子的意见，无论是生活小事，还是孩子发展方向的大事，一概由父母决定，孩子缺少自己做决定的机会，这样就不能培养孩子的抉择能力。然而，自我抉择能力也是独立性的一个重要方面。

一名初中女生曾讲：“我深深爱着我的母亲，某个层面来说，她是最棒的妈妈，某个层面来说，她又是很糟糕的妈妈。她把我照顾得无微不至，真的尽心尽力地为我付出。可惜的是，她把我当宠物饲养，不知道我也有情绪和心思，不知道我也需要被尊重。母亲是很强势的妈妈，介入我生活的每一个层面，没有留给我空间和尊重。她嫌我没把心思都用在学习上，阻止我与比我学习差的同学来往，不让我出门或接电话。有一次好不容易和小学时的好友约了见面，她竟然出现在现场，声色俱厉地叫我回家。我当时气坏了，颤抖着声音对她说：‘我已经十四岁了，跟同学见个面你还要管吗？’希望母亲学会放手。”

心理学中有个手表效应，是指一个人如果只有一块表时，可以确切知道现在是几点钟；而当他同时拥有两块显示不同时间的表或更多指向不同时间的表时，反而无法确定准确的时间，因为他将不知道自己该信哪一块表。由此可以想到，一个家庭的所有家长在家庭教育的观念上应该基本一致。因为在一个家庭中，如果家长之间意见不一致，对孩子的要求就不会统一：有人管，就有人护；你批评孩子这件事做得不对，他会说没啥大不了的。甚至家长之间争吵打骂，在这种情况下，孩子莫衷一是，无法形成正确的是非观念和行为习惯，也就把家长的话当成儿戏。有的家长用物质来收买孩子，希望孩子站在自己一边；有的家长在孩子面前揭发其他家长的不端行为，好让孩子憎恨其他家长。如此行为，会造成孩子的困惑、自卑、无所适从，对孩子的成长极为有害。

有的中小学生在学校挺懂事、守规矩，然而在家却不听话、没规矩。因为学校的教师虽多，用的都是同一个规矩，在家里却可能有几个家长就有几个规矩。在妈妈那里行得通，可能在爸爸那里行不通；奶奶那里答应了，在妈妈那里可能被拒绝。于是孩子觉得无所适从，干脆就没规矩吧。有些孩子心眼多，还会利用家庭成员之间的矛盾互相牵制，各个击破，两面三刀，从中获利。

家长在对孩子教育方面如果有不一致的地方，其实也属正常，但这就需要讨论与磨合，注意不要当着孩子的面发生争吵。家长只有通过讨论，才可能诞生好主意。没有摩擦就没有磨合；有了争论才有高论，但这个争论千万别当着孩子的面进行。然而，家庭的规矩应该是一定的、合理的，这个规矩家人一起来制定，这个规矩家里的每一个人都必须遵守。

另外，有的家长对孩子的要求不能前后一致，有的家长自身言行矛盾，有的家长要求孩子做到的事自己却做不到，这些情况下都不可能进行成功的家庭教育，会造成孩子许多心理和行为问题。

生活中常常存在一种劣根性是“气人有，笑人无”。许多时候其实自己也过得不错，但是在这种无谓的相对比较下形成了一种心理贫困，所以把好日子也过成了坏日子。对孩子也是如此，一些家长总是抱着人定胜天的信念，认为孩子都一样，人家能的，咱家孩子必定能，用自己孩子的短处去比别人孩子的特长，给孩子造成很大的压力。

父母一般都各有特长，有各自的风格，家长家庭教育观念的统一并不妨碍在家庭心育方面的分工。一个人如果在其他人都下了注的地方去投资，是不会发财的。就是说，如果无特色，那就无优势。比如，祖父母和父母优势不一样，老一代的人可能闲暇时间多、育儿经验多；年轻一代可能思想观念新、信息技术强。又比如，父亲和母亲的优势也不一样，父亲可能文化程度高一些，更有创新性；母亲可能生活经验多一些，更加细致周到。

所以，在家庭心育中，并不要求每位家长在行为上完全相同，而应提倡家长之间在家庭心理健康教育方面有分有合，分工合作。曾有一个三口之家，在家庭教育中，就是先统一家庭教育的观念，然后进行大致的分工。父亲侧重孩子的智育、美育和心理健康教育；母亲侧重孩子的德育、体育和劳育。结果非常成功，孩子既品德高尚，又学习优秀。

为培养祖国建设需要的人才，家庭心育的目标应当一致。母亲是大地，父亲是天空，让孩子健康自信地成长。孩子是鲜活的生命，孩子是盛开的奇迹。家长要用坚定的信念和无畏的勇气成全孩子执着的脚步；家长要将内心深刻的亲情凝聚成光焰，点亮冬天的寂静。有智慧的父母须牢记：教育孩子要用百分之百的态度来对待，但是不要祈求太多的回报。

在 21 世纪，知识存量不断增加，知识折旧也不断加快。家庭中，无论父亲还是母亲都必须不断地摄取新知识，学习成为伴随人一生的持续过程，父母互补的家庭心育是最佳选择。

家长的生涯规划怎样做

本书第5章曾说到家长要指导孩子做生涯规划。其实同样重要的是，在这方面家长应起到榜样作用，做好家长自己的生涯规划。家长做事情有目标，经营家庭有策略，就会给孩子起到很好的示范作用，同时也使得整个家庭运行有序，不断发展。

其实生涯教育也不完全是舶来品，当然现代意义的生涯规划是引入的，但我国古代早就有生涯教育的内容，孩子幼时“抓周”就是典型的体现。小孩子周岁时行抓周礼在小说《红楼梦》中有描写，一周岁的贾宝玉别的不抓，就喜欢胭脂口红，把他的父亲贾政气得够呛，认为自己的孩子不爱读书做官，喜欢在脂粉堆里混，将来定是没什么出息。

古代在小孩抓周时还有隆重的仪式。首先是祭拜祖先，家长告诉祖先，家里的宝宝满一周岁了，祈求祖宗保佑宝宝能健康成长。祭拜以后，在神桌前准备一个大米筛，里面放入十多种常用物品，有书、印章、笔墨、算盘、钱币、尺子、食品、绣线、缝纫刺绣用的花样子等，让宝宝坐在米筛的中央，任意抓取物品，以此预测宝宝将来会选择的行业与命运。

如果宝宝先抓了印章，说明他将来会官运亨通；如果先抓了文具，说明他长大以后好学通文墨，成为读书人；要是小孩子先抓起个算盘，则说明他将来善于理财。如果女孩子先抓起剪子、尺子、铲子等，说明以后她善于料理家务。总之，长辈对宝宝的前途寄予厚望。

给宝宝起名也体现家长对后代的期望，一直到现在国人都是这么做的。古时男人不仅有名，还有字，像元直、子龙、云飞、鹏举等，都体现出家长对孩子的殷殷厚望。

从抓周和起名字的文化现象中我们可以看出，我国自古重视家庭教育，重视对孩子的职业规划和期待。

家庭是实施个性化生涯教育的主要场所，影响个体生涯发展需求的因素主要来自家庭，像父母的职业、父母的学历、父母的生活习惯、父母的生涯规划等。父母往往比教师更加了解孩子，家长的期望、兴趣、优势会在一定程度上体现于子女身上。因此，家庭生涯教育能有针对性地满足孩子的需求，但这要以良好的家庭教养方式和亲子关系为基础。智慧父母不会包办代替，他们既尊重子女的合理愿望和发展需求，为其提供了解社会、增长经验的机会，又会以身作则，从行为习惯、处事方式、价值观念等多个层面对子女产生潜移默化的影响。

一些人习惯接受廉价和免费的事物，他们总是梦想奇迹或者好运，因为他们不愿意付出努力，总想不劳而获。一些人不明白一个事实，就是威望和成就是通过一步步努力地工作和牺牲实现的，不付出就没有获得。简单来说，为了生活，一个人既要索取也要奉献。

现在一些媒体，说起家庭规划，大多是理财规划，似乎有钱就是一切。如果总是拿钱去判断一个人或一件事的价值，这就太偏颇了。钱的确很重要，但并不是一切，并不万能。家庭还有许多重要的事务也应该规划，如家庭成员的精神生活、学习规划、休闲规划、服务规划、运动规划、健康规划等。其中，家长的生涯规划直接为孩子做出了一个榜样示范。

这里提出智慧家长生涯规划的三重目标。

一是职业生涯目标，即在自己的本职工作中争取做个能人。家长需要努力学习，掌握工作的知识技能，做好自己的本职工作，在自己的职业生涯中不断得到发展，做事求真。

二是生活生涯目标，即在家庭生活中争取做个福人。家长需要积极生活，融洽亲情、爱情、友情，学会亲子交往，促进家庭生活的美满幸福，生活求善。

三是道德生涯目标，即在心灵建设中争取做个好人。家长需要修炼自身，做事讲道德，有正确的价值观，思想有境界，心灵求美。

（一）职业生涯目标

家长想要不断在职业岗位上进取，这需要富有责任心，并建立合理的知识结构，掌握一定的自然科学、社会科学和人文科学知识，关心了解国内外经济与科技发展态势，不断充实自己。同时，家长需要在工作实践中积累感性认识和实践经验，如果缺乏感性认识，则书本上的知识也难于掌握，难于应用到工作实践中去。总之，职业能力和基础知识、基础能力相辅相成，互相促进。

家长一般已经有了固定的职业和工作，家长对自己的职业生涯仍然需要规划，做出调整，追求自我实现。如果家长工作顺利，有所成就，生活小康，对自己的心理健康亦不无好处。

（二）生活生涯目标

家长建立和睦家庭、过有意义的家庭生活也是生活生涯目标的重要组成部分。家庭是社会的细胞，是每个人生长的重要小环境。家庭可以满足每个家庭成员的不同需求，同时，家庭的每个成员都应该为家庭做贡献。托尔斯泰说："幸福的家庭是相似的，不幸的家庭各不相同。"一个家庭虽然只有有限的人口，然而，"清官难断家务事""家家有本难念的经"，可见，处理家庭关系与家庭事务也不容易。人们逐渐意识到家庭对个人成长的重要影响。

家庭中各成员的关系是长期朝夕生活所建立起来的相互支持、帮助、关怀、体贴、容忍和迁就等关系，它们体现在许多说不清、道不明的生活细节之中。看起来似乎不起眼，但这就是真实的、日常的家庭生活，衣食住行、教育子女、孝敬老人、生老病死，有许多琐碎事情。爱并不难，长期和谐地生活在一起就不那么容易了。优良生活习惯的培养不是一朝一夕之功。习惯的养成越早越有效，小事不放松，一点一滴地努力，坚持不懈，方见成效。

另外，家政技能、文化修养、审美心态等也是有智慧的父母应关注的。家庭生涯规划可以加强家长豁达、积极的生活态度，理解生活中会发生不幸的情况，并懂得如何正确地对待。

（三）道德生涯目标

道德与能力的关系是复杂的。我国古代《孙子兵法》就已经提及："以道为心，五德并举，修养大将风度。""五德：智、信、仁、勇、严。"古人认为智能是一种德行。

家长道德方面的生涯规划关注的是个人内在的理智、道德和精神潜力的发展，激发适当的行为动机，发展出自己的精神和智力成长所需要的各种能力，为社会的发展贡献自己的力量。

人的健康包括生理健康、心理健康、社会适应和道德健康。道德是社会调整人与人之间以及人与社会之间关系的行为规范的总和。一个人如果不求真，学习和工作就搞不好；人们如果不求真，一个社会就不能正常发展。古人说：“仁者寿。”一个人讲道德、做真人、说真话、办真事，其心理、生理将处于好的状态，有利于人的整体健康。

市场经济道德的重要方面，是承认人追求自身利益是正当的，合乎道德的。市场道德的主要内容包括：讲究工作质量，守时守信，尊重对方，协商互让等。它与传统道德的主要区别在于：将个人利益与社会利益对立调整为二者利益的基本一致；从森严的等级制调整为尊重社会上每一位成员的平等权利。

家长生涯规划中应有道德。所谓职业道德，就是同人们的职业活动紧密联系的符合职业特点所要求的道德准则、道德情操与道德品质的总和。职业道德是一般社会道德的特殊形式，是社会道德的主体部分。职业道德的主要内容是，从道义上规定人们以什么样的思想、感情、态度、作风和行为对待本职工作，以及待人、接物、处事所应履行的职责。按胡适所言：在古人“富贵不能淫，贫贱不能移，威武不能屈”之外，还得添上一句“时髦不能动”。有智慧的父母只有不怕他人给予“落伍”和“笨拙”等言语上的讥笑，方能有属于自己的选择。

家长生涯规划三个目标之间的递进关系如下：

职业的目标是基础。家长的职业发展有利于自身和家庭的成长发展，如果一个人连生存都成了问题，也就谈不上另外的任何目标了。

生活的目标是主体。一个人的日常生活占据了生涯的主体位置，工作好也是为了更好地生活。

道德的目标是关键。人的工作和生活都受到心灵的指引，明确为什么活着以及为什么工作具有关键的意义。

三者呈递进和互相促进的关系。中国古人用一字——“贤”，即有德行、有才能，便可全部表示上述三者。《韩非子》中言：“群臣孰贤？”就是问哪个大臣有德行有才能。家长把三个目标关系处理好了，其生涯规划就能落到实处，事半功倍，发展良好。

另外，在对孩子进行生涯教育时，指导其进行的生涯规划也不外乎是职业、生活和心灵这三重目标。学习、工作、生活、心灵，家长应该有意识地引导孩子虔诚地对待、理解，而不是将其仅仅视为前进或发展中的障碍和任务，急于解决和完成。

何谓家庭的道德赋能

当今时代似有一个误区，有人以为物质生活代表一切，甚至有人不惜以毒害他人的健康来挣钱。其实，在物质世界之外，人还有精神生活。一个人无论身处何地，心灵终须有个安顿之处。

《中庸》中说："知、仁、勇三者，天下之达德也。"孔子崇尚的知、仁、勇三达德相当于心理过程中的认知、情绪、意志。这里知与智同。孔子曰："知者不惑，仁者无忧，勇者无惧。"他认为完美的人生应当这样度过：不断地追求知识，以至于不再对世上的事物感到困惑；真诚地待人如己，以至于不再为个人得失而忧愁；勇敢地实践前行，以至于不再畏惧任何困难。21 世纪的人仍旧应该争取做一个内心充满善意、不懈追求完美、努力维护公正和完成内心超越的人。具体如下：

好学而不惑，智者能之。培智之道在于求真。人应有智德，就是要有智慧，在生活中能够不追求机械的目标，而着重掌握处事的时机、分寸，尽量做到从实际出发，顺应事物的发展，通权变。雄厚的人生艺术建立在博学多识的基础上，非一日之功。不断学习，才可能不断提高。智慧，是一种德行。做有智慧的父母，是幸福家庭的保证。

力行而不忧，仁者能之。行仁之道在于博爱，人应有仁德，对他人与万物应有爱心。"己欲立而立人，己欲达而达人"和"穷则独善其身，达则兼济天下"的思想对我们具有非常深远的启发意义。将孩子培养成人、成才，就是父母最大的仁心。

知耻而不惧，勇者能之。养勇之道在于自强。人应有勇德，就是具有为道义而献身的无畏气概。勇德还指处理事情应当果断，只有具有坚忍不拔的精神，才能战胜生活中的困难。优秀的人在智力上不一定都是天才，却必然是拥有坚定的意志品质。智慧父母是在家庭遇到困难时绝不屈服、顽强进取的父母。

哲人康德的墓志铭上有两句话：“有两种东西，我越是经常持久地对之凝神思索，就越是使我内心充满常新而日增爱慕和敬畏：天上的星空和心中的道德律令。”如今一些人对道德准绳可能仍然敬畏，但是否爱慕就不得而知了。人类的是非观念道德感其实是一种相当复杂的结构，它体现了人类自身进化的历史及其神经生物学基础。学者许倬云将伤残分为四重看待：最轻的是身体伤残；次轻的是智能丧失者；更进一步，则是心理伤残，其看世界永远是扭曲的，极易自残，这比前两者更痛苦万分；如果不能克服心理伤残，则将进入第四重伤残——道德上的残缺，以伤害人为乐，以侵害他人为目的，从“不会做人”发展到“根本不是人”，则最为严重。

家庭心育关注青少年儿童的生活世界，使他们体验学习对个人的意义，帮助他们掌握心理健康的步骤和要点，使其在今后的人生道路上方向更准，步子更稳。然而在家庭心育的实施过程中，往往会出现一些偏颇，如仅仅限于指导孩子定文科理科、选所报专业、报各类学校、找具体职业，其目的仅仅是为孩子将来找个好工作做准备，让孩子日后能够在社会上立足、养家糊口，至于人生的目的、对社会的责任、对艺术的了解、科学精神的建立、待人处世的原则，统统不闻不问，那就太狭窄了。教育家吕型伟提出：人类最大的危险不在核云盖顶，而在于人类心灵的残缺，在于道德的堕落。家长积极的修身养性，不仅使自己丰富快乐，也有利于孩子健康成长。建立公正的规范、献出浓浓的爱心、培养正直的人格、保持良善的品行，是美好家庭不可或缺的条件。

美国教育家法赞姆·阿尔鲍勃博士提出了道德赋能理论。他指出，道德是一种人固有、潜在的能力，道德赋能是指教育者利用青少年内在的力量、智慧、关爱、团结等美德去武装孩子，帮助他们发展出自己的精神和智力成长所需要的各种能力，强大自己并影响他人，从而为社会的发展贡献自己的力量。

家庭心育中如果融合道德赋能的理念，将使得教育的目标更加合理、孩子的心理发展更加健康。将道德赋能的基本思想和理念框架融入家庭心育之中，有如下三个具体的可能：

（一）家庭心育中公民道德的赋能

一个现代中国人不是老百姓，也不是群众，而是公民。公民是对现代中国人最恰当的称谓。

培养合格公民是基础教育的重要目标，合格的现代公民是有道德的公民。在公共交往中，要尊重权利，明确义务和责任。权利享有者行使权利，义务承担者履行义务：公民有受尊重的权利，也有尊重他人的义务；公民有与他人订契约的权利，也有遵守所订契约的义务。总之，权利和义务必须统一。家庭心育通过日常的公民生活使孩子接受公民教育，会收到很好的效果。

我们看到，不同的时代，不同的人群，有时道德标准内容不尽相同，但有一些道德标准是普遍适用、代代相传的。例如遵守秩序、尊老爱幼、讲究卫生和保护环境等。这些人们共同生活应遵循的行为规范，称之为公德，是做人起码的道德，是个人作为社会公民的起码要求。公德教育旨在形成受教育者的社会公共道德。家庭心育则是帮助孩子了解社会、了解生活。如果有了道德赋能，家庭心育将是公民教育的一个有机组成部分，成为沟通家庭与公民社会、生活、职业不可缺少的纽带和桥梁。家庭心育将帮助孩子成为社会合格公民，把社会需要和个人兴趣特长结合起来。

公共道德是每个公民必须遵守的底线。培养合格公民理应是家庭教育的重要目的，家庭心育可以注重孩子心灵的培育，以公民道德赋能充实家庭心育的内容，使得孩子的心灵和行为体现理性信念和客观现实的统一，体现长远利益和现实利益的统一。

所谓公民精神，就是公民作为平等地享有充分的社会权利的主体，自愿承担相应的社会义务，并且意识到对国家、民族所负有的责任和勇于承担这一责任的主体性精神。公民精神及其教育的基础是在确保和维护公民权益和权利的基础上，以一种宽泛的理念和行为模式，实施公民对社会公共空间的参与和影响。培养合格公民，是家庭教育的责任，每一个家长都要努力为孩子提供未来所需要的诚信、责任感、尊重和价值观教育，使之成为善于思考、有使命感的公民，在未来社会发挥积极作用。

（二）家庭心育中职业道德的赋能

职业道德是人们在从事职业活动中应当遵循的特定的行为规范，是一般社会道德的特殊形式。其主要内容是：从道义上规定人们以什么样的思想、感情、态度、作风和行为对待本职工作，以及待人、接物、处事所应履行的职责。职业道德对社会的发展有着重要的作用，因此，每个从业人员，不论从事哪种职业，在职业活动中都要遵守道德。如教师要遵守教书育人、为人师表的职业道德；医生要遵守救死扶伤的职业道德等。职业道德不仅是从业人员在职业活动中的行为标准和要求，而且是本行业对社会承担的道德责任和义务。职业道德是社会道德在职业生活中的具体化。在内容方面，职业道德鲜明地表达职业义务、职业责任以及职业行为上的道德准则。在形式上，职业道德表现得比较具体、灵活、多样。

美国某公司老板想招聘一位助手，当他与许多应征者面谈时，发现门旁有一片纸屑，可是这些应征者都视而不见，跨越而过。直到有个年轻的应征者，自然地捡起这片纸屑，丢入废纸篓，然后怯怯、无望地走向老板，因为他看到其他应征者的气势时，早已对应聘成功不存希望了。这些应征者中不乏有才干者、有学问者，但此时老板内心异常激动、喜悦，心想：就是他了！一个眼中有事的年轻人。这位年轻人就因捡一片纸屑而成功进入公司，并最终使公司享誉全球，而这家公司就是福特公司，这位年轻人就是亨利·福特。

所以对一个孩子，要培养他的敬业观念，哪怕是最小的、最卑微的、最不受重视的工作，也要把它做到最好。能把他人不屑一顾的事做得很好，就是为未来大的、尊贵的、卓越的事业奠定基础。

（三）家庭心育中道德健康的赋能

家庭心理健康教育非常关注孩子的健康。前已提到，人的健康包括生理健康、心理健康、社会适应和道德健康。道德是社会调整人和人之间以及人和社会之间关系的行为规范的总和。这些年假货、假话、假象、假文凭、假学历搞得人们怨声载道，真假难辨，使得本来简单的事情变得异常复杂和困难，同时，人性中的正直和单纯也受到腐蚀和摧残。一个人如果不求真，学习和工作就搞不好；人们如果不求真，一个社会就不能正常发展。培养孩子求真的心理品质，善莫大焉。生财有道，劳动致富，是社会公民的基本道德。这个道就是遵守社会伦理道德、法律，做一个合格公民。这是以诚实劳动为前提的，如果想靠坑蒙拐骗成名发财，那只是一时之举，最终还是会受到良心的自我谴责。

人生两件事，学做事，学做人。学做事是指掌握生活和劳动技能；学做人则主要是学习交往，在交往中塑造自己的健全人格。做人必须从小学起，家庭心育应有道德健康的赋能，只有帮助年轻人关注自己的道德成长，家庭心育才真正成为为了孩子幸福人生奠基的教育，成为生活的教育，成为一种变学生为健全人的教育艺术。家庭可以通过心理健康教育，从孩子的需要出发，贴近孩子的心灵，帮助孩子感悟和体验生命的意义，更好地促进其和谐发展。然而要当心，道德伦理的教育是潜移默化完成的。父母言传身教的道德教育，往往能收到极佳的效果。

家庭心育的最终目的是为了让孩子享受美好的人生，这是崇尚知识和享受美好过程的教育。这种教育追求的是学生对知识与科学的热爱，对人生的理解和认真，以及良好的生活能力。这样的家庭心育是人格教育，充满科学和人文意味。

第 7 章

如何抓住热点进行教育

成都某居民楼，住在 4 层的李老汉用电水壶烧水时不慎引发大火，火势迅速蔓延到 5 层。住在 5 层的小女孩雷蕾与奶奶、妹妹在家，当时奶奶被火和烟吓得手足无措，雷蕾却很沉着，对奶奶说："奶奶，我们沿着楼梯爬下去！"她带着奶奶和妹妹摸索着沿楼梯逃下楼，成功逃生。小女孩事后说："老师教过我们，着火时，要把手绢打湿，然后捂住鼻子从安全通道下来！"

每年三月的最后一个星期一是全国中小学生安全教育日，这个关节点上，父母可以抓住热点，趁机对孩子进行生理安全和心理安全的教育，效果会比较好。

由孩子关注的社会热点延伸出家庭心育的内容，家长再进行引导，从而提高孩子心理健康水平的方法，被称为热点引导方法。能够成为孩子思想中热点的事情，必然离不开其关注和情绪。本章阐述了七情需要调控，快乐也需适度的思想。孩子追星是青少年这个年龄阶段常见的现象，容易成为他们关注的热点。家长需要适时告诉孩子，什么才是真正的"酷"，明星值得学习之处是其发奋成才的精神和执着的追求，应该看到的是明星鲜花与掌声后面刻苦的磨炼和不懈的努力。青少年只有学到其毅力和勇气，并用以指导自己的学习和生活，才算真正有了追星的效果，也不枉当了追星一族。

对热点事件，家长可以寻找一些相关故事讲给孩子听。讲故事、明事理这种模式，也是家庭心育常用的方法，为孩子所喜闻乐见。本章最后讲述了家长需要掌握语言的艺术，以及这种艺术的几个特点。另外，对孩子的表扬和批评是教育的手段，但都要看场合，讲方法，适度运用，效果才好。

读了本章，教育者需要了解七情的分类构成，体会忘情之乐的真谛，学习运用热点引导孩子正确追星。

父母需要掌握语言的艺术及其五个特点，即声音悦耳、语汇丰富、精练质朴、风趣机敏和规范标准，掌握对孩子表扬和批评的适宜手段。家庭心育中故事启迪的方法特别奏效，家长通过讲故事、明事理的手段，达到家庭心育的目的。

怎样进行热点引导

这里介绍家庭心育的热点引导方法。能够成为热点的事情，必然离不开人的关注和情绪。中国传统观点认为：人的七种基本情绪就是所谓“七情”，即喜、怒、忧、思、悲、恐、惊，七种情绪变化。《普济方》有言：“七情者，喜怒忧思悲恐惊，若将护得宜，怡然安泰；役冒非理，百病生焉。”《礼记》的说法是：“何谓七情？喜怒哀惧爱恶欲，七者弗学而能。”意思是，情绪是天生就有，不用学习的，但只有情绪适度才有益人的健康。

热点二字，下面均是四点火，按五行，火属南方。热点引导方法是指由学生关注的社会热点延伸出家庭心育的内容，再进行引导，以提高孩子心理健康水平的方法。此法的一般模式是“热点确定—开展活动—引导改进”。

生活需要鼓舞，学习也要有激励。因此要有家庭庆典、校庆纪念、开学典礼、成人仪式、毕业聚会、生日庆祝等各种节庆，以帮助年轻人重视生活和学习，帮助他们懂得这些是生命的重要时刻和内容。典礼以壮行色，仪式以示庄严，讲究气象和品格；如果把仪式做得拖沓、千篇一律，就败坏了孩子的兴致，有不如无。生活中重要的节点应使得孩子有仪式感，就是使某一天与其他日子不同，使某一时刻与其他时刻不同。仪式感可以让人们对在意的事情怀有敬畏心理，它能唤醒我们对生活的尊重。日子变得特殊，就像原来看起来不怎么起眼的雨花石，放盆中加上水，在明亮的光线下，一个个显出瑰丽的色彩、奇妙的纹理和图形。所以村上春树说："如果没有这种小确幸，人生只不过是干巴巴的沙漠而已。"

一年 365 天，实际上天天有题材，天天有热点。不仅有抗震救灾、奥运世博等大事，而且还有"中国植树节""世界读书日""世界卫生日""国际戒烟日""某某诞生日"、家人生日、家中大事、家中重要纪念日等，这些都可以成为家庭或孩子的热点。家长抓住时机，通过热点进行家庭心育，常常能收到事半功倍的效果。过节的"节"字来源于植物的节，植物茎上的节点是其生长的关键点，在此处植物的生长会缓慢一些，长得也比别处粗一些，叶子都从此处长出。人们过节，也是同样道理，节日是匆忙人生的一个歇脚点。在这个节点上的作为，不同文化价值取向的家长可以为孩子造就出完全不同的景致。

家庭中的一些礼仪、仪式、作品、技艺，父母还是要重视，有的事物并非越简练越好。自制面包、手书贺卡、家庭仪式、手制器具，都是非机器的手工制作，是不方便的，也比较费时间，且经常是低效率的，却带来家庭的温情，带给家庭成员格外的喜悦。

父母要重视利用各种文化资源。像各种法定节日、传统节日、各种纪念日、入学、入队、入团、成人宣誓、毕业典礼等有特殊意义的重要日子，社会上发生的重大事件，以及网络、广播、电视、报纸等媒体提供的文化节目，都是社会资源向学生教育聚焦折射的重要方式，也是促使孩子参加实践活动的重要契机。一些年轻人喜欢的时尚也能成为热点，可从这一点切入进行家庭心育。在目前这种浮躁的时代，家长如果能够帮助孩子保有一份清醒从容的心境，妥善引导，化害为利，抓住热点进行教育，在家庭心育中将会取得很好的效果。

北京一所中学的金融节“数学与生活”专题讲座由学生家长主讲，八位家长为同学们讲述了国税地税、工厂生产、工程建筑、国家预算、护士护理、会计业务、炮兵打仗等行业的亲身经历，为孩子们展示了一幅幅生活中、生产中的数学画面，给孩子们上了一节生动的数学课、生涯教育课和学习习惯课。孩子们听得津津有味，记得格外认真，还不停提问。最后，校长为这几位家长颁发了“优秀家长辅导员”证书。

热点的一个特点是总能让人在情绪上产生波澜，不然的话，就不是热点了。

孩子生日也是家庭的一个热点，怎样过生日其实有讲究。

即将12岁的小学生小聪要过生日了，他的金口一开，说是要让自己的好友在家中相聚。于是父母花钱受累为他买生日蛋糕，买鲜花，买礼品，买饮料，忙了一天。客人来了之后，小聪还让自己的父母回避一下。晚上十点父母才回家，发现家中已经是一片狼藉，还得打扫孩子们留下的残局。父母相视苦笑，我们这是为了什么呀？

孩子过生日，怎样安排才更有意义，更难忘呢？

以上家长的做法完全是“咎由自取”，与平时溺爱型的家庭教育有关，不够智慧。设想一下，既然孩子让父母回避一下，父母就完全可以与他约法三章：一是你约你的好友来，一切就得自己准备；二是父母晚上十点回家时，你得把家中的一切恢复原样；三是孩子必须为父母回避了一整个下午付出代价，留出两块生日蛋糕并提供两张电影票。这样会给孩子一个不大不小的教训，让他不得一切以自我为中心。

孩子过生日，有的家长就是给孩子送贵重礼品，或带孩子大吃一顿。这种摆阔气、讲排场的做法不可取。其危害是滋长孩子的虚荣心，使他们更加自私娇气，更不会关心家里其他人。孩子要过生日了，怎样安排更难忘呢？孩子的生日是“母难日”，孩子应该向母亲行礼，请母亲吃东西。在这种特定的时刻，要教育孩子懂得感恩。比如，孩子过生日，可以让孩子学习自己做生日蛋糕。全家围坐一起吃孩子亲手做的蛋糕，其乐融融，这样的安排或许更加难忘。

家庭教育要直观，不要一味说教。打个比方，要想让人们认识维生素

C 的好处，最好的办法是给他一个橙子吃。这比反复讲维生素 C 对健康的好处，再从水果汁中提取维生素 C 做成药片，再吃药片更有效。

父母对孩子的训练，不仅在于希望他们能成为多么聪明、多么有成就的人，还在于训练他们能与人相处，能为自己的行为负责，能承担自己行为产生的结果。耐心地因材施教，才能成功。

为什么情绪需要调控

当前世界迅猛发展，现代化和全球化的脚步加快。现代生活在给人们带来种种便利的同时，也带来诸多困扰。人们似乎活得不那么自在，让人们眷恋的一些东西在渐渐远去，新的事物层出不穷，那么，我们追求的到底是怎样的生活？恍惚不安的情绪为何挥之不去？

人在和周围的事物或人接触时，难免有情绪的变化。情绪是联系人与人之间关系的纽带。其他一些动物也有情绪，大象对受伤的同伴会给予同情照顾；喜鹊见同伴死去会悲伤；被困的鲸鱼受人施救后会感激；黑猩猩见到瀑布会激动得跳舞。

一个人遇到表扬会高兴，遇到不如意的事就会抑郁。如果这些情绪变化在正常范围以内，对人体的影响不大，也不会引起疾病。要是一个人一下子受到的刺激太大，超过了正常限度，或者长期经受刺激，就容易引起疾病。下面具体介绍一下这七种基本情绪。

喜：喜就是满意、愉快、快乐、欢喜，是心情愉快的表现。喜可以使人气血顺畅，对人的健康是有好处的；但是人高兴过度会损伤心脏的功能。所以我们遇到高兴事，喜要适度，以免喜极而泣，乐极生悲。《儒林外史》生动描写了范进中举后大喜过望导致精神失常的事例，可见积极情绪同样不可过分。

怒：怒就是不满、生气、愤恨，是人在气愤时的一种情绪。中医认为怒可伤肝。有些人在发怒的时候，气急败坏，恼羞成怒，会面色苍白，四肢发抖，甚至昏倒。即使轻度发怒，也会使人倒了胃口，不想吃东西。怒是消极情绪，但人需要敢怒敢恨。岳飞《满江红》词的首句是“怒发冲冠”，鲁迅亦有诗句“怒向刀丛觅小诗”。

忧：忧愁是一种苦闷、担心的情绪。忧愁常使人意志消沉，闷闷不乐，时间久了，就会使人逐渐衰弱。忧可伤肺，在忧愁或担心某一问题的时候，常常食不知味。《红楼梦》中的林黛玉就是多忧善愁的典型，她就是吃什么都不香，晚上也睡不着觉，东想西想的，而且患有肺病，十几岁就过早地去世了。然而“忧国忧民”“先天下之忧而忧”都是正确、可贵的，比那些没心没肺的人强得太多了。

思：思是思虑的意思。在正常情况下，思考问题是不会引起什么病的，“心之官则思”。可是思虑过度，或经常考虑个人问题，患得患失，就会损伤脾脏的功能，会有头晕、多梦、失眠、心跳、食欲不佳、消化不良等症状。

悲：悲是一种伤感、痛苦的情绪。“万里悲秋常作客”，一个人悲哀过度会伤害心肺功能。悲有时也会激励人，“但悲不见九州同”。

恐：恐是恐惧不安、心中害怕的意思，对即将发生的不好的事情，人们常有恐惧的情绪。“常恐秋节至，焜黄华叶衰。”一个人经常有过度恐惧的情绪，会损伤肾脏。

惊：惊是由于突然遇到危险的事物，或听到震耳的响声，从而引起精神紧张或吃惊。“啼时惊妾梦，不得到辽西。”它和恐不同，恐由内生，惊由外来，惊来时人不能预知，人受惊会伤神。

悲伤可以让人释放压力；十足的快乐会让人满足现状，制约发展；恐惧可让人回避危险，有利于生存；愤怒的后果是具有攻击性，这攻击性是双刃剑，人类发明了体育和棋类活动，用这些活动来转移攻击性。

人的生活中常常会遇到紧张、冲突及困惑的情况，更为严重的是我们往往无法顺利、正确地找到自行调节的方法，产生冲动性。有的人由于敏感性较高，很容易因为一点小事或一句话而使心灵上受到伤害。一些人易受刺激且敏感性强，从而导致情感的紧张；学习、工作或生活压力大，也会使人的情绪经常处于紧张状态，产生不安和自卑等情绪。情绪健康遵从过犹不及原则，以适度为好。许多时候，情绪太放松了不行；然而情绪太紧张也达不到目的。用认知调节情绪很有好处，正所谓“气气恼恼生了病，嘻嘻哈哈活了命。”

有时，将人们击垮的并不是看似灭顶之灾的挑战，而是一些微不足道的小事，这些事让一些人由于情绪过于激动而认知失常，行为失调，严重影响心理健康，最终一事无成或一败涂地。

所以，一个人应做自己情绪的朋友，其可贵的心理品质是“猝然来之而不惊，无故加之而不怒”。人需要冷静，静意味着宁静、汲取、思考，意味着淡泊、优雅、温柔、恬静。静会让我们远离急躁、浅薄、轻浮，有境界之美。那种恬淡和投入，与当下许多人喜欢夸张且无所顾忌地秀自己的习惯很不同，显得气质独特。

某省作协一成员在某卫视智力问答节目中回答李白“君不见黄河之水天上来”下句时，半天憋出一句“一江春水向东流”。并在遭到网友批评后，在微博上大爆粗口，在答记者问时又大言不惭地说：“最好的作家其实不爱看书，我不爱看书，回答问题再多你也当不了作家，你只能当百度。”这就是今天一些年轻人的现实，其实答不出李白诗句也没什么，你可以说今后一定不断学习，加强自身文化和文学修养，而她的回答确实匪夷所思，其作品的水平和境界也就可想而知。

一个人具有宁静的心理状态，则需求很少，能够超越凡尘，拒绝喧嚣，从而净化心灵，升华人生境界。所以动静相宜很重要。在浮躁的社会中可以静制躁，“甘其食，美其服，安其居，乐其俗”，人如果没有过分的欲求，就能“知足不辱，知止不殆”。

在生活中，不是缺少美，而是缺少发现美的眼睛。绝大多数人都是平凡的普通人，过的是平凡的生活，接触的是普通的事物。因此，人们只有善于从平凡和普通之中寻找幸福，才能找到不竭的幸福之源。在人们每天经历的事情中，都会有许多看起来不起眼的小事，其实值得细细品味。

家庭心育不能没有情绪参与。有人认为，如果我们能够去除消极情绪，就能健康，就能更好地做事。这话似是而非，积极情绪与消极情绪都是人的情绪，怎可能消除？二者也都需要适度。其实，没有情绪我们什么也干不了，任何决策和学习都不可能进行。在保持乐观的同时，也应该设法去改变严酷的现实。

对孩子而言，各种考试及获得的分数必是热点，肯定会影响孩子的情绪。既然考试是孩子必须经历的，也是学校教育不可或缺的一个方面，那么，考试越重要对孩子的教育作用也就越大。中考、高考就是热点，就是孩子完善自我的好时机。家长帮助孩子消除过度的考试焦虑可以从以下几方面入手：

第一，从认知入手。首先让我们的孩子认识到中考、高考都是人生难得的认识自我以及实现自我价值的机会。其次要有克服困难的勇气。在复习过程中会遇到许多以前从未遇到的困难和挫折，要学会在逆境中求生存。学生对自己的学习能力、学习状况应有一个正确的认识，要能够尽量客观地认识、评价自己的长处和短处。学生要分析自己考试焦虑产生的原因，认识到自己的过分担心不仅是没有根据的，而且是有害的。当学生从理性上认识到考试焦虑的原因后，就能主动去解决问题。

第二，从情绪入手。考试会产生压力，要正确对待压力。一方面学生要认识到“井无压力不出油，人无压力轻飘飘”；另一方面学生要认识到，人承受压力的能力是有限的，不同的人承受压力的能力也不同。因而调整自己、减轻过重的心理压力是每个考生要做的工作。放松训练是消除考试焦虑最为常用的方法，也比较有效。这是运用自我暗示的方法，给自己下达松弛的指令：在静室静坐，从头部开始松弛，到颈部，到胸部，到腹部，到双手，到双脚。这种训练每天做一次，每次 10 分钟。另一个方法是：在安静的环境中，全身放松，闭目想象一个自己最喜欢的情景，如海滨、森林、草地、小岛，这样来放松自己。放松训练可以在学校心理咨询室进行，但在家里进行会更有效。

第三，从行为入手。孩子要学会考试的技巧，认真做好考试的准备工作。要严格要求自我，努力勤奋，克服骄傲自满，充分发展自己。真正有才能的人，总是善于评论自己的收获，不满足于已经取得的成绩，不断地给自己提出更复杂的任务。

“艺高人胆大，胆大艺更高。”其实年轻人调整情绪最根本的还是平时认真学习，扎实掌握基本知识和技能，这是消除考试焦虑的基本前提。一个人如果学习不好，不管焦虑还是不焦虑都不能得到好的成绩。一个人学习好，又会调节，才能考好。“无事者才会生非，干活人无暇烦恼。”许多成功者的共同体会是：读书、学习、工作、劳动是消除心理疾病最有效的手段。

一位在清华大学读书的青海省高考状元介绍说，他高考成功的基本原因是上课用心听讲，跟着老师思路走；下课后把老师留的作业抓紧时间做好。他的学习时间并不比别人用得多，做的题也不比别人多，每天晚上 10 点准时睡觉。

中科院心理所研究员王极盛说：“高考考得好关键是抓紧课堂 45 分钟，这一条做不到，你夜里再用功，也收效甚微。”

获得 2005 年黑龙江省高考理科第一名的学生说，他每次考试，理科成绩都是全年级第一，但一加上语文和英语两科，名次就降下来了。于是他用相当多的精力解决这两个弱项，结果成绩迅速提高，在高考时得了省第一，考上了北京大学。由此可见，一方面学生要把自己的弱项补上去，确保高考时不被弱项拉分太多；另一方面也要注意对自己的强项进行适当的强化和提高，靠强项拿高分。

生活中能一切为了快乐吗

人的心理健康与快乐之间不可以画等号。钱锺书先生在《写在人生边上》一书中对此有精辟论述：“我们说永远快乐，正好像说四方的圆形、静止的动作同样地自相矛盾。快乐在人生里，好比引诱小孩子吃药的方糖，更像跑狗场里引诱狗赛跑的电兔子。”德国权威心理学机构 2005 年经研究统计发现，正常心智的人在自然状态下，一天中感到快乐的时间不会超过两个半小时。中国古人也早就说过，人生在世，不如意事十之八九。一天 24 小时的十分之一大约就是两个半小时，也就是说如意的事情只占十分之一。人的一生，花前月下、胜利辉煌、左右逢源、名利双收的时候实在太少，而艰难险阻、被人误解、挫折失败、生老病死倒是经常会经历。所以古话说：“福无双至，祸不单行。”尽管现在有人宣传似乎人生的目的就是追求快乐，人生最重要的事情是寻找快乐，“玩的就是心跳”“我是流氓我怕谁”“过把瘾就死”，等等。其实人生除了快乐还应有其他事情。人生的快乐还不到十分之二，所以叫作“快”乐，就是说乐很快就过去了。这事还绝不因一个人的人种、国籍、性别、出身、职业、财富、相貌、智商、情商而有所通融，谁都差不多。这项研究成果还说，如果有人透支快乐，那他早晚会陷入不健康，透支到最后很可能用同等的沮丧来补偿，结果快乐总量反而更少了。

人的不经提炼的玩耍快乐，会使之肤浅和乏味，只有伴随着努力得来的成果才使人回味。另外还有一层意思，就是苦乐相随，相辅相成。无情岁月增中减，有味诗书苦后甜。明代袁宏道说：“知苦之必有乐，故不求乐；知乐之生于苦，故不畏苦。”这是真正的性灵之谈。现代人常说“痛并快乐着”，也是经验之谈。生活就是如此的矛盾，人的快乐竟然是以痛苦为标杆来衡量的，只有当一个人正确地认识快乐时才可能真正得到快乐。

虽然快乐不是生活的全部，有的人却还不太会得到快乐。其实世界上可以获得快乐的东西非常多：冲上一杯热茶，提提精神，是快乐；打开电视机或电脑手机，看看有趣的节目和信息，也是快乐。当然，这些快乐都是一般的快乐。一个心理健康的人，光有这些快乐是不够的，还需要另一种快乐。

这另一种快乐叫作忘情之乐。哲学家冯友兰说：“忘情则无哀乐。无哀乐则另有一种乐。此乐不是与哀相对的，而是超乎哀乐的乐。”一般人由于受表扬、交朋友、晋级别、获奖励而乐，是有原因的乐，而忘情之乐常是一种无缘由的乐。人们由于世事烦扰，由于欲望不能满足滋生了许多烦恼。当我们将各种功利欲望存而不论，四大皆空，本然之乐就会呈现出来。

美国社会心理学家马斯洛描写过“高峰体验”。他认为人可以有三类高峰体验：一种是内心觉醒，如看到故宫博物院里国宝文物时的内心震撼，阿基米德在澡盆中思考王冠是否是纯金时“我明白了”的顿悟，学生巧妙解出难题后的“一切都很好”的喜悦。第二种是人际交往之间的共鸣，如“但愿人长久，千里共婵娟”那样对亲情、友情、爱情的感受。再一种是个人与自然的沟通，如李白登山时进入忘我之境："相看两不厌，只有敬亭山。"望远方天人合一，入森林完美满足。

纵有千古，横有八荒，前途似海，来日方长。大千世界，可使人快乐的东西很多。那么，就让我们的智慧父母帮助孩子学会观察，学会多思，学会奋斗，得到另一种快乐——忘情之乐吧。

孩子追星怎么办

前几年《中国青年报》报道了北京等六省市"少年儿童偶像崇拜与榜样教育"调查报告，调查了6000多名小学三年级到高中二年级在校生。在他们最崇拜的十位偶像中，除雷锋外，均为文体明星。这一结果反映出当今社会商业文化泛滥和娱乐宣传过度的现实。

笔者同事、北京教育科学研究院的研究人员王晓春有一次在电视台录节目，遇到一个初中女生。这名初中女生厌学、辍学，和家长对着干，她把自己做的这些事情叙述了一番，然后声称："这是我的个性。"轮到嘉宾王晓春发言时，他可不像某些"专家"只会顺情说好话，他说："你的这些表现，说不上是什么个性。你这样的孩子我见过很多，这种行为对健康成长非常不利，他们的思维方式和行为方式都和你差不多。所以你的表现是某一类人的共性。"王老师认为她在张扬伪个性。教师和家长要把概念搞清楚，做明白人。不被孩子唬住，不被孩子驳倒，这是教育者的基本功。无知虽然可怕，尚有药可医；庸俗却无药可医。一些年轻人还真像节目中这位女生一样，是学生却没有学生气，把自己的任性当作了个性。

媒体上如火如荼的选秀类节目造就了大批痴迷的"粉丝"。有的年轻人，耐不住寒窗读书的寂寞，社会上出现什么潮流，就一定去追逐。可忙活来，忙活去，什么也没得到。就像一口放了水的锅，里面虽然总在沸腾，然而没有放食物，这样煮了半天，还是什么也吃不到。一些年轻人盲目追求名牌服饰，盲目追求歌星影星，盲目追求韩国化妆品和苹果系列时髦手机，盲目追求朋友、对象、伙伴，浮躁、浮夸、浮华、肤浅，可就是学习成绩不行。家长必须让这样的孩子静下心来认真学习，不能为其盲目追星提供任何机会。平静并不是煎熬，生命的意义不在于用名牌，粗俗无知之人即使浑身名牌也是沐猴而冠，摆谱其实是心虚者的通行证。谁见过南丁格尔、曼德拉、爱因斯坦、居里夫人浮夸？谁见过华罗庚、钱锺书、袁隆平、屠呦呦摆谱？一个人对学问的追求和奋斗，远远胜过表面的虚荣和喧嚣，后者只能给孩子带来空虚和贫乏。

现在出现了穷人家的“富二代”，家庭不富裕，父母挣的辛苦钱紧着孩子花。有一位家长诉苦：“我妻子已经提前退休。我的单位不景气，我只能在外面打工挣些钱，维持家庭开支。还是学生的儿子却喜欢追时髦，听某明星的演唱会一张票价数百元，他却全然不顾我们已经在经济上捉襟见肘，一定要去听演唱会；他希望浑身穿名牌，还说不这样的话别人会看不起。学习上他却不上进，真是没办法。”其实，在这种情况下，家长只要对孩子说明家庭经济情况，断然拒绝便是。

我们知道，学生为了在学习上不落后于同伴，必须勤奋学习。如果孩子学习成功，受到他人奖励，就会变得越来越勤奋；如果学习上屡遭失败，常受批评，就容易形成自卑感。儿童的勤奋感中也应有一点失败的经验，以便今后能经受失败的挫折。在这一阶段，影响儿童的主要是儿童在学校的经历。

陶行知先生是我国著名的教育家。当陶先生创办的育才学校陷入经济困境时，他一面带领学生建立农场，生产自救，一面四处奔走求援。他经常饿着肚子，凭着两条腿奔走于富贵人家之间，把募集到的所有钱都用来抚育儿童。陶先生有一件在英国买的晴雨夹大衣，由于穿得久了，已经破旧，他还是把它洗干净，翻过来穿。一次，他穿着这件大衣去一位有钱人家，费尽了口舌，门卫才让他进了院子。他到了第二道门，这家的仆人上下打量他，说：“对不起，老爷从来没有接待过像你这样装束的人，请你走开吧。”陶先生毫不介意，笑了笑说：“我是陶行知。”并从衣袋里掏出一张名片，递了过去。那位仆人简直不敢相信眼前这人就是著名教育家、社会名流陶行知，他把名片细细看了几遍，赶紧道了歉，才把名片送了进去。

爱因斯坦因为穿的衣服旧，下火车时没有被前来欢迎他的人们发现，自己坐汽车参加会议去了。

现实是，有半个中国的年轻人知道王思聪，而知道王世襄、马思聪的千分之一都不到。曾经红极一时的明星、老电影演员孙道临、张瑞芳和秦怡等人有一次到外地参加演出，组委会安排他们在包间休息，但忽然让他们赶紧挪地方，换到大厅休息，因为几位当红的影星马上要到了，真是“江山代有才人出，各领风骚没几年”。其实追星是符合心理学中所谓“晕轮效应”的。晕轮效应就是以偏概全，是一种认知和评价偏见。青少年“粉丝”常因喜欢某位流行歌星或影视明星的某一特征而盲目模仿，家长不必对此大动干戈，可采用热点引导方法，将孩子追星的热情引导到努力学习的道路之上。

时髦是大众标准化行为的一种短暂的形式，在特定时期和社会中占主导地位的情绪、趣味、爱好的影响下产生。它对人们的社会交往起调节作用，是习惯的特殊补充。人对时髦的敏感取决于个人的独立性、认识水平、文化水平、道德发展水平和审美发展水平。时尚是现实流行的一种社会行为习惯，它同风俗一样，也是众人一致的行为模式。社会变化发展越快，时尚的变化就越明显。追求名牌、追星是一部分儿童的现实，家长对此现象应该积极地引导。名牌当然好，但孩子必须了解家庭经济状况，量力而行。不追求最贵的，而买适合满意的，才是聪明的选择。

年轻人是国家的希望，今天的刻苦学习就是在描绘国家和民族未来的蓝图。这样在21世纪，中国才会产生新的更多的“蔡元培”“陶行知”，新的更多的“李政道”“杨振宁”，以及新的更多的“聂耳”“巴金”“吴文俊”和“袁隆平”。

家长指导孩子的具体方法是什么

在对待孩子追星这件事上，家长引导孩子树立正确的人生理想是重要的。人是具有思维能力的动物。如果一个人仅仅沉湎于物质享受，不思进取，胸无大志，那就难称是万物之灵。船失去了罗盘，就会迷失方向；人没有理想，就会丧失生活的目标。孔子、岳飞、爱迪生、陈景润等人都是从小立志，确立理想，最终为社会做出重大贡献，实现了自己的人生目标。如果孩子树立了正确的理想，就不会在生活中事事跟着时尚潮流走，孩子就容易成为一个清新自然、干净利落、健康快乐、奋发有为的人。父母指导的具体方法可参考以下几点：

第一，帮助孩子进行生涯规划。家长要告诉孩子，可以把每天的学习与自己长远的理想挂上钩。因为有的学生看了一部感染力很强的作品，或者听了一场激动人心的报告之后，往往感动得热泪盈眶，发出雄壮的誓言。但是，他们仅仅是感动，而没有行动，或者行动不能坚持，遇到困难就放弃了，时间一久就忘却了。中小学生也应做生涯规划，你希望上什么中学、大学，具备何种技能，从事什么工作与职业，建立什么样的家庭，为社会做出什么贡献，现在就可以在家长的帮助下进行规划。

第二，指导孩子正确地向偶像学习。向偶像学习什么？其实值得学习的是偶像、明星发奋成才的精神和执着的追求。有的年轻人看到运动员在奥运会上摘金夺银，也想当运动员。但是锻炼了几天，腰酸背痛，没有长进，就想：今天先休息一天，明天再说吧。三天打鱼两天晒网，待热情退却后便退缩放弃。昨天已经过去，惋惜也没有用；明天尚未到来，还是不确定的。人要实现理想得从今天做起，因为只有今天是最现实的，它是连接过去和将来的中心环节，丧失了今天也就丧失了明天。心动不如行动，美好的理想必须以今天的实践为起点，并持之以恒，不懈奋斗，才可能实现。

第三，通过艰苦活动使孩子得到锻炼。当今世界，竞争日趋激烈，对人的素质也有更高的要求。人不仅要有强健的体魄、坚强的意志、完备的知识和高超的技能，还需要有崇高的精神和高度的责任感，并且能吃苦耐劳，不怕挫折，这样才能遵纪守法，光明正大地参与竞争。以上这些基本素质在过去的岁月里，往往可以通过艰苦的环境得到培养和磨炼。而在生活条件日益改善、生活水平不断提高的今天，不少儿童从小娇生惯养，有的还沾染上了好逸恶劳、贪图享受、不求上进等不良习气，进而表现为意志薄弱、精神空虚。这与时代精神恰恰背道而驰。而通过读书、考试、军训、拉练、体育锻炼、游学、实习和劳动等比较艰苦的活动，能使越来越多的青少年儿童走上身心健康发展的道路。

在时尚繁华的年代，如果孩子能有一份清醒从容的心境而不屈从于时尚，将有利于其成人成才。当今社会确实正在滋长着一种高消费以满足虚荣心，并借此向社会显示身价的心理。声称“宁坐在宝马车里哭，不坐在自行车上笑”的拜金女，还在电视台的舞台上大言不惭。因此很多时候，越是收入并不太高的人群，越容易出现对大场面和名牌的盲目迷恋与狂热追求，表现出虚荣心理和攀比心理。同样道理，不把潇洒和时尚当回事的孩子才真正可能潇洒和时尚。他们虽然穿着简朴，不听高价演唱会，却可以潇洒地研究世界数学难题，可以时尚地参与地区野生鸟类的保护活动。

一架飞机在我国某城市降落了，当红香港歌星 Z 一下飞机，就受到少男少女的热烈欢迎，许多人发出尖叫，向他欢呼，给他献花。随后著名物理学家、诺贝尔奖获得者 Y 也下了飞机，却无人喝彩、献花。有人就问那些青少年，你们为什么不给 Y 献花呢？他们疑惑地问：“那个老先生吗？他过去是唱什么歌的？”

有人说，现在人们都追求“酷”，其实，掌握丰富的知识才“酷”。知识如同黑暗中的火把，照亮了人生之路，没有一个知识贫乏的人能“酷”。对于年轻人来说，开口说一口流利的普通话，动笔写一篇优雅的作文，别出心裁地解出一道难题，在运动场上跳过一个新的高度，如此，才是真正的“酷”。而那些别人怎样劝说都不听，依然不拿学习当回事，每天贪玩不休的人，他们没有灵魂只有欲望，没有思想只有需要，不懂劳动只知享乐。这种人对他人毫无益处，也必然会被社会淘汰。现在一些年轻人的酷是假酷——以不服从规则为能，以违抗师长为荣，以个性特殊自恃，以考试成绩不佳自傲。

年轻人不仅要打好科学文化的基础，还要打好思想品德的基础。孩子要从小培养艰苦奋斗、勤俭节约的作风。孩子的穿着打扮一要合乎学生的身份，表现自己的个性，二要考虑家庭的经济条件，不盲目模仿明星。

穿着打扮看似是小事，其实，从中可以看出一个人的内心世界，看出一个人在追求什么。陶行知、鲁迅、居里夫人、爱因斯坦穿着整洁朴素，是因为他们整天考虑的是为科学、为社会多做事情，并不愿为衣着多费精力。习惯都是在一个人年轻时培养出来的，有志向的年轻人对此应有所考虑。

笔者曾去天津南开中学，走进学校，可见楼门内左墙壁上悬挂着大镜一面，备学生鉴正容止，上面刻告诫之言如下：

面必净，发必理，衣必整，纽必结。

头容正，肩容平，胸容宽，背容直。

气象：勿傲，勿暴，勿怠。

颜色：宜和，宜静，宜庄。

现代社会诱惑很多，由于相当数量的年轻人受到家长的溺爱，部分学生贪图享受，缺乏远大理想，缺乏正确的学习态度和良好的学习习惯。社会中的各种诱惑从四面八方包围着他们。一些学生痴迷于彩票和抽奖，梦想不劳而获发大财。当一部分人抵挡不住诱惑时，就会从爱慕虚荣发展为盲目攀比，这样的学生又怎能有心思动脑筋学习呢？面对“外面的世界很精彩”，觉得自己的学习生活很无奈，有的学生便开始“走四方”。有的人认为刻苦学习的学生生活太不潇洒。

其实，时尚不是另类。挂满装饰品，把头发染成红色、黄色的哈日哈韩族不是时尚，最多算是一种比较恶俗的流行。流行的东西不一定是好的，比如流行性感冒就很不好。有些所谓的时尚，其中并没有什么实际的文化，只是一些变化，零零散散的潮流的碎片。中小学生可以喜欢时尚，但不要为时尚所累。学生毕竟花的是父母的血汗钱，毕竟自己的脚步很难跟上时尚的步伐。整洁干净，气质独特，学习为重，做回自己，又有什么不好？人可以通过学习增加自身修养，提升品位。品位论到最后，就是教养。“腹有诗书气自华”，内在修为自会影响一个人的外在形象，所以，年轻人不应去炫耀外貌和夸饰财富，自尊才是根本。

在一个崇高目的的支持下，不停地工作，即使慢，也一定会获得成功。

体操运动员李小双两道剑眉，一双朗目。他确立了目标，自由体操的出场动作要做“团身后空翻三周”——这可是一个高难度动作，具有一定的危险性，世界上也就一两个人能做，在奥运会自由体操比赛中还从来没有人做过。于是，李小双开始了艰苦的练习，有时摔得昏过去，他也不放弃。平时口中念念有词，想着这个动作的要领。最终，他练成了这个绝技，在奥运会男子自由体操比赛的决赛中，李小双一上场就做了个团身后空翻三周，呼呼呼地转了三圈，落地站稳。太惊险了！太优美了！观众立刻发出雷鸣般的掌声。他靠这个高难度动作夺得了奥林匹克运动会自由体操的金牌。

父母可以让孩子琢磨琢磨，深入思考，“酷哥”李小双到底酷在哪里？

讲故事如何明事理

世界上有一些知识是说不清道不明的，老子在《道德经》里也说：“道可道，非常道”。那么，如何让家庭心育生动有趣？如何让默然的知识流动起来？其实很简单，采用故事启迪的方法就可以。孩子都爱听故事、看故事。本方法遵循的是“讲故事，明事理”的模式，就是说，在家庭心育中，针对孩子心中的热点问题，通过让孩子阅读或对孩子讲述家长精心准备且孩子喜闻乐听的故事，帮助他明白心理健康的事理。德国促进阅读基金会理事长海因里希·克雷比施说：“给孩子读书和讲故事，是最不复杂、也是最合算的对未来的投资。”

这个方法同样在学校心育中得到运用。

云南有位李本聪老师，他在课上向学生讲述了一个发生在当地的故事。抗日战争时期，一位美国飞行员驾驶飞机从云南穿越缅甸原始森林，可飞机失事了，他只能跳伞，结果跌坏了一条腿。面对茫茫的原始森林和连绵起伏的山峦，他拄着一根木拐，竟然走了 100 多里山路，终于找到了部队。事后有人问他，何以能够坚持下来？飞行员说：“我只想着下一英里。”后来，李老师回忆说：“故事讲后的一天，一个学生递给我一张纸条，上面写着：‘老师，我常常逃学，不完成作业，没有意志力。我要向英雄学习，在读书的道路上想着下一英里，追赶上别人，不辜负您的期望。’”

一个人正如一个国家，不懂得历史就没有美好的未来。对孩子而言，家史故事具有示范作用。有的家庭目前或历史上有一些杰出的人物，在社会上或历史的岁月中发挥着无可替代的作用。这些杰出人物就成了非常好的教育素材。“生涯人物”教育完全可以是潜移默化的，对孩子来说，有趣的故事比枯燥的说教更具有吸引力，也能发挥更大的激励作用。许多成人最温馨的记忆就是儿时夏夜在院子里乘凉，听奶奶摇着蒲扇，讲牛郎织女的故事，或是在小阁楼上读自己心爱的故事书。

笔者在台湾曾经采访到一个通过指导孩子看阿加莎·克里斯蒂的侦探小说集，从而改变了这个中学生躁郁人格的事例。躁郁人格的特点是人的情绪状态自发地交替起伏于高涨与低落两极之间。高涨时兴奋愉快，充满信心，精力充沛，活动增多，也容易受激惹。几天或几周后，人又变得郁郁寡欢，无精打采，认为一切事情都困难重重，毫无希望。如此循环交替，周而复始。这种情绪和抑郁是内源性的，与外界影响无关，外界因素只可能起诱发作用。学校里的心理咨询对这样的学生往往无能为力。一个学生一些偏激的钻牛角尖的想法，不是局外人所能够洞悉和理解的，更不是几句安慰、开心、说理的话就能解开其心结的。

下面就是上文所说的故事启迪方法的成功案例：

中学生佳佳在班上很优秀，成绩名列前茅，但她请假次数太多，老师与家长联系，也未能发现什么特别的原因。佳佳就是烦，不想上学。她烦躁敏感，经不起一点刺激，情绪变化很大，一点小事就会引起她强烈的反应，且很容易落泪。同学都不太愿意接近她，教师安排几个活泼的同学刻意接近她，但效果不好，渐渐同学也疏远了她。

教师经过多次与她母亲的接触，发现她母亲也有类似的人格，有时沟通起来入情入理，有时又偏激得不可理喻。有一次，教师和佳佳进行了愉快的谈话，谈到她的母亲，她说母亲很爱她，对她期望很高，只是她从小就不了解母亲，不知道怎么做才能让母亲满意，功课好了还要再好，再好也得不到嘉许，她几乎动辄得咎！甚至不知道自己为什么受罚。这样教师就更加了解佳佳了，是遗传的原因，加上母亲平时的行为模式，造成了今天的佳佳。教师深知，要改变她的母亲是不可能的，只有改变年轻的佳佳。

教师要为佳佳积压已久的情绪找一个出口，找一个了无痕迹、不至造成伤害的出口。就像有小地震释放地下的能量，就不会产生大地震了。根据这个原理，教师不再和佳佳说教了。佳佳喜欢看英国的推理小说，教师就推介一些推理小说给佳佳看，然后和她一起讨论书中人物的个性，哪种个性的人受人喜爱，哪种个性的人惹人讨厌，什么样的人容易上当受骗，什么样的人会害人，更有些人变成天怒人怨连自己也恨的人。这类书看多了，佳佳脑子里装满形形色色的各种人，易怒的、深沉的、阴险的、偏激的、善良的、多变的。然后教师和她一起到现实生活中去找，看有没有类似的人，佳佳竟然发现自己就是那种多变的、易怒的、不招人喜欢的人。她开始讨厌自己的个性，努力去改变自己。

现在遇到不满意的人或事，佳佳不再自己生闷气或发脾气，她会去分析对方为什么这样做，是否值得原谅。即使回到家里，她也不再敌视母亲，反而体谅母亲躁郁的苦恼。佳佳变得可爱多了，她停止了药物的治疗，她替自己躁郁的个性找到了最佳的出口，就是以了解别人来反映自己，改变自己。她从了解别人中悟出了许多为人处世的道理，对分析人性产生了莫大的兴趣，甚至将来准备要读心理辅导系。

家庭心育中采用故事启迪法的关键在于家长能选择适宜的故事讲给孩子听，其要点如下：

一是尽量选用真实的故事。几乎在任何情况下，真实都具有巨大的力量，如果所讲的故事是真实发生过的事例，对孩子起的效果就比较好。应该遵循的原则是：有真的就不用假的，有实的就不用虚的。有时对儿童而言，神话、童话、寓言用得恰当，讲故事的效果也不错。

二是尽量选用贴近孩子生活的故事。家长要尽量选择适合儿童年龄特点、贴近孩子的故事，甚至选自己的、身边的或其父辈的生涯故事。这样，孩子会倍感亲切，易于理解，听起来会很自然。故事内容的深浅要与对方的接受能力相宜。《论语》中说：“中人以上，可以语上也；中人以下，不可以语上也。”对中等水平以上的人，可以讲述比较高深的道理；但是说话的内容超过或低于对方的接受能力都不会取得好的效果。故事内容应能在孩子现有的经验系统中唤起深刻的共鸣。

三是尽量选用对孩子来说较为新颖的故事。现在的孩子见多识广，精通网络，家长要讲的故事，应该尽量选择孩子没有听过的，这样才新颖有趣，有信息量。如果家长不注意经常收集信息，只会讲“孔融让梨”“东郭先生和狼”“司马光砸缸”“白雪公主”“雷锋送大娘”这一类的故事，因为没有信息量，难以收到良好的效果。新颖就是信息在孩子现有的经验系统之外，故事是孩子陌生的情景。

新颖有趣并且有意义的故事有的来自于家长的实践，更多的是家长通过上网、刷微信、看电视、听广播、听朋友说、读书、看报纸杂志得来的。总之，家长要做生活中的有心人，随时随地吸收、获取、分析、筛选信息。厚积而薄发，家长的努力不会白费。

四是根据实际灵活地选用故事，灵活地讲故事。有时，家长已经准备好了某个故事，但是遇到了意外的情况，或热点来临时，家长应该随机应变，立即更换成适合新情况的故事。

这种灵活是建立在智慧家长知识渊博、反应灵敏、足智多谋的基础上的，所以我们说要当有智慧的父母。例如，给孩子讲故事结合做游戏，让孩子成为故事中的主角；指导孩子给故事写时间表，画路线图；让孩子听或读故事后，加个故事前传，或给故事续下去；父母与孩子共同谈论这个故事，换不同角度来谈；帮助孩子给自己编的故事书设计封面和插画，设计书签，设计此书的广告。对小学生还可结合观看动画片，如《没头脑和不高兴》这样的，就是最好的故事。

小学生小严在院中和一个小伙伴争执问题，谁也说不过谁，小严就说：“我爸爸大学毕业，你爸爸才初中毕业。你还要和我争。”小伙伴说不出话来了。扬扬得意的小严突然发现自己的父亲在背后愠怒地看着他。回家后，父亲并没有批评和责备小严，只是给小严同学画了一幅画，上有一个月亮，这月亮全抹黑了。小严好生奇怪，月亮怎么是黑的呢？再往下看，原来画的下面父亲写了两行字：

月亮不发光，要靠太阳发光；

人不是月亮，要靠自己发光！

家庭心育中，家长在每次讲故事前都要做充分准备。《论语》中说：

“夫人不言，言必有中。”总的来看，所讲故事宜略不宜详，故事中的无关细节可略而不计或点到为止。这样，既可以突出重点、针对目标，又可以节省时间、提高效率。同样重要的是，家长讲故事简练，可以引导孩子自己去读书。好几代孩子都特别爱听孙敬修先生讲的故事，不仅是因为他故事选得好，而且那充满感情和磁性的声音让孩子们欲罢不能；孙先生的语言充满艺术性。下面，我们就来讨论家长语言的艺术。

如何运用语言的艺术进行教育

语言交流是指人们运用语言工具进行信息、思想感情传递和交往的过程。在交流过程中，交流的双方都要遵守交谈的准则。一是可接受性原则，双方均需了解对方的已有知识、认识水平和心理状态，考虑对方是否愿听、能否听懂。这是在亲子交流中对父母智慧的考验。您的对面是个未成年人，您如果总是用成年人的思维、语言和观念对其言讲，就可能造成交流的失败。二是互相合作的原则，交谈者互为听众，互为发言者。交谈的双方既要有诚意，平等相处，又要耐心和虚心，尽量使自己的话语表达准确、明了、易懂。这对家长也是重要的，不能总是居高临下，还要听孩子说什么。三是情景性原则，交谈者应该针对当时的情境，充分利用表情、声调、动作来表达自己的意思。

人是信息动物，掌握高超的信息交流能力对人的发展是关键的。从猿变成人，舌头的进化重要性不小于四肢。家长在家庭心育过程中需要有良好的语言表达能力，即以语言的形式清晰地表达自己思想感情的能力，使自己的意思被孩子理解。

《学记》中说：“记问之学，不足以为人师，必也听其语乎。”家长在家庭心育中应该和优秀教师一样，“其言也，约而达，微而臧，罕譬而喻”，简单明了，通俗易懂，讲述精微，道理完善，举例不多又能说明问题。然而，现实生活中，有的父母却反其道而行之，语言常常刻板得令人生厌。以艰深之辞表浅易之说；以烦琐之辞述简明之理；以干瘪之辞阉生动之论，知识和语言变得令孩子生厌。如果孩子不接受父母这种夹枪带棒的讽刺、重复多遍的唠叨，就会产生逆反心理，形成“抗药性”，对家长以后的教育也就会当成耳旁风，不再听取。而如果孩子接受了父母的讽刺挖苦和重复唠叨，那么后果就更糟，因为那是对孩子自尊心的伤害，他表面似乎无动于衷，实际心情郁郁寡欢，抬不起头来，形成心理障碍。

家长的语言表达能力在以下五方面得到体现：

（一）声音悦耳

家长语言的音量要适中，声调要富于变化，语速要合适，语气要平和。孩子对家长的语言是挑剔的。声音小了听不清，声音大了是噪声；变化太大难以适应，变化太小催人入睡；语速太快像机关枪，语速太慢浪费时间；动作过多是“瞎比画”，动作过少是“木头人”。所以家长应使自己的语言抑扬顿挫，起伏变化。亲切的声音来自亲切的情感，情真才能意切。

（二）语汇丰富

孔子与学生谈话是“侃侃如也”。家长的语言也需要常讲常新，要有新的信息、新的知识、新的思想。如果家长语汇丰富，同样的意思用精彩的词汇表达，孩子更容易领会和接受。家长的语言在信和达的基础上再追求雅的效果，就更加完美了。比如把外国电影《Madison Bridge》（《麦迪逊桥》）的名字翻译成《廊桥遗梦》，就达到了信达雅的要求。

（三）精练质朴

有的家长教育孩子随意性强，张嘴就来，翻来覆去就是那么几句话，唠唠叨叨，没完没了，而孩子特别反感这种唠叨教育。心理学研究表明，当载有新信息的语言第一次被听到时，对大脑刺激最大，印象最深，而如果同一内容反复次数太多，就会使人的大脑皮层产生抑制，其接受的阈值提高了，话对他也就无关痛痒，成了废话。家长可以想一想，青蛙整夜在窗外重复地叫唤，并没有人去认真听；而公鸡仅在早晨叫了一两声，可是人们却因之全起床了。反复强调似乎有助于记忆，其实不然，一种刺激如果持续反复地作用于人，人就会在生理和心理方面产生适应，会渐渐麻木起来。语言就像货币，没有钱当然是不行的，但如果发行太多，可就要贬值了。

深入浅出是通俗，浅入浅出是庸俗，深入深出太难懂，浅入深出最可恶。有的家长说：“我这人心直口快，一看到孩子的行为举动不符合要求，我就憋不住要说。”家长盼望孩子成才的心态是好的，但是关键要看效果。“夫人不言，言必有中”。

（四）风趣机敏

家长语言的幽默感是孩子特别喜欢和看重的。所以，风趣机敏的语言可以营造良好的家庭气氛，防止不当行为的出现。另外，家长的幽默还能稳定孩子的情绪，特别是当外部环境恶劣时，或当一个家庭酝酿着异常冲突时，恰到好处地说几句风趣幽默的话能缓和紧张的气氛，使剑拔弩张的情形得到缓解。

著名挪威探险家图尔在为即将漂洋过海的野马号木筏挑选乘员时，就十分注意他们是否有足够的幽默感，他说：“狂暴的寒风，低沉的乌云，弥漫的雨雪，与由于六个性格不同、主张不一的人而可能出现的威胁相比，只是较小的危险。六个人将漂好几个月的洋，此时如果能开开有益的玩笑，说几句幽默的话，重要性不亚于救生圈。”

语言的趣味不是可有可无的，理有理趣，事有事趣，景有景趣，情有情趣。趣者，生气与灵机也。

（五）规范标准

家长语言中非常忌讳出现科学性错误，发音也应该是标准的普通话。当然，有时说家乡方言也显得亲切。洛克说过：“教育上的错误比别的错误更不可轻犯。教育上的错误正和错配了的药一样，第一次弄错了，决不能借第二次或第三次去补救，它们的影响是终生洗刷不掉的。”

总而言之，家长具备良好的语言能力是家庭心理健康教育的基本功。运用之妙，存乎一心。

现在有一些父母说话孩子不爱听，一个原因就是信息量太小，总是在说孩子知道的事情和知识，甚至比孩子知道的还少。或是抓住一点自以为得意的枝枝叶叶、花花絮絮，讲个不停。家长说得到底好不好，关键看孩子能记住和理解多少，这是评判的标准。亲子交流时，家长要针对孩子的具体情况提出积极的分析意见，循循善诱，对于一时难以改变的观念应逐步加以开导。

首先，家长要听得巧妙——真诚耐心，关心爱护，信任理解，尊重人格。其次，家长要问得高明——耐心沟通，引导激发，及时鼓励，因人而异。再次，家长要答得艺术——平等协商，方法灵活，提供信息，简练实用。

中学生小宪，平时认真学习，不愿与同学多交流，理想是大学毕业后创办公司多赚些钱。他因学习成绩未列班级前茅，开始怀疑自己的能力。班会上表达自己的志向却被同学嘲笑，因而情绪低落。家长了解孩子的情况后认为，孩子的问题是制定目标时未考虑自己真实的实力，遇到挫折时内心对自己不信任的声音越来越强烈，因此情绪不稳，动力锐减。针对以上情况，小宪的母亲与他共同探讨了他的生涯发展计划，开展家庭辅导如下：

1. 指导小宪全面认识自己，并了解自己的兴趣爱好；

2. 帮助小宪了解各种社会职业的特点，以及一些大学的专业和招生情况；

3. 引导小宪做出决策，确立自己的生涯目标和策略，开始行动。

之后，孩子开始满怀信心地实施自己的人生计划。

家长必须注意，家庭交流的情况千变万化，要因人而异。学者马晓年认为：交流不可能要求把每一步过程都定得一清二楚，就像给电工、钳工写操作常规一样，那将可笑之至。有差别才是正常的，才是真理。所以不论家长读了多少书，不管什么样的场景都一味按部就班地做程序化的努力，虽然也算刻苦，可是离美满的结果依旧很远很远。

要注意的是孩子在这里需要导，而不是灌。这种语言交流，是点燃火炬，而非填满罐子；是“细雨湿衣看不见，闲花落地听无声”的从容，而非“怒发冲冠，金戈铁马”的紧张。

对孩子表扬与批评应注意什么

（一）表扬孩子是有度的

一位母亲叙述：我参加了一场家庭教育讲座，了解了赏识教育。我决定改变对女儿的严格管理，改用赏识教育。女儿每做一件事情，无论做得怎样，我都说“女儿，你太好了！”“女儿，你真棒！”“女儿，你真了不起！”晚上，女儿一脸茫然地看着我，还摸了摸我的额头，关切地问：“妈妈，您没发烧吧？”

一些有觉悟的父母开始意识到，放任、纵容孩子的言行会宠坏他们，造成他们不服管教、任意妄为，甚至学坏。家长当然最爱自己的孩子，俗话说：“孩子是自己的好。”但把爱作为家庭教育的方法就应该有条件，不能溺爱孩子。如果要求资质中等的孩子学习得第一，否则家长无好脸色，这个要求确实不合理；然而家长要求孩子放学后完成当天作业，否则就不允许孩子周末跟朋友去郊游，就是合情合理的。

过分溺爱和夸奖容易使一个普通的孩子变得目空一切、以自我为中心，甚至认为父母都不如自己，不把他们放在眼里。一旦这些孩子踏入社会，就会发现自己并非天才，在工作和人际关系中面临重重困难，可是，这时想要改变已经太迟了。因为老板不是老师，不会对表现平平者说“你真棒”，只可能说“Go on or go out”（继续努力，不然请便）。事实证明，那套“父母是孩子的朋友”的赏识模式存在许多缺陷，家长通过讨好子女来赢得他们的喜爱，会产生许多问题。现在的一些家长，所缺乏的并不是对孩子的爱，而是对待家庭教育的科学态度和科学精神。

人们越来越认识到，一味地顺从与赞扬孩子，对孩子的性格形成有害无益；而适当的命令与严格要求，帮助孩子做生涯规划，反而有利于孩子的成长。无论如何，一个年轻人不去努力就想一鸣惊人，是不可能的。一些并无过人之处的年轻人在父母过度的赏识教育和表扬奖励之下，变得目中无人，唯我独尊，总认为“我是最棒的”。家庭心育认为：对孩子的缺失之处，还是要点拨评判，闭目塞听其实是伤害孩子，不当表扬也会最终害了孩子。

教育部出台的《中小学班主任工作规定》，明确指出：“班主任在日常教育教学管理中，有采取适当方式对学生进行批评教育的权利。”这条规定一出台便引起热议。难道教育者批评孩子还需要教育部下文吗？其实还真是需要。因为前几年的一些教育滥调、后现代思潮搞乱了教育者的思想，“无批评教育”“赏识教育”“你真棒”教育，不一而足。这里说的是，表扬和批评是家长经常使用的教育手段，很少有人去考虑使用的效果如何。那么作为家长应如何使用批评和表扬这两个“武器”去“对付”您的孩子呢？

首先说说表扬的应用，人最本质的需要是渴望被肯定。只要懂得这一点，那么家长对孩子就不要吝啬赞赏的语言，因为有着强烈自尊心的学生会比成人更渴求得到肯定。这是孩子的心理特点所决定的。表扬的作用是让孩子认识到自身的优点和长处，并乐于不断地保持和发扬下去。在我们知道适时、适度的表扬能激励孩子、对其产生积极的效应的同时，也不可忘记不当的表扬将会引起强烈的副作用。即使是孩子喜欢听好话，但当家长的赞扬被认为是迎合奉承时，这个作用就消失了。在日常生活中，不当的表扬方式常见的有以下几种：

一是夸大事实的表扬，把芝麻说成西瓜。这种以点代面人为拔高的表扬，会使孩子不知所云，觉得父母的表扬贬值了。

二是重复性的表扬。这会使孩子产生厌烦，逐渐对表扬麻木，表扬也就失去了其应有的效果。表扬遵从经济学的边际效用递减规律。同样一件东西，当一个人渴望得到它的时候，得到后带来的满意程度最大；当他不怎么需要时，得到后带来的满意程度较小。渴的人喝第一杯水如饮甘露，第二杯还行，每一杯效用都递减，三杯过后，效用就是负的了。

三是厚此薄彼的表扬。这种表扬常会使孩子骄傲自满，目中无人，看不起别人。

四是随意表扬孩子聪明，而不是赞扬他们刻苦努力。那些被称为聪明的孩子往往一遇挫折就彻底灰心丧气，把失败原因归咎于自己不够聪明。

有这样一个家庭，六岁的孩子拿笔画画，当然是涂鸦，却获得家长连续的、此起彼伏的夸奖，还给孩子买玩具奖励：“你真棒！你画得太好了！”过了几天，孩子突然不画了，无论家长如何鼓励他，他也不肯再画。原来家长言过其实的表扬，反而让他没了信心。他知道自己画得其实很一般，担心再接着画下去，将得不到家长的夸奖了，担心被大人发现他不会画画的事实。

家长言过其实的过度夸奖，会让孩子觉得你在哄骗他，从而失去对你的信任，同时也对自己的能力产生怀疑。过度表扬可能产生的另一种结果是使他目中无人，过度自信。所以表扬孩子时家长必须实事求是，表扬的话要想好了再说。本来他画画是对作画感兴趣，是很好的内部动机，这个动机却被不当的赞扬给毁了。

曾有一个知名的实验。研究者雷珀挑选了一些喜欢画画的孩子，分成甲、乙两个组，对甲组孩子许诺："如果画得好，就给你奖品。"对乙组孩子说："我想看你的画，给以点评。"大家都画了，甲组孩子得到奖品，乙组孩子得到点评。三周后，雷珀发现，甲组孩子对绘画的兴趣明显降低，大多不愿意再画；乙组孩子还和以前一样喜欢画画。这就是著名的雷珀实验，奖品可能强化孩子的行为，但孩子如果只对奖品感兴趣，反而会对被奖励的行为丧失兴趣。

有些所谓教育专家的观点实际上很可笑，有些人的方法绝对是馊招，如一味地赏识教育和无批评教育等。学期末，某小学根据学生自己申报的奖项，给每个学生都评一个奖，发一张奖状，以至于奖项达到 70 多种。学校的初衷虽然是为了激励学生，但效果很坏。因为物以稀为贵，给每个学生都发张纸，学生就觉得没什么了不起的。这是平均主义思想在作怪，如此赏识不可取。设想一下，如果参加奥运会的每个选手都得到金牌，那么金牌就毫无价值了。物以稀为贵，本是普遍的现象，有些所谓的专家却不懂。

夸奖孩子的智力，而不是赞扬他们自尊自强的精神，容易使他们产生自我失败感。而那些被夸奖为努力和刻苦的孩子，当他遇到失败时，会认为是自己努力不够造成的，因而这些孩子克服困难的能力更强。德国《图片报》2010 年 5 月 18 日《关于教育神话的真相》一文报道：专家研究认为，好孩子不是夸出来的。多少年来人们一辈辈地传授说，好孩子是夸出来的，但科学工作者对学生进行的调查结果显示，事实并非如此。

（二）适度的批评惩戒是有必要的

假如人类的身体没有神经，失去痛觉，会发生什么情况？不痛苦难道不好吗？还真的不好，那将对人极其危险，将严重威胁人的生存，因为人将因此很容易受到伤害，骨折了都不痛，基本就是废人了。一个从不处罚违章者的交警一定会让道路全部堵死。没有法律的社会是无法生活的弱肉强食的丛林社会，没有惩罚的教育是不完整的教育，是虚弱的、不负责任的教育，是伪教育。惩罚不是对孩子的生理和心灵施暴，批评惩戒应该标准化，是让孩子为自己的过失负责。让学生产生敬畏之心，明白一个人总要为自己的错误付出代价的道理。父母如果能够清楚地认识到，他们的职责是帮助子女发展成为自主和自足的人，他们会在子女发展的过程中产生很大的辅助作用。

无论奖励还是惩罚，都是控制的手段，都要以受控者自主性的丧失为代价。控制只能培养谨慎的人，不一定能培养道德的人。为了得到表扬，有的学生在捡不到钱的情况下，拿出自己的钱作为捡到的失物交给老师或警察。奖励与道德的本性不相匹配，道德出于人的自觉自愿。任何控制都是道德的大敌，把它作为道德教育的手段，可能会适得其反。

当前的许多家庭中，家长对孩子一厢情愿、替孩子干着急的现象越来越多。孩子每一个时间段提的每一个要求，不管家长在这个时期经过如何的煎熬、努力和艰辛，最后都被满足了，而孩子却总是完成不了其应该完成的任务，也不用承担任何责任和后果，这就是惩戒教育缺失造成的必然现象。

国有国法，家有家规。家庭也需要制定家庭的规则，还需要监督实施，执行得好就有奖，违背规则必有罚。这就叫奖惩有度。家庭的规则是通过磋商来制定的；规则的设定要有建设性；规则内容要明确，简明易操作；规则是不断完善的；规则是全家都要遵守的，不可随意改变。

适当的惩戒和批评产生的是正效应，家长应注意的问题如下：

一是不要过分过量地反复批评孩子。不要夸大其词，把孩子的过错上纲上线，不然就只会引起孩子的反感。

二是父母批评孩子要注意场合地点。一般尽可能地不要当着外人，特别是不要当着孩子的同学尤其是异性同学的面批评教育孩子，否则孩子的自尊心一旦受到损害，就容易产生破罐破摔的心理，要给孩子留情面和余地。

三是批评不可滥用。批评对于正在成长中的孩子来说是非常有效的教育手段，但在短时期内反复使用很快便会失效。

四是批评事情而不是批评人。例如，家长可以使用如下语言："我没想到你这样对物理感兴趣的人这次考试得分却不高，改进一下学习物理的方法怎么样？"

一般来讲，对优秀孩子过多的表扬不一定比适当的批评有效。而对于那些头顶总戴着后进生帽子的孩子来说，偶尔热情的表扬比严厉的批评效果要好。有智慧的父母要客观分析自己孩子的实际情况，充分发挥表扬和批评的积极作用。

一个国家或民族不能在好话中陶醉，一个孩子也不能只听得进好话。如果孩子把夸张叫好收集起来当补药吃，就会发昏自大，带来可怕的后果。真正的人才具有理性的自尊和自信，对表扬和批评都能有冷静的判断，不因恭维而发昏，也不因批评而落魄，切切实实做好自己的事情。

张中行先生曾经举例说明：直言，在道理领域内容易，在现实领域内不容易。张中行先生在《乔各庄的秧歌》里讲了一个与之有关的故事。说是春节期间，从乔各庄来的秧歌队在村子里表演得很起劲，看的人却不多，没人喊好，表演者正在为缺少知音而扫兴，却忽然听见有个瘦弱老者说一句："难说好！"表演的人火冒三丈，先围着质问，老者没有赔礼道歉之意，于是决定拉到场外去打。一些和事佬想为老者找个台阶，免得挨打，就说："可能他没看清，让他再细看看。"于是表演者尽全力跳闹，时间很长，没想到老者淡淡说了一句："还是拉出去打吧，难说好！"我们应该向这位可爱的老者学习，求真永远应放在第一位。张燮林是乒乓球世界冠军，还是培养世界冠军最多的世界级优秀教练员。张燮林说："哄人恐怕是世界上最容易做的事情，但批评却需要动脑子，批评者得一一列出理由，这样才能服人，批评就是为了让被批评的人明白其中的道理。""一个人被批评的确痛苦，但世界上还会有什么事情比输掉比赛更痛苦的？训练时的痛苦，是为了比赛时的不痛苦。"记得笔者上中学时历史老师对全班同学说过："我不怕你现在骂我，我怕你将来骂我。"这才是真正的教育者。

好孩子是自己学出来的，绝对不是夸出来的。正确使用表扬和批评会对孩子有所帮助，反之则会使好事变坏事或让坏事变得更糟。人的优越感和优越性有时并不是一回事，优越感是属于自己的，而优越性则必须别人承认才行，如果把两者等同就可能把事情搞糟。区别自信与自大的一个标志，是看他敢不敢自己揭短，越是自夸的人就越是没有自信心。

一个家庭有其基本的功能。除了能共住同食之外，还能相互供给感情上的支持与安慰，也能提供真诚的意见及劝告，能同甘共苦。特别是一家人能在情感上相濡以沫，形成坚强的生活港湾，可以让家庭成员到外面去闯天下，也能随时回到自己的港湾，休养生息。所以，只要能平时关心自己的家庭以及维护家庭成员的心理健康，即使遇到一时的困难，也能善用家庭既有的生活功能与精神资源，相互勉励，共渡难关。一家人能沟通，商讨应对困难的策略，也就常能找出很好的应对策略。

家长每隔一段时间都会遇到热点问题，此时就可以找出时间反省检讨一下，看看自己的家庭是否一切顺利，考虑家庭在目前发展阶段中可能遭遇何种问题及困难。可趁过年过节或其他特殊的机会，全家人聚在一起，大家检讨自己的家庭人际情况如何。问问全家人，看看在他们眼里，父母相处的关系如何、父母与子女的感情好不好、有哪些方面需改善、彼此有何要求或建议等。经过这样的家庭会议，周期性地进行检讨，把大家的感触和提议加以沟通，也就能及早发现困难和问题，并做适当的处理。

家庭实践锻炼方法有哪些

养金鱼的人都知道，养在小鱼缸中的金鱼长不大，永远三寸来长，然而将其放入水池，两个月的时间，可长到一尺。提供自由空间的意义非凡，海阔凭鱼跃，天高任鸟飞。

北京市西城区黄城根小学的学生谢嘉欣不仅学习成绩好，而且还用自己的实际行动去观察社会，进行综合实践，获得了首届“北京市中小学生科学建议奖”提名奖。谢嘉欣的研究课题是“北京市地铁站出入口分布问题调查与建议”。他在暑假期间几乎没有休息，天天冒着酷暑奔波在北京市的各地铁站。谢嘉欣所在的学校位于北京地铁 4 号线平安里地铁站附近，“这个地铁口分布不合理，地铁的出入口全部位于平安里大街的北侧，居住在马路南侧的市民坐地铁很不方便。”这个担忧让谢嘉欣有了更多的想法，“北京其他地铁站出入口分布合理吗？是否利于市民的出行呢？”谢嘉欣的这一思路，获得了家长的认可，父亲鼓励他多到一些地铁站去调查一下。暑假，谢嘉欣就带着这个研究课题，来往于家和地铁之间。在经过考察 1 号线、2 号线、4 号线、5 号线和 8 号线的 40 个地铁站之后，发现地铁口不合理的情况占了多数，“在 40 个地铁站台中，出入口分布均匀合理的有11个，仅占调查总数的20.75%。”谢嘉欣说，这是他考察之前没有想到的。考察之后，谢嘉欣对一些分布不合理的地铁口进行了详细的分析，绘制出了精美的地铁口分布图，使人们对地铁口有一个直观的了解。此外，他还提出了自己的建议。这个课题结束之后，谢嘉欣又将视线转移到了北京西城区平安里附近的盲道上，他要调研盲道的隐患。如今，这个研究已经形成了研究报告，也得到了社会的好评，并参与了第二届“北京市中小学生科学建议奖”的评选。

本章的主题是实践，介绍了家庭心育的实践锻炼方法。实践是人们改造自然、改造社会的有意识的活动。“纸上得来终觉浅，绝知此事要躬行。”实践不仅是孩子未来求职的跳板，而且还给了他一个思考的机会。实践，不在于做事多难多累，而是借此让年轻人有接触社会、工作和他人的机会，通过这些发现自己的优势劣势、兴趣能力，培养自己的责任感，以便自己今后的发展更对路子。因此真正有效的实践是不断思考的过程，思考自己、思考社会、思考整合信息、思考生涯决策。

本章对社区教育进行了论述，认为家庭心育重在孩子的体验。在介绍了社会大课堂和研究性学习后，本章通过对多元智能理论的阐述，说明家庭心育应帮助孩子在实践活动中发现自身优势所在，在学习、工作和生活中开发自己的潜能，达到自我实现。

阅读本章，我们能了解社会实践、能力、研究性学习等重要概念以及它们在家庭心育中的重大意义。另外，智慧父母掌握指导孩子实践锻炼的各种方法，明白学校、社会和家庭都是学生活动的场合，学校教育、社会教育和家庭教育都是教育的重要途径，明确影响能力形成和发展的三个主要因素。

希望我们的教师与家长能够帮助孩子了解和开发自身潜在的能力，认清自己的优势能力，从而设计好自己的未来。

实践能力培养的方法是什么

第8章讲家庭心育的实践锻炼方法，锻炼的“炼”其繁体有金字旁，写作“鍊”，所以这两个字都是金字旁，五行中，金属于西方。多元智能理论讲述了八种特殊智能，中国古代也有“八仙过海，各显神通”的传说。这些在本章后面部分将会讲到。

年轻的比尔·盖茨在汽车间里发誓“让每个家庭都有电脑”，他的实践使得他的梦想目前正在全世界逐渐实现，我们的中小学生也可以在实践中逐步实现自己的梦想。

当前学校教育以间接经验为主，社会实践不是主导。朱光潜曾对现代生活节奏加快有所警觉。他说：人生乐趣，一半得之于活动，一半得之于领略，而领略就是保持心界的空灵，在静中寻出趣味。好比喝茶，渴汉只管大口吞咽，会喝茶的人却一口一口地细品，领略其中风味。但现代生活十分忙碌，年轻人又多浮躁，因为心地太忙，不空所以不灵，难以领略趣味。

实践是人们改造自然和社会的有意识活动。实践锻炼方法是一种让学生在生活和活动中实践，从中接受教育的方法。家庭心育中，实践锻炼要注意形象性、可操作性、活动性，尽量具体、直观、生动，而不要简单粗暴。家长要少用居高临下的命令式语句，少对孩子说教，多让孩子实践。尤其对中小学的孩子，要注意理性思维，注重其自我教育，注重其自我体验，并联系其升学与生活的实际，这样效果较好。

参观访问、社区实践等外出活动不仅能让孩子获得直观的生活和工作的体验，同时也锻炼了他们探索新事物的能力，拓宽了他们的视野，让孩子对专业世界、职业世界和生活世界有了基本的认知和感受，激发他们进一步了解和探索的愿望。现在我们国家的教育是以创新精神和实践能力为重点的全面素质教育，实践能力培养是教育的重点目标和内容。北京近年来开展了社会大课堂活动，上千所单位成为中小学生实践的基地，是很好的尝试。

孩子实践能力的培养有如下具体内容：

（一）生活能力

这种能力包括生活的规划能力、生活基本技能、自我保护能力、交往能力、参与社会活动的能力。对孩子这些能力的培养是家庭基础性的工作。例如理财能力，包括认识货币、合理储蓄、制订勤工俭学和消费计划、购物、了解商品与市场。在市场经济的情况下，这些能力并非可有可无，而是与孩子今后的生活有重大关系。又如劳动能力，包括孩子劳动的意识和技能、动手操作能力、自我服务劳动、家务劳动、公益劳动、勤工俭学等。

（二）学习能力

孩子应学会信息的接收、储存、选择、提取、运用和归类，学习使用工具书、图书馆、电脑和网络，懂得有效利用闲暇的时间，参与社会学习。学习能力也是发现问题、提出问题、分析问题和解决问题的能力。家庭对孩子自学能力的培养至关重要，在21世纪，一个没有自学能力的人不能在信息海洋中遨游，便仍旧是个功能性文盲，将会被信息的浪潮吞没。

培养孩子学习能力的一个重要方面是抓阅读习惯，这必须让孩子从小养成。德国的一项研究表明：一个人在13岁（最迟15岁）前如果养不成阅读的习惯和对书的感情，那么他今后的一生中，将很难再从阅读中找到乐趣，阅读的大门可能永远对他关闭。

（三）环保能力

环保能力包括提高环保意识、废物利用、节约能源和资源、社会环境调查、参与环保行动等。

如家庭垃圾分类，就是每个家庭每天都有机会做的很有意义的实践活动，可培养孩子的环保能力。垃圾分类是将垃圾按可回收再使用和不可回收再使用等分类法进行分类。人类生活中，每天都会产生大量的垃圾，而这些垃圾未经分类回收再使用就任意弃置会造成环境污染。如今中国的生活垃圾一般可分为四大类：可回收垃圾、厨余垃圾、有害垃圾和其他垃圾。

可回收垃圾主要包括废纸、塑料、玻璃、金属和布料五大类。通过综合处理和回收利用，可以减少污染，节省资源。如每回收1吨废纸可造好纸850公斤，节省木材300公斤，比等量生产减少污染74%；每回收1吨塑料瓶可获得0.7吨二级原料；每回收1吨废钢铁可炼好钢0.9吨，比用矿石冶炼节约47%的成本，减少75%的空气污染，减少97%的水污染和固体废物污染。厨余垃圾包括剩菜剩饭、骨头、菜根菜叶、果皮等食品类废物，经生物技术就地处理堆肥，每吨废物可生产 0.3 吨有机肥料。有害垃圾包括废电池、废日光灯管、废水银温度计、过期药品等，这些垃圾需要进行特殊安全处理。其他垃圾包括砖瓦、陶瓷、渣土、卫生间废纸、纸巾等难以回收的废弃物，通常根据垃圾特性采取焚烧或者填埋的方式处理。

（四）科学与艺术能力

科学能力是具有科学意识、掌握科学方法并采用科学程序来研究、解决问题，且崇尚科学，反对迷信，能对一个具体问题进行实验研究。艺术能力的培养需要人提高审美趣味与修养；参加艺术活动，能在大自然中体验美。

重视实践是世界教育的趋势。以英国为例：英国计划让 19 岁的年轻人至少能够完成 50 个小时的社区服务，为此政府投入 1.46 亿英镑，让数万中学生参与社区服务计划。当前中国的社区服务还比较薄弱，有些中小学几乎没有了培养学生劳动技能的一席之地，大中城市里许多中学生仍然不会使用基本的劳动工具，这是非常危险的。人类生存的基础是物质生产，现代人应具备基本的生活能力。高度重视基本劳动技能的培养，是发达国家基础教育的共同特点，也应成为新世纪中国基础教育课程改革的重要价值取向，家庭对孩子实践能力的培养是能够有所作为的。家庭心育重在体验。

家庭心理健康教育为何要重体验

家庭心育是一种以体验式学习为主的教育，在实践中体验。体验式学习使家长的主导作用体现于“循循善诱”，以引路、诱导、激思的方式，把孩子领进心理的殿堂，而不是把现成的知识硬灌给他。体验使孩子的主体作用体现于“感悟思辨”——在家长的启发下自主思维，自己发现规律，得出结论。学生的研究性学习以发现学习为主要学习方式，是体验学习的好途径。

（一）体验、体验式学习及其在家庭心育中的必然性

体验是指由身体活动与直接经验而产生的感情和意识。体验使学生的学习从认知和理性范畴扩展到情感、人格等领域，从而使学习过程成为知识增长与身心发展同步的过程。体验是人存在的方式，是人的素质形成与发展的核心环节。

体验式学习，是指在教育者的启发诱导下，学习者与教育者共同创设与学习主题相关的实验、调查、信息搜集与处理、对话与交流等活动情境，使学生在对现实生活和可能生活的理解和体验的基础上，了解自己的心理活动，自主发现问题，经历探究过程，形成知识与能力，发展思维水平，获得情感体验，最终形成态度和价值观。

心理健康教育强调从学生心理发展特点入手，整合资源，启发智慧，培养人的情感、态度和价值观，从而形成健康的心理素质。显然，个体的心理健康水平和其心理健康知识的掌握水平并非一定呈正比，情感、态度和价值观也不是光靠说教就能形成的。“活动”和“体验”是家庭心育的重要组成部分。家庭心育的实施过程就是家长发现和创设一定的心理情境，开展富有启发意义的活动，唤起孩子的心理体验，来造成孩子内心的认知冲突，并通过探究互动，以达到影响心理健康、提高心理素质的目的。因此，家庭心理健康教育必然是一种以体验式学习为主的教育，能调动孩子参与学习的积极性，发挥孩子体验感悟、自主探究的能动性，让孩子在“活动”中学习，在“主动”中发展，在“合作”中增知，在“探究”中创新，从而培养并提高孩子的心理品质。因此，家庭心育必然不是灌输，而是重体验。用形象的话来说：不是填满罐子，而是点燃火炬。

（二）在家庭心育中实施体验式学习的具体方法

家长首先要通过创设活动情境，使孩子在活动和情境体验中发现问题、提出问题，让孩子了解自己的心理水平，也让父母了解孩子的心理水平并出现改善、完善的愿望；其次，要通过亲子共同分析、思辨、探究，研究如何解决问题，主要目标是探讨改善心理品质的方法，使孩子在探究体验的过程中转变观念，在潜移默化中接受行为训练，进行自我教育，提高心理素质；再次，要通过实践运用，使知行和谐统一，并通过有效的暗

示使孩子心理素质达到进一步升华。在体验式家庭心育中，孩子的心理变化依次是激趣启思、感受体验、领悟升华，并在体验多次的思维与情感的冲突与碰撞后，达到知真、情深、意坚，形成比较稳定的心理品质。

实施体验式学习的方法如下：

1. 游戏活动

游戏使孩子在强烈的好奇心理和探究心理中体验对自我的认识，在体验中产生的问题又使孩子把感性认识升华为理性思考，从而完成对"自我形象"认可度的测查。人都希望自己是一个发现者、研究者、探索者。家长在家庭心理健康教育中，如果遵循孩子的心理发展特征，积极创设一定的活动、情境，把生活中的心理问题隐藏在活动和情境中，将引发孩子迫不及待地探索研究的兴趣，这样，孩子对心理健康教育浓厚的兴趣、积极的态度、强烈的认知驱动力和适度的情绪体验将产生探索心理奥秘的强烈愿望和内在需求。这种体验，是孩子主动积极参与学习生活的巨大力量，是影响孩子人格形成的重要因素。

家庭游戏活动和情境，可以来源于丰富的现实生活中，也可形成于亲子共同的精心设计中。家庭游戏粗分为：动作类、益智类、网络类等。家长要欢迎孩子的同学到家里来，鼓励孩子热情接待朋友。孩子之间的游戏，能够培养他们的规则意识、社会适应能力和交际能力。

2. 实践活动

社会即教育，实践与生活相通，与实践相连。实践活动能拓展课堂空间，使孩子获得丰富的人生经验。实践活动的形式丰富多彩，有参观访问、社会调查、动手实践、网络虚拟实践等。

例如在进行挫折教育时，可设计以下活动过程：说一说——先从自我经验出发，说一说人生遇到的哪些挫折是可怕的，以了解自己对挫折的心理承受力；做一做——设计情境体验活动，如有的孩子认为身体残疾是最大挫折，可请孩子扮演盲人生活一小时，体会学习、生活中遇到的许多不便以及因此对情绪、意志力的影响，在模拟真实的情境中体验挫折，在活动中进行情绪情感体验并思考一些问题，如真正的残疾人是怎样生活工作的？这样活着有意义、有乐趣吗？残疾人失业者是怎样度过艰难日子的？

他们快乐吗？在孩子有心理需求时再开始社区实践活动访一访——选择采访对象，根据孩子自己在模拟情境中产生的问题和困惑实施采访，如“身体残疾组”在家长的启发下采访附近社区里获得“自强青年”称号的盲人按摩师。因为有了切身感受，孩子观察的角度、提问的深度和情感的共鸣都是以往“实践”所无法比拟的。来自于生活、提炼于生活的实践活动，将平时孩子生活中司空见惯的场景、人物、事件等清晰地转化为注意的对象，让孩子用全新的眼光来分析、审视来自身边的榜样或典型，陶冶情操，升华人格，培养探究精神。

3. 自我展示

家庭心育要彰显个性魅力，培养健康人格，自我展示活动即在家庭中为孩子提供自我展示的时空，让其展示才能，体验成功。这种展示，既有孩子特长才能的展示，也有自主意识、创新意识的展示。孩子通过自我展示活动获得成功体验。成功体验与自尊自信相辅相成，互为因果，是其自身潜能得以发挥的强大动力，是心理健康教育的基本目的，也是培养全面发展人才的重要目标。

父母对孩子提出的要求应是合理的，帮助孩子确立适宜的目标，通过自我展示活动去发现孩子的禀赋、兴趣、爱好和特长，发现其心理发展的可能性，给予正确的引导和培养。这样，才能让孩子在自我展示中获得成功体验，凸显其个性风采。

4. 探究活动

学习产生的根本原因是对问题的探究，对问题的探究能激发求知欲，能产生长久的体验，能使学习成为真正的意义构建过程。在探究中体验，要求家长是导师，要善于调动孩子的积极性，促使他们自己去获取知识、发展能力，做到自己能发现问题、提出问题、分析问题、解决问题。与此同时，家长还要为孩子的学习设置探究的情境，建立探究的氛围，促进探究的开展，把握探究的深度，评价探究的成败，鼓励孩子在探究中敢于质疑书本，敢于超越家长。成人赞赏孩子独特的和富有个性化的理解与表达，从而使探究活动过程成为孩子一种高尚的道德生活和丰富的人生体验。

（三）在家庭心育中实施体验式学习的关键

家庭体验式心理健康教育能否有效实施，关键在于家长观念的转变。首先要重新定位家长角色：从教育中的主角转换为“平等中的首席”，亲子共同参与家庭心理健康教育活动的开发与设计，彼此分享思考、经验和知识，彼此交流情感、体验和观念。其次要重新定位教育目标：认知、情感、意志、性格、个性等目标均需设立，以孩子的心理发展的年龄特点为主线，以孩子的思维品质训练为核心，以孩子的自我意识培养为起点，从而达到初步培养良好心理品质的目的。再次要重新定位教育资源，可视孩子本身的经验、经历，以来自于学生、家庭、社区的故事等为教育资源加以利用。只有这样，才能使家庭心理健康教育因体验而精彩。

日本曾组织市民到上海居民家做客，日本妈妈的教子方法使中国人大开眼界。有个一岁多的日本小孩抓起桌上一只生馄饨就往嘴里塞，中国房东想制止，其母却说：“让他吃，这样他才知道生的不能吃。”小孩咬了一口，果然皱着眉头吐出生馄饨。有个日本小孩摔了一跤，先是哭着求助，后见无人相帮，便自个儿爬了起来。中国房东不理解，日本妈妈说：“让他尝尝失败，才能获得成功。”

而咱们有的家长们却“狠不下心”，舍不得孩子吃苦，也就剥夺了孩子犯错误和改正错误的机会，因而当他们走入社会时仍然不能“长大成人”。由此可见，让孩子投身于社会的大环境中去参与实践、进行体验，是促进孩子健康成长的有效途径。

多元智能理论有什么作用

相传铁拐李、汉钟离、张果老、何仙姑、蓝采和、吕洞宾、韩湘子、曹国舅八位仙人过东海时，各有一套法术，分别显示了自己的神通，渡过了汪洋大海。“八仙过海，各显神通”这个歇后语比喻各有各的本领，各有各的办法。人的学习也是这样，要找到适合自己的学习方法，才能事半功倍。人的工作也是这样，人总是凭自己的特长吃饭。所谓能力，是指人们成功地完成某种活动所必需的个性特征。在环境相同的条件下，人所具备的那些除健康、动机、经验外，对活动效率起决定作用的条件就是能力。影响能力形成和发展的因素主要有三个：一是先天性因素，包括遗传基因和胎儿期因母体内环境影响所造成的个性特征；二是后天性因素，包括家庭影响、学校教育和社会历史文化的作用等；三是个人的主观能动性。

个人能力不仅通过学校的学习成绩单表现出来——那只是能力的一部分，其他能力还很多，需要自己去了解和开发。年轻人尤其不要忽视那些自己身上潜在的、在人群中突出的能力。能力是能够测试的。智力是一种或一组个人解决问题的能力。提出难题、解决难题和创造产品需要智力。家庭心理健康教育应帮助孩子认清自己的优势能力，设计好自己的未来。

丁俊晖的父亲是个台球爱好者，有一次和朋友玩台球，被对方做了一杆很棘手的斯诺克，丁父束手无策。站在一边不到十岁的丁俊晖主动要求替父亲打。让大家都意外的是，小丁不仅解了这个球，还一杆清台。通过观察，父亲认为小丁具有这方面的潜能，于是全家不遗余力地培养他，终于使小丁成为世界级的台球名手。

清华大学附属中学教师王殿军说："由于我们没有全面正确地理解教育均衡和公平的真正含义，导致在我们的中学教育实践中真正体现的是平均主义，追求中学生水平一致，无论学生天赋如何，都接受完全相同的教育。我们没有正确理解有教无类，更没有正确理解因材施教。谁也不敢提拔尖创新人才培养，似乎觉得，谁提拔尖创新人才培养就是歧视天赋不优秀的人，就是违背教育公平的原则。这样中庸的教育实践，浪费了资优生的智力资源，也让天赋平平的儿童苦不堪言。"

众所周知，学生之间存在着智力的差异。智力是一种或一组个人解决问题的能力，分为一般因素和特殊因素。从智力的一般因素看，人群可分为天才、中人、白痴。天才和白痴只占人群中极小的比例，绝大多数人都是中人的智力水平。那些经过针对性教育、特殊培养而速成的早熟儿童并不属于智力超常者；只有从一个群体中自然而然脱颖而出的学生才是真正的智力优秀者。近代以来的"人类中心"思潮忽视自然的生物性对社会具有绝对优先的地位。从智力的特殊因素看，人人有才，人无全才。每一个年轻人都可能有他不同凡响的地方，重要的是，要让他的这个长处充分开发，发扬光大。正是：

尺短寸长谁安排？人虽有才无全才。

人生需要早规划，扬长避短促成才。

几千年前，孔子就因学生不同的兴趣和能力进行过教育，即因材施教。这在《论语》中有生动的描述。

子路、曾皙、冉有、公西华陪着孔子坐着。孔子说：“我比你们年纪大一点，你们不要因为我年纪大一点就感到拘束而不敢讲话。你们平时总在说：‘没有人知道我呀！’如果有人知道你们，那么你们打算怎么办呢？”

急性子的子路不假思索地回答说：“一个拥有一千辆兵车的国家，夹在大国之间，常受外国军队的侵犯，接下来国内又有饥荒。这样的情况下，如果让我去治理，用三年的工夫，我就可以使人人勇敢善战，而且还懂得做人的道理。”孔子听了微微一笑。

孔子又问：“冉有，你怎么样？”

冉有回答说：“一个纵横六七十里或者五六十里的国家，如果让我去治理，用三年时间，我就可以使老百姓富足起来。至于修明礼乐，那就只得另请高明了。”

孔子又问：“公西华，你怎么样？可以说说。”

公西华回答说：“我不敢说能够做到，只是愿意学习。在宗庙祭祀的事务中，或者在诸侯会盟、朝见天子时，我愿意穿着礼服，戴着礼帽，做一个小相。”

孔子又问：“曾皙，你怎么样呢？”

这时曾皙弹瑟的声音逐渐稀疏了，只听见铿的一声，结束了弹奏。他放下了瑟，直起身子回答说：“我和他们三位的才能不一样呀！”

孔子说：“那有什么关系呢？不过是各自谈谈自己的志向罢了。”曾皙说：“暮春时节，身上已经穿着夏天的衣服了。我和五六位成年人，六七个青少年，到沂河里洗洗澡，在舞雩台上吹吹风，然后一路唱着歌儿回来。”

孔子长叹一声说：“我是赞成曾皙的想法呀！”

子路、冉有、公西华三个人都出去了，曾皙留在后面。曾皙问："他们三位的话怎么样?"

孔子说："也不过是各自谈谈自己的志向罢了。"

曾皙说："您为什么笑子路呢?"

孔子说："治理国家要讲究礼让，可是他说话却一点也不谦让，所以我笑他。"

曾皙说："难道冉有所讲的就不是国家大事吗?"

孔子说："怎么见得纵横六七十里或五六十里讲的就不是国家大事呢?"

曾皙说："公西华所讲的不是国家大事吗?"

孔子说："宗庙祭祀、诸侯会盟和朝见天子，讲的不是诸侯的大事又是什么呢?如果公西华只能给诸侯做一个小相，那么谁能做大事呢?"

所谓因材施教，先要看受教育者资质如何，正如在体育项目里，一个高挑的姑娘可以练跳高，但不能练竞技体操。教育是多元化的，才可能"天生我材必有用"，才可能"东方不亮西方亮"。正所谓：生得俏，真是俏；装得俏，引人笑；生得灵，真是灵；装得灵，总不行。"钱学森之问"其实是个伪问题，结果是把社会问题和公众的不满一股脑引向教育。教育不是万能的，现在的教育是有问题，但主要问题不在教育。大师和人物不是培养出来的，能培养出有人品的人才就很不错了。作家史铁生说得更直白："人这一辈子不是来学习的，而是回忆和辨认自己天分的过程。"

1984 年 8 月 7 日，第 23 届奥运会在美国洛杉矶举行，中国女排姑娘势不可当，击败了东道主美国队，成就"三连冠"伟业。中国女排的主攻手是"铁榔头"郎平。郎平原来是北京朝阳中学（前身是女四中，现陈经纶中学）篮球队的队员，她个子是很高，但并不强壮，打球时常被对方撞倒在地，缺乏身体对抗能力。从性格气质方面看，她更加适合于从事非身体接触的排球，而不适合打身体直接对抗的篮球。在学校一位教师的建议下，郎平改打排球，这一重要转变对郎平的生涯乃至中国女子排球的意义非凡，郎平所在的中国女排获得世界女排比赛的五连冠，后来郎平成为世界著名的女排教练，带领中国女排获得奥运会排球冠军。试想，朝阳中学

这位教师的一句话点拨，对世界女排的贡献有多大！对郎平的人生轨迹影响又有多大！

加德纳的多元智能理论对青少年发现自己的长处有指导意义。科学家经大量考察和研究后认为：提出难题、解决难题以及创造产品需要智力。智力，或称为一般心理能力，实际上是个体差异在工作表现中很重要的决定因素，只要这项工作包含着信息加工过程。在工业化的社会中一般智力的遗传能力估计在 60%—80% 之间，在不同的人中间，智力不仅有高低之分，而且是多元的。这里智力与智能同义，可以分为八种：

一是言语—语言智力。这是人对音韵、句法、语义等语言要素的掌握能力，以及灵活运用语言的能力。一流的诗人、演说家、律师、教师都是语言智力高的人。马季小时候是个商店的学徒，上学的时间并不长，学历不高，每天搬书、运书就是他的工作，整天就是从库房到门市部来回跑。22 岁时他参加了全国曲艺会演，说的相声获得一等奖，同年调进中央广播说唱团。他的语言能力有目共睹，被评为全国十佳笑星之首。语言的作用非常大：表达、解释、记忆、反省、交流无不使用语言。钱锺书考清华大学时国文 100 分，英文 100 分，数学 15 分。按学校规定他的档案应该被退回，但他被破格录取。

二是音乐—节奏智力。在个体可能具有的所有天赋当中，音乐天赋是最早出现的。这种智力指的是个人感受、辨别、记忆、表达音乐的能力，表现为个人对音高、旋律、节奏、音色的敏感及通过作曲、演奏、歌唱来表达自己的思想和情感。音乐—节奏智力在作曲家、歌唱家、演奏家身上表现得特别明显。音乐神童莫扎特 6 岁就能演奏小提琴乐曲给奥地利女王听了。他 12 岁创作歌剧，在 14 岁时便被选为科隆音乐科学院院士。而有的家长强迫没有音乐天赋的孩子学弹钢琴，这种做法的效果是适得其反。

三是逻辑—数理智力。这是一种对逻辑结构关系的理解、推理、思维表达能力。这种智力是智力的核心，是指导人类历史、人类难题、人类可能性的一种智力。优秀的科学家、数学家和逻辑学家都具有高水平的逻辑—数理智力。霍金、陈景润以及诺贝尔自然科学获奖者的工作向人们展示了这种智力能够达到的高度。最著名的故事就是小学生高斯瞬间算出 1 加到 100 的和。陈省身只上过一天小学，9 岁上了中学，15 岁考入南开大学，19 岁考入清华大学读硕士，随后在普林斯顿高级研究所研究数学。32 岁便完成了一生最重要的工作，即他完成了关于高斯—博内公式的简单内蕴证明。他是两个获得国际数学界最高荣誉——沃尔夫奖的华人之一，是微分几何之父。太空中的一颗小行星被命名为陈省身星。

然而不是所有人都能像陈先生那样。有调查指出，大多数的小学生并不喜欢奥数，且对他们而言，奥数学习对今后初中数学的学习没有好处。因为学习奥数和学习钢琴一样，要想学好需要个人具备先天的潜质，而人群中只有少数人适合。奥数学习与常规的数学学习不一样，如果说常规数学学习是思维的广播体操，那奥数学习则是思维的杂技，它是有数学天赋的孩子继续攀登的阶梯，却是一般孩子的滑铁卢。奥数虽不适合大多数儿童学习，但不是妖魔鬼怪，而是适合一小部分儿童学习数学的良好模式。

四是视觉—空间关系智力。这是一种准确地知觉到视觉世界的能力，指的是人对色彩、形状、空间位置等要素准确感受和表达的能力。好的棋手、画家、雕刻家、建筑师具有高水平的视觉—空间关系智力。在 2010 年，我国年仅 16 岁的棋手侯逸凡过关斩将，获得女子国际象棋世界冠军。下国际象棋需要逻辑—数理智力和视觉—空间关系智力。

五是身体—动觉智力。这是指人对身体运动的控制能力，熟练操作对象的能力和运动的力量、速度、灵活性等，表现为用身体表达思想、情感的能力和动手的能力。奥运会金牌选手如李宁、孙杨无疑均具有非凡的身体—动觉能力。

六是人际交往智力。指的是对他人的表情、语言、手势、动作的敏感程度以及对此做出有效反应的能力，表现为个人觉察、体验他人的情感和情绪并做出恰当的反应。对于教师、临床医生、推销员或政治家等，这种智力显得尤为重要。

七是自我反省智力。指的是个体认识、洞察和反省自身的能力，表现为个人能较好地意识和评价自己的动机、情绪、个性等。这种智力在哲学家、小说家等人身上有比较突出的表现。

最后是自然智力。指的是人们辨别生物以及对自然界的其他特征敏感的能力，这种智力在过去人类进化过程中显然是很有价值的，如狩猎、采集和种植等，同时这种智力在博物学家、生物学家和特级厨师身上都有重要的体现。

多元智能理论的特征有如下特点：

注重整体性。虽然言语和逻辑这两种智力属于核心智力，但这八种智力都具有重要性，均应给予注意。

强调差异性。每个人的八种智力结构不同，组合不同，使每个人的智力各具特点。

突出实践性。智力是一个人解决实际问题的能力，是生产及创造出社会需要的有效产品的能力。

重视开发性。人的多元智力发展水平的高低关键在于开发，而每个人在少年时期开发潜在能力，是极其重要的事情。

“梅须逊雪三分白，雪却输梅一段香。”多元智能理论毫无疑问可以用于家庭心育，使孩子在升学、择业诸方面扬长避短，争取人人成才。多少家长逼迫孩子参加奥数竞赛，或让他们苦苦练琴，只因太痴迷后天的训练，抱有人定胜天的理念，从而不愿意以平常心来正视子女先天已有的素质。当然，取消奥林匹克竞赛也是因噎废食，少量有天赋的孩子还是需要这种思维的训练的。家长要做的是，针对孩子的特点，设法开发其潜能，使孩子在自己原有的水平上得到尽可能好的发展。我们需要把人的个体的差异看作一种资源，而不是去硬性消除差异。学生学习成绩的分化是必然发生的事情，只能调控，不能消灭。分化这件事也有正面的功能，就是在一定程度上反映了学生能力的高低和投入的多少，可以激发学生努力提高自身能力和素质。其负面功能在于：如果学习成绩差的先赋因素比重过大，那就打击了这个学生的学习积极性，从而使他失去学习动力。因此，中小学要把智商低于 70 的学生分离出来，在培智学校或培智班进行教育；再把智商高于 130 的学生分离出来，让他们去天才学校（如北京八中少年班、中国科技大少年班）学习。这两部分学生数量都极少，这就把绝大多数先赋因素排除了。

每一位学生都要发展，但不求同时撞线；每一位学生都要提高，但不是同步的提高；每一位学生都要合格，但不必是相同的规格；每一位学生都要升学，但不可能都升入北大。说实在的，最需要进行家庭心育的正是中间智力中的这百分之九十多的学生，他们是否进行心理辅导和生涯规划，对其人生的影响将大不一样。最好的只有一个，一个人盲目追求第一名会磨灭自己的个性。但如果看重的是独特，孩子就会发现人人都有一片天，自己根本不需要跟别人争，只要深挖自己的潜能，就不会是一个失败者。

你知道“八个一” 系列实践活动吗

（一）新的开端：上好学科的第一节课

孩子在中小学上的都是基础学科，门门都是基础，都很重要。如果孩子上好某学科的第一节课，对他喜欢和学好这门学科大有帮助，也许这个学科会成为他今后安身立命的职业！

家长可以为孩子上好学科的第一节课做些什么呢？例如孩子到了初中二年级将上第一堂物理课，家长就可以在暑假中帮助孩子提前准备，家长可以与孩子讨论自然界、社会与家庭中的各种物理现象，指导孩子阅读伽利略、牛顿、爱因斯坦、玻尔、居里夫人、李政道、杨振宁等物理学家的人物传记和《十万个为什么（物理分册）》等科普作品，和孩子共同参观科技馆、天文台、博物馆，帮孩子动手装一台半导体收音机，观看飞船登月的影片，讲一讲物理这自然科学之母在生活生产中的普遍应用和其科学思维的广泛意义。如此一来，相信孩子就会满怀兴趣地去上第一节物理课，没准物理或与物理有关的课程就会成为他大学的专业。

（二）生存拓展：经受一次考验

全家可参加一次耗费体力的劳动，或来一次并非豪华的旅行，让孩子在艰苦的环境中战胜困难，经受锻炼。爬山、漂流、游泳、远足，都能使孩子的身心经受考验，一些拓展基地的训练同样能达到考验孩子体能和心理素质的目的。

让孩子参加夏令营、冬令营也是很好的选择。夏令营和冬令营是一个非常特殊的环境，通过一群训练有素、专业热忱、细致耐心的工作人员精心架构出的能培养孩子潜能的相关课程，让孩子在自然环境中学会合作与关心别人；在实践学习过程中积累知识技能，加强社交和团队合作能力。夏令营和冬令营让孩子们体验到一种不同于学校和家庭的学习生活方式。参加夏令营和冬令营能够帮助孩子们提高生活自理能力，培养良好的生活习惯，增强自身身体素质，提升自我控制能力，树立敢于面对与战胜困难的信心，培养自强、自立、自信、自尊、自爱等优良品质。

（三）志愿行动：献出一份爱心

某小学的大扫除日，学校门口出现了一支奇怪的“队伍”。一些小学生的爷爷、奶奶、爸爸、妈妈，手里拿着抹布、扫帚、水盆，走进教室，原来他们是来代替孩子做值日的。老师对家长们说，不用他们帮忙，还是让学生们自己劳动的好。家长说，小孩子扫不干净的。

又过了些日子，到了植树节，孩子们准备在校园里种树。家长们又来了。他们对老师说：“让我们来种，可不敢让孩子去种树。那些孩子哪里种得好树。种树是百年大计，可得认真!”绿化祖国是百年大计，但从小培养孩子的劳动观念，更是百年大计！人类在劳动中既创造了壮丽的物质世界，也创造了丰裕的精神世界。没有劳动，就没有文明；没有劳动，世界就是一片原始洪荒。人们都渴望得到幸福，但是，什么是幸福，怎样得到幸福，并不是每个人都明白的。幸福既不能靠别人恩赐，也不能靠投机取巧，更不能去损害他人的利益。劳动的人，才可能是幸福的人。

社区服务、当志愿者、参加劳动，在为他人服务的体验中，孩子会大有收获。以下是一个真实的社区服务活动案例。

一个冬日的白天，两位小学生到敬老院去服务，陪伴一位敬老院中的老人度过了两个小时，在活动中他们的社会责任感得到增强。实践中，他们的服务意识和技能都在进步：他们懂得了午饭后老人需要休息一会儿；他们懂得了外面在刮五级西北风还让老人散步是不合适的；问老人“你几岁了”会改为“您高寿啊”；苹果如果不削皮，老人就啃不动，没办法吃；即使削了苹果皮，老人也啃不动大苹果，还需要削成片。

社区服务对学生实践能力的发展有着积极的促进作用，通过社区服务活动可以不断提高学生参与社会、服务社会的主动性，带动学生了解学校周边的环境，享受社区优质的教育资源，增强学生对社区活动的关心程度，使学生对学校的活动和社会的活动感兴趣，自觉地参加各种形式的社区活动。社区活动促使学生初步认识身边的小社会环境，同时把社区服务向全体学生推广，让每个学生都能在社区中找到自己的位置，使广大学生在社区服务中体验社会、融入社会。

学生可以通过做义工的方式在假期实习，可以查询当地的博物馆、医院、体育机构、音乐机构、社区等找到自己感兴趣的工作。第一次当实习生难免忐忑，最好能事先做好准备，不要迟到，以认真负责的态度面对实习工作，学会问问题，积极主动学习和帮助工作团队，学会记录和总结工作内容。

“奉献、友爱、互助、进步”的志愿精神是有机统一的整体，奉献是基础，友爱乃动力，互助成途径，进步为目的。志愿服务必须体现学生的自主性，明确主题，强调针对性。

（四）科学探索：研究一个科学问题

问题是科学研究的出发点，是开启科学的钥匙，是蕴涵新思想、新方法、新知识的种子。没有问题就不会有解释问题和解决问题的思路、方法和知识。因此，家长要特别注重培养孩子的问题意识。问题意识会激发孩子强烈的学习愿望，从而使注意力高度集中，积极主动地投入学习。另一方面又通过学习来生成问题，把学习过程看成是发现问题、提出问题、分析问题和解决问题的过程。当孩子在家中问“什么”“怎么”和“为什么”的问题时，家长要启发他自己来解决，或帮助孩子一起来解决。现代教育 DIY（do it yourself）的方法，就是自己动手来做。动手实践是创造的源泉，陶行知先生说过：“人生两个宝，双手和大脑。”问题是深耕的犁铧，它使智慧的种子萌发。

小成曾经解决了一个蚂蚁啃家中香椿树叶的问题，后来他参加高考，见到作文题便觉得十分坦然，有话要说。他在高考作文《答案可以是丰富多彩的》一文中写下了上小学时自己的亲身经历（此文获得高分）：

妈妈在院中种下了一棵小香椿树苗。小学生小成经常给树浇水。春天，妈妈用树上长出的嫩香椿芽做了香椿拌豆腐，全家吃得可香了。爸爸说："真好吃!"到了夏天，香椿树枝繁叶茂，小成在香椿树下读书。大群的蚂蚁爬上树，它们把树叶咬得千疮百孔。小成很是难受："我要想办法保护香椿树。蚂蚁和蚊子都是昆虫，我可以用灭蚊剂。"他用家中灭蚊的药水向香椿树上的蚂蚁喷射。结果，蚂蚁根本不怕。

"奇怪，蚂蚁熏不死。"爸爸说："可是人却要被熏坏了，这不是保护香椿树的好办法。你能不能从别的角度考虑问题?"小成说："小蚂蚁，别高兴得太早。早晚我要把你们赶下香椿树!"他在树下撒了点粮食，心想："蚂蚁吃了粮食，就不咬树叶了。"但结果是，一部分蚂蚁搬粮食，一部分蚂蚁咬树叶，这个方法也行不通。今天天气热，邻居小玲换上了漂亮的裙子。小成从小玲穿的裙子那里得到启发："我可以给香椿树也穿一条纸裙子。"他用废挂历纸剪了一条喇叭形的小纸裙，用透明胶带把纸裙粘在树干上，"希望这次会成功"。蚂蚁爬到纸裙下，上不了树。小晨说："我成功了!"然而，事情没有那么简单。

下雨了，雨水把树上的纸裙淋坏了。蚂蚁又上树乱咬树叶。妈妈说："小玲妈妈何阿姨家的园子里好像害虫很少，你可以去学习学习。"在何阿姨的园子里，有花有草。小成问："何阿姨，这些植物好香啊，是什么植物?"何阿姨说："这是薄荷，你喜欢可以移走一些。"小成说："谢谢您，我确实需要一些薄荷。"他在香椿树下移种了一些薄荷："我想薄荷的味道应该会阻止蚂蚁。"

第二年春天，香椿树下的薄荷自己就繁殖了一大片。薄荷叶散发的味道很浓，蚂蚁真的不敢来了。小成说："太好了，蚂蚁不敢来了。薄荷的味道真香啊。金小蜂可以防治棉铃虫，薄荷也能赶走蚂蚁。"爸爸说："这种生物方法多么自然！多么绿色！真是有用的方法。"到了夏天，妈妈还用薄荷叶加绿豆煮成清凉饮料给大家喝。

（五）感受贫困：走进一户贫困农家

电影《甲方乙方》中那位大款吃腻了海参龙虾，想过几天艰苦的日子。于是和姚远开着自己的奔驰车在延庆山区姚远他二舅家住了一个月。生活很艰苦，他吃不到肉，一到晚上眼睛就放绿光。他不仅偷老乡的鸡吃，结果连老鼠都吃。其实说明一个道理，一个人到贫困地区生活一段日子，挑食、肥胖、失眠、厌学都不治而愈了。更重要的是，一个曾经度过艰苦岁月的人，会对生活有全新的理解。

湖北大别山深处农家少年洪光明上小学一年级时，常受同学的欺负，他的父母不识字，家里又穷，他是借钱上的中学。夏天，他在水田劳动，晚上回到家里实在太累了，连饭也没来得及吃，就呼呼地睡着了。在这样的环境中，小洪同学坚持努力学习，结果，17 岁农家少年洪光明以 705 分的成绩成为全省高考理科第一名，被清华大学录取。

家长让孩子感受贫困，带孩子走进一户贫困农家，并让孩子住上一段日子，大有好处。

小学四年级暑假的时候，小晨被爸爸送到乡下的奶奶家。原来在家的时候，小晨每天起床后，香喷喷的饭菜已经端上了桌。现在到了乡下，就不一样了，公鸡一叫，小晨就得起床。大约五点钟他就要烧火、做饭。然后，他还要赶着鸡鸭去吃食，还得喂猪。由于每天干农活，小晨细嫩的小手变得黑黑的、粗粗的。之前在家里，每顿饭鸡、鱼、肉都少不了，这里却每天吃粗粮、馒头、咸菜。晚上小晨睡在硬邦邦的炕上，不由想起了家里软绵绵的席梦思床。

开学了，小晨终于回到了家。同学们都养得白白胖胖的，小晨却变得黑黑瘦瘦的。可是，他却尝到了他们谁也没有尝到的东西，那就是“苦”。从此以后，小晨才真正地认识到：要刻苦地学习，要不怕困难，人生才会有意义、有价值。

帮助孩子学会在艰苦中坚持，在失败中奋起，其实是智慧父母进行的最明智和最令人满意的投资。好孩子是自己努力出来的！

（六）享受书香：阅读一本好书

现在的年轻人绝难想到，50 年前，要得到一本书，是多么困难的一件事情。当时笔者作为一个未成年人在延安插队，干活重，吃不饱，找不到书看。从同学处找到一本《诗词格律十讲》，农闲回城从祖父家带来《高等数学》和 *Essential English*，确实像高尔基所说，如一个饥饿的人扑在面包上一样读书。1977 年恢复高考，笔者的数学、英语和语文水平的提高都得益于这些书。现在一些年轻人却远离真正的阅读了，实在可惜之至。

据联合国教科文组织的一项调查显示：全世界每年阅读书籍量排名第一的是犹太人，一年平均每人是 64 本。上海在中国排名第一，也只有 8 本。而中国 13 亿人口，扣除教科书，平均每人一年读书一本都不到。一个不读书的人是一个缺少精神力量的人。读书，就能逆时光而上，穿越空间，思接千载。与诸葛亮、苏东坡、拿破仑、爱因斯坦甚至孙悟空、贾宝玉、阿里巴巴、白雪公主对话。读书，使得空旷的宇宙不再神秘，读书使孩子懂得：阿基米德如何破解王冠含金量的秘密，武昌起义怎样由枪支走火开始，小草若无其事地合成了人类制造不出来的叶绿素，蜜蜂轻而易举地制造出最省材料的精巧蜂房。现实生活这么沉重，而好书使人们轻盈。

阅读不是个人与生俱来的能力，孩子学会阅读需要成人引导。引导孩子学会阅读需要过程，开始阶段可以亲子共读，家长应为不同年龄和个性的孩子寻找、提供适宜的读物。

（七）走进名园：参观一所大学院校

中学生参观了北京大学，就会知道蔡元培曾是这里的校长，胡适是文学院院长，李大钊是图书馆馆长。那时校址是在东城区沙滩红楼，现在的校址过去是燕京大学所在地。

北京大学在 1919 年就提出“爱国、科学、民主”，国宝级教授季羡林就曾长期生活在校园住宅楼里。改革开放，北大学子喊出“振兴中华”的口号。北大，就是中国近代史和现代史的缩影。

1898 年成立的北京大学，出了多少精英啊。孩子生涯规划的目标如果能瞄准这里，这目标几年后是有可能实现的。“一塔湖图”，即是博雅塔、未名湖和北京大学图书馆，除此之外，还有农园餐厅、百年大讲堂、国家级实验室等。孩子来过了这里和没来过还是不一样啊！

（八）扬帆远航：描绘一幅自我发展的蓝图

有的孩子不会安排学习时间，每天放学回家总是一味贪玩，直到吃过晚饭，才匆匆忙忙地做作业，有时临睡前才想起还有功课没完成，只好马马虎虎应付了事。有的孩子的自我控制和调节能力还比较弱，有的孩子做事学习的效率不高，一点作业要费好几个小时，还老出错。

小王对妈妈说："我在学校的学习成绩不好。现在我的脑子很乱，脑海里总是出现一些根本不能实现的幻想。我爱好弹吉他、摄影，可是都没有专门学过。所以，我弹吉他的声音像弹棉花，照出来的相片模糊不清。咱家周围也没有关于摄影、吉他的学习班，因此想请您帮我找找这样的学习班。"

他的妈妈是这样回答的："一个人如果想让幻想成为现实，一定要付出努力。光脑子乱想又顶什么用？假如你把摄影和音乐作为自己安身立命的事业，那更要刻苦学习，考上大学的新闻系或音乐学院，在那里可以进行系统地学习。假如摄影和弹吉他仅仅是你的业余爱好，那你还是把主要精力放在文化学习上为好。制订自己的学习计划，一步步前进，缩小现实和理想之间的差距，这才是当务之急。"

从理想角度说，人追求的目标是以最小的投入获得最大的收获。然而现实与理想总是有差距的，这种十全十美的愿望总是难以实现。真正可行的是低调追求的目标，称之为满意策略，就是在若干不甚理想的方案中选取一个较好的方案，在多种弊端中选择一个负面影响小而不严重的弊端。孩子要想实现自己的理想，制订生涯规划，搞清楚自己的目标和实现目标的策略，描绘一幅可行的自我发展蓝图很重要。

参加社会大课堂的意义何在

课堂是个小社会，而社会乃是大课堂。孩子参加综合实践活动，就初步走向了社会。综合实践活动是现代教育中的个性内容、体验内容和反思内容。这个活动为孩子提供了一个相对独立的学习生态化空间，孩子是这个空间的主导者，孩子具有整个活动绝对的支配权和主导权，能够以自我和团队为中心，推动活动的进行。在这个过程中，孩子更谋求独立完成整个活动，而不仅是聆听教诲和听取指导。教师与家长在综合实践活动这个生态化空间里，只是一个引导者和旁观者。

社区是以一定的生产关系和社会关系为基础，有一定的行为规范和生活方式，在情感和心理上有地方观念的社会单位。家庭和社区是孩子生活学习的主要地方，学生每天除了上学的时间外，其余时间大都生活在社区和家庭中。北京市曾调查过一些区县未成年人犯罪作案的时间、地点，结果显示：90%的时间是在放长假期间，95%的地点是在校外。当前状况是孩子放学以后，往往学校管不到，家长管不了，社区又无人管。而一些“污染源”又时时处处在威胁着青少年儿童。这正是家长操心、群众担心、教师忧心的地方。

当代中国，不少儿童接受着隔代教育，社区是隔代教育者生活的地缘单位，是这些隔代教育者所在家庭的扩大与延伸，是他们的生活乐园和精神寄托。隔代教育者离开工作岗位后，从单位人变成社区人，几乎每天都生活在社区。所以要抓好隔代教育，很重要的是要抓好社区教育，构建学校、家庭、社会相结合的教育网络。社区能将家庭教育、学校教育、社会教育三者结合为一体，并在社区的领导和管理下开展各项教育活动。这一模式有利于三教形成整体，发挥互促互动效应；有利于挖掘、协助和利用社会各种教育资源为三教服务；有利于对孩子的统一教育及方便孩子参加社区各种活动。

在社区教育中，孩子可以观察和体验一些职业以及这些职业的特点。个体社会化的一个核心内容是职业化，个人在职业活动中要学习职业技能，遵守职业规范，学会扮演职业角色。社区教育可以培养孩子自主解决问题的能力，帮助孩子树立正确的就业观和价值观，促进个体职业社会化。

社区教育的总体目标是：从社区实际出发，切实把社区人员、场地等各种资源组织整合起来，充分发挥社区教育的特色和积极作用。通过开展各种形式的社区教育活动，让未成年人在活动参与中受到教育、得到锻炼，使他们的社会责任感得到增强、公民意识得到提升、心理素质得到强化、实践能力得到提高，并与学校教育和家庭教育构成一体，完善教育功能。学校教育者应理解这些，引导社区和家长，以便形成教育合力。

（一）办好社区家长学校与社区未成年人周末学校

办好社区家长学校的目的是对家长进行基本的家庭教育思想、理论、知识、方法的传授与指导，提高角色素养，帮助他们成为合格称职的家长。社区家长学校的教学应当结合实际，以家长在教育实践中急需知晓的教育知识、理论和方法等问题为主要内容。可以请一些年长有经验的教授、专家和教师来讲课，也可以介绍交流一些子女教育成功的家教经验。

办好社区未成年人周末学校的目的不仅是为了解决“5+2=0”（学生在学校受教育5天，回家休息2天，教育成果为0）的难题，还可成为学校教育的补充和拓展，让孩子们舒心又有收获。内容可以有文化课补习、音体美劳各种兴趣班、社会实践活动（如爱心活动、居民状况调查等）、安全防范教育活动（可邀请派出所民警对社区青少年儿童进行安全防范常识教育，提高他们的自我保护意识）、优秀学生成长成功经验交流座谈会等。这种学校可由社区来办，也可由社区联合社区里的学校及妇联、共青团等有关部门共同举办。总之，要因地、因时、因需来办学，形式可以灵活多样、不拘一格，这是办好学校的原则。无论是以志愿者为主的非政府组织办学还是政府出资办学，都要在社区领导和管理下开展各项教育活动。

吉林白山汇源区成功地创办了“四老”（即祖父母、外祖父母）家长学校，办了多期培训班，有许多祖辈家长在这里受到教育。

河北邯郸丛台区发挥“五老”（老干部、老教师、老战士、老专家、老模范）作用，将他们组建成一支开展家庭教育、学校教育和社区教育三教结合的志愿者骨干队伍。在这支队伍中，有的志愿从事家长学校的教育工作，有的在社区进行家教咨询工作，还有的利用寒暑假进行家访，送家教知识到家庭。

社区管理者可以运用社区宣传栏、新闻媒体、互联网、社区小报广播等，面向社会开展教育的宣传。普及家庭教育知识，推广家庭教育成功经验，编写、出版一些家庭读物，宣传社区内青少年关心社会、孝敬父母、助人为乐、勤奋好学、独立自强等好的典型，为社区居民树立身边看得见的榜样。另外，社区管理者还要宣传社区教育服务有哪些机构（服务机构名称、性质、服务时间和地点、费用等）、哪些途径、哪些内容等。

（二）成立社区教育活动中心

社区教育活动中心从社区教育需要和社区资源实际出发，开展丰富多彩的活动。

1. 争创社区“和谐家庭”活动。在社区家庭中广泛开展活动，提倡“尊老爱幼、教子有方、相互关爱”的长幼关系，提倡“邻里相知、诚信友爱、扶贫济困、助人为乐”的邻里关系，以家庭和谐促进社会和谐。组织青少年儿童成立社区敬老爱老志愿服务队，通过活动使他们在实践中受到教育，使他们养成尊敬父母、尊敬师长、尊敬老人的道德习惯。

2. 开展邻里相识互助活动。在大城市楼群林立的社区，邻居“老死不相往来”的现象比较普遍，俗话说“远亲不如近邻”，但现实是，住家的对门、隔壁、楼上楼下，成为邻居好几年了，根本不认识，成了最接近的陌生人。社区教育可在社区中开展“小伙伴手拉手”“邻里联系卡”等活动，促进居民之间的熟悉和了解，使社区逐渐成为团结友爱、互相帮助的“熟人社区”。开展社区“小雷锋行动”“小手拉大手”以及志愿者与未成年人结对等活动，实现社区内的未成年人、老年人、家庭等之间的互动与互助。这个活动使得陌生人之间熟悉了，对社区治安也是利好。

3. 聘任社区文化监督员以及推进青少年违法犯罪社区预防计划。社区可聘任人大代表、政协委员等为社区文化监督员，对社区内影响青少年身心健康的文化娱乐场所，特别是网吧进行监督管理，净化社区青少年成长环境。另外，社区管理者可充分利用节假日、纪念日等有利时机，组织具有一定法律专业知识的志愿者进社区，对社区青少年开展普法宣传和“遵纪守法，反对暴力”主题教育活动；通过聘用专职帮教社工和招募志愿者来建立社区帮教队伍，建立信息管理系统，对闲散青少年做到“底数清，情况明，有专人联系，有具体的帮教措施”。还可开展社区青少年自护教育活动，提高广大青少年的自护意识和自护能力，使社区广大青少年远离毒品、远离危险、远离不健康文化场所，预防青少年违法犯罪。

4. 开展社区文化活动。通过深入开展“文明社区大家乐”活动，提高社区青少年和社区群众对社区文化活动的参与度，丰富青少年的生活，凝聚社区情感，营造社区理念。可利用楼道这一社区居民共有的生活空间，组织社区的孩子们用自己的书画作品和自己总结及学习到的生活小常识、学习小窍门等对楼道进行美化。通过开展“楼道文化”活动，让青少年更加热爱自己的家园并养成良好的生活习惯。

强化社区教育总的思路是：从社区实际出发，切实把社区人员、社区场地与各个家庭等各种资源组织整合起来，充分发挥社区教育的特色和积极作用。通过开展各种形式的社区教育活动，让孩子在活动参与中受到教育、得到锻炼。目前各地社区教育开展极不平衡，有些社区的管理者尚未认识到社区教育的必要性，致使教育缺位；有些家长担心孩子参加社区活动，学习会受影响。如何建立社区教育联合体，保障教育的持续力，共享社区资源，使之管理更科学，操作更有效，是今后要进一步进行探索的问题。

如何积极引导孩子参加社会大课堂

社会大课堂活动是一种学生通过参加实践活动，广泛接触社会并提高自身心理健康水平的方法。最早是北京东城区政府牵头，在全区开展了“蓝天工程”，后来北京市借鉴这个经验，在全市开展了社会大课堂活动。北京市中小学生社会大课堂是社会各界为首都中小学生参加社会实践活动，促进学生健康成长搭建的服务平台。北京社会教育资源极为丰富，具体如下：

北京世界遗产名录：长城；北京故宫；周口店北京人遗址；颐和园；天坛；明十三陵。

北京世界文化遗产预备名单：大运河；北京云居寺塔、藏经洞及石经。

北京爱国主义教育基地：毛主席纪念堂；中国人民抗日战争纪念馆；李大钊烈士陵园；八宝山烈士公墓；马骏烈士墓；房山区霞云岭；焦庄户地道战遗址纪念馆；平西抗日战争纪念馆；潮白烈士陵园；昌平烈士陵园；鱼子山抗日战争纪念馆；平北抗日战争纪念馆；古北口战役阵亡将士公墓。

历史文化古迹：孔庙国子监博物馆；北京古观象台；北京中山堂；文天祥祠；卢沟桥；团城；司马台长城；慕田峪长城。

名人故居、纪念馆：宋庆龄故居；李大钊故居；茅盾故居；鲁迅博物馆；詹天佑纪念馆；郭沫若纪念馆；梅兰芳纪念馆；徐悲鸿纪念馆；老舍纪念馆；曹雪芹纪念馆。

博物馆、展览馆：故宫博物院、首都博物馆等40处。

公园：北京动物园、北海公园等54处。

影剧院、文化馆：国家大剧院、中国儿童艺术剧院等33处。

图书馆、书店：国家图书馆、首都图书馆等27处。

虽然按人口比例来说，我们的博物馆和公共图书馆等的数量远低于发达国家和地区，但近年来呈增长趋势，有的正常开放了，有的免费，有的对未成年人免费。虽然这还远远不能满足人民的需要，还有许多不方便，但确实在进步。我国历史悠久，山河壮丽，家长带领未成年人进入这些地方参观、阅读、活动，就会受到感染和熏陶，得到清新、安静和美的享受，是无声的学习，能增进幸福感。

北京某中学成立了心理课外小组，董艳菊老师带着学生进行社会调查，深入社会去体验生活。她认为，心理健康教育的目标不应仅仅是避免学生产生心理疾患，也要让学生认识社会，适应社会。每年一度的大学毕业生洽谈会上，中学生应走进洽谈会的现场，去感受一下找工作的气氛。高一学生成立了一个由30多人组成的“找工作”心理课外小组。在“找工作”前，学生第一步先了解目前社会上的各种职业，以及每种职业所需具备的各种能力；第二步，学生根据自己的兴趣和能力，选择一种未来可能要从事的职业，并搜集本职业所需的专业知识材料；第三步，撰写应聘材料，包括求职信、简历等；第四步，学习面试技巧。经过近三个月的准备，学生终于迎来了规模宏大的应聘会。当学生经历了人头攒动的招聘会现场，当他们怀着忐忑的心情与用人单位交谈之后，他们的收获是巨大的。有一个学生说，我终于知道自己该如何度过高中这三年了。有的家长也由一开始的反对，到后来看到孩子通过这次活动学习态度的改变而变为支持。

董老师还带着学生走到北京的闹市区，去采访街头的乞丐，了解社会各种层面的人的生活。每次活动后，学生们都会写出深刻的思想汇报，这其中也不乏他们对某些社会问题的独到见解及解决的建议。

一些学校开展的“手拉手”活动，使城市学生心系贫困山区，与友谊学校经常往来，长知识、献爱心、受磨炼。实践活动可以是集体的，也可以是个体的。

给祖辈买东西活动：每个学生自筹经费15元，给祖父母或外祖父母买一种蔬菜、一种水果和一样日用品，然后送到祖辈手中，看看是不是他们需要的。爱就意味着用心灵去体会别人最细微的精神需要。在买东西的时候学会商讨价格也是生活需要的本领。

卖晚报活动：学生批发20张晚报，沿街叫卖。敢不敢吆喝？会不会推销？这是难得的锻炼。如果学生把报卖完了，所得的差价便是劳动的成果。

学生参观禁毒展览会、青春期教育展览会和法制教育展览会等会获得比说教更直观的好处。在那里，吸毒者痛苦的表情及追悔莫及的陈述，少年罪犯怎样一步步走向犯罪的案例，都会给学生留下深刻的印象。孩子在活动中受教育会产生很好的效果。社会是真实的，完全封闭的学校教育会由于过于理想化而显得苍白。

抓未成年人的社会实践可以牵一发动全身，挖掘课程和社会两种资源，牵动学校和社会两股力量。在这个过程中，管理部门要用政策推动，着力解决限制中小学生进行社会实践的安全、经费、时间、场所等问题；要整体推动，为学校开展社会实践创造条件；要营造氛围，在全社会倡导凡是社会公共资源都应为青少年教育服务的理念；要建立机制，联合各有关部门以及行业主管机构，制定具有各行业特色、可供未成年人上课的社会实践基地标准和实践课程实施方案。

孩子实践活动前的充分准备是活动成功的关键：要搞好心育活动，让孩子觉得活动中收获大、有意思，就必须做好活动前的充分准备。不开展无准备的活动。

活动的准备工作是家长和孩子在活动前要想好的，主要包括以下几个方面：

第一，活动要达到什么目的？有没有吸引力？要明确主题，组织周到，所用时间不能太多，不加重家庭经济负担。

第二，了解什么时候搞活动孩子能有空参加，是否需要与孩子的学校进行合作。

第三，必须获得实践单位的合作。了解活动的资金、场地、人员、器材情况如何，分几步进行，每个人要做什么事情，带什么东西，应该事先对孩子提什么要求。

第四，了解这次活动有什么困难，可能会出现什么障碍，怎样解决，并研究出现意外时的应对方法。

如果孩子能投入到社区活动中去，会使自己的身心健康水平进一步得到提高。孩子们能通过社区活动认识到他们的家庭和社区中存在的问题和需求，并为满足这些需求做出贡献。具有健康生活方式、积极公民意识的学生，能成长为一个好的公民和一个好的家庭成员。

由于中小学生的特点，参加社区活动有利于孩子形成正确的行为习惯和生活态度。少年儿童在这个年龄段不仅好问，而且非常主动，愿意探索和发现。如果使他们有比在课堂上更多活动的学习环境，他们会更愉快、更敏感。当他们感到他们的活动有明显的结果，而且觉察到他们对其他人有用的时候，他们就会更积极。因此参加社区活动就成了心育必不可少的手段。同时，由于提供了面向社区的服务，孩子与学校和社区的关系将更加融洽。

实践锻炼法侧重于意志锻炼和行为实际。本法首先进行主题设计，然后进行活动，最后总结体会，家长点评。

在一些社会活动中，家长还可以让孩子自己筹划和组织，中小学生的能力已经不可小视。只要在安全的前提下，孩子自行组织实施，可以从中得到更多的锻炼、收获和乐趣。家长要鼓励孩子在各种实践中注意观察、学会提问、善于交往、动手动脑以及勤做记录，这样收获会更大。

当家长启发孩子如何分析问题的实质，怎样揭示矛盾，怎样解决矛盾的时候，当孩子在实践中培养了克服困难的顽强意志力的时候，也就是帮助孩子获得了今后借以从事独立工作的宝贵的品质与能力。因此，家长在孩子的实践中不能老是让他“一帆风顺”，感觉不到任何困难，要有意识地设置一些障碍，再帮助、引导他去克服这些障碍。在学习中不能满足于让孩子仅仅去得出或验证某些结论，而要引导他去设想通过学习研究可以发现一些什么问题。甚至竞赛也是一种做事能力的培养，因为竞赛不仅能检查学生掌握所学的知识和应有技能的程度如何，也是在检验他在特定条件下，是否沉着冷静，是否善于合理支配时间，并把自己所理解和掌握的知识以最佳的效果表达出来。

总之，家长在家庭心育实践活动中，如果能经常注意调动孩子学习的主动性，就不仅帮助孩子学到了知识，而且锻炼了他做事的能力。

案例 1：某家庭中，父亲平时工作很忙，儿子就交给母亲和同住的外祖母管教。在儿子上中学后，父亲发现他喜欢闷在家里，说话细声细气，像个孱弱的女孩。后来父亲专门把周末空出来，带儿子去远足和野营，给他讲自己当兵时的军营故事；父亲和老战友踢球时，也把儿子带去“观战”。一年多的训练，儿子不仅体格增强了，说话的声音也比以前洪亮了很多，还参加了学校足球队，很有那么一股小男子汉的味道。男女性别的生理差异是客观存在的，从孩子身心发展的角度来看，男孩女孩都应该有符合各自特点的户外活动，家庭应针对孩子的性别，注意性别教育。

案例 2：在小敏的家族里，她这一辈的孩子中，只有小敏一个女孩。她小时候经常和堂哥堂弟一起玩，慢慢地就成了个“疯丫头”，一点女孩的文静秀气都没有。新邻居看到短头发的小敏，竟对她的父母说“你家儿子真可爱”。中学入学军训时，教官竟然将她分到男生队伍。后来，教师发现她喜欢手工，就建议她参加学校的手工艺术兴趣小组，学习剪纸、编织等。她的母亲很喜欢艺术，有意带她去参观一些画展或雕塑展，提升她的艺术欣赏能力，还在少年宫的芭蕾班给她报了名，陶冶她的气质和修养。慢慢地，小敏说话做事都没有在小学时候那么毛躁了，举手投足很有分寸，大家都叫她“小淑女”。

实践锻炼还有一个好处是容易被人忽略的，就是可以缓解学生过大的心理压力。现在中小学生学业负担重，压力大，竞争激烈。持续过高的压力使得人的逻辑思维能力急剧减弱，产生思维停顿。这是由于大脑在过重的压力或突然的压力面前，会减弱自己的高级认知功能，思维无法集中。

现在，科学家已经开展研究，当人的焦虑过大时，如何减弱这种大脑从思考型突然退化为反射型的思维模式，研究出的方法是人需要在实践活动中锻炼，诸如急救训练、军事训练、拓展训练、体育比赛等实践都是有益的，能够增强人类自身的适应能力。相反，如果孩子在压力下不断受挫的话，那么长大后，他们面对压力时往往会更加敏感，更容易被各种负面情绪所困扰。

四个学会与研究性学习的关系是什么

（一）四个学会是四种基本的学习

国际 21 世纪教育委员会指出：面对 21 世纪，我们每个人都应该掌握四种基本的学习，即学会认知、学会做事、学会共同生活、学会生存。在明理的教育者的教育行动中，这四个学会的教育一如既往地实践着。那些“快乐是目的”“赏识万能”“高分低能”“第十名现象”等离题万里的话，只会被他们当成荒唐可笑的胡说八道。然而在缺乏科学素养的某些成人教育者那里，这些话语的影响却是巨大的。确有所谓“专家”，将一些简洁朴实的道理打碎、搅拌后变成了奇谈怪论，以此哗众取宠，误导教育者。

无论从当前还是从长远看，我国就业形势都不容乐观。首先我国劳动力总量供大于求。今后一个时期，每年新增城镇就业人口约 1000 万人，加上失业人员、退役军人等，需要就业的城镇劳动力超过 2000 万人，其中高等学校毕业生就有好几百万人，这个数量还会逐年增加。初高中毕业没有升学直接进入就业市场的有好几百万人，农村有超过 1. 5 亿剩余劳动力需要向城镇和非农业行业转移。我们国家的经济增长率这几年持续放缓，就业需求减少。劳动力总体素质偏低，相当一部分青年人难以适应市场需求，就业愈加困难。

学会认知也就是学会学习，其核心是学会思考。这包括一个人要学会思考的方法；学会独立思考的能力；学会学习的策略。现代人必须学会追求知识，因为科技发展一日千里，对教育的需求倾向于整合基本知识，并对一些学科做深度的探索。因此，学习基本知识成为教育的基础，这些知识是引导年轻人走向终身学习的台阶/入场券。

学会做事是学会把知识运用于实践。这不仅要求年轻人学习去做一份工作，而且要求在练习中获得关键的能力，把事情做得利索、圆满。

学会共同生活是要求一个人从小就要学会与人共事，学会合作。通过对他人历史、传统与文化的了解与尊重，避免偏见与误解，善于以智慧与和平的方式解决矛盾与冲突。

学会生存，“寄蜉蝣于天地，渺沧海之一粟。哀吾生之须臾，羡长江之无穷”，这是苏东坡在游赤壁时发出的感叹，也是人类对生命的千古思索。有生就有死，无论是能活几千年的“世界爷”树，还是只活几小时的细菌，任何生命都不能例外，万寿无疆不过是封建帝王的梦呓，每个人从一生下来就注定会死亡。死亡是一种自然规律，人总想战胜自然，其实人类只不过是自然的一部分。家庭心育中应该包括生命教育，生命教育的核心是尊重——尊重自己、尊重别人、尊重差异、尊重环境和资源。核心问题是尊重生命，包括尊重自己的生命。教育者要充分认识到孩子是一个完整的生命体。学校教育和家庭教育的过程就是师长和孩子生命对话的过程，不必形成“我教你学、我说你服”的局面，而是要尊重教育对象，通过和生命的对话、互动表达我们对生命状态的眷恋，让孩子更好地感悟、体验生命的价值与意义，焕发生命之美。同时学会生存是从小要有责任感，并能克服困难，不怕挫折。

四个学会使得年轻人在走向社会时能够得心应手。现在许多工作都需要招聘应聘，双向选择。招聘者对应聘者的分析基本上看重三点：一是看他是否聪明，有没有想法，能不能积极思考，有没有尝试的勇气和行动能力；二是看他是否有纪律性和规则意识，因为无论做什么工作，都需要服从大局，想做一个好员工，就不能太散漫；三是希望员工随和好动，能与他人合作，这是对员工性格的要求。

人们已经看到，中国学校教育中比较普遍的一个缺陷是部分教师怕学生不明白，把一切知识都嚼碎了喂给学生，学生缺乏自主性学习。因此，研究性学习正好能弥补这个缺失，且在家庭中亦能开展。研究性学习是四个学会的重要途径。

（二）研究性学习的概念

研究性学习是以培养学生永不满足、追求卓越的态度，培养学生发现问题、提出问题，从而解决问题的能力为基本目标；以学生从学习生活和社会生活中获得的各种课题或项目设计、作品的设计与制作等为基本的学习载体；以在提出问题和解决问题的全过程中学习到的科学研究方法、获得的丰富且多方面的体验和科学文化知识为基本内容；以在教育者指导下，学生自主采用研究性学习方式开展研究为基本的教学形式的课程。

我们的一些中小学生在教育者的指导下，不再将自己的视野局限在课本上，而是拓展到自然和社会，从生活中发现问题、思考问题和解决问题，勇于实践，善于实践。在学校和家庭的研究性学习中，有的学生为盲人和老年人设计了方便实用的电视遥控器；有的学生为解决城市停车难问题而设计了斜型停车场；有的学生提出了比较可行的地铁内改善空气质量的方案；有的学生探究了蚯蚓对有机垃圾的降解能力，提出利用蚯蚓处理垃圾的方案。

北京西城区阜成门外第一小学六年级学生张皓通过对市场上的鲜蘑菇进行调查后发现，超过九成的蘑菇都被荧光增白剂污染。小张皓不仅有关注现实的热情和勇气，还能够用自己所学到的知识和方法去寻找为现实服务的途径。张皓是西城区青少年科技馆“科学探究班”的学员，“鲜蘑菇是否被荧光增白剂污染”的实验，是在中国农业大学的微生物实验室进行的，并由校外专家和中国农业大学微生物实验室高瑞芳博士指导。张皓从不同的零售市场和批发市场，选择了不同产地的十六种消费者常吃的食用菌样品进行化验，还出具了一份调查研究报告，报告证明，93% 的鲜蘑菇都被荧光增白剂污染了。小家伙真不简单，在高瑞芳博士的指导下，从确定方法到选择样本，从实验研究到调查结论，有板有眼、一丝不苟，从研究的手段、方法和过程看，小家伙的研究既符合科学研究的一般规律，又对现实不无警醒。此事对小张皓今后的生涯发展，定然会大有好处。

家长要防止自己的孩子成为眼高手低、志大才疏的人。一个人要想享受生活的甜蜜，首先自己要做勤劳的蜜蜂。“成人不自在，自在不成人。”如果一个人缺乏实践能力，创新精神就成了无源之水。

21 世纪的人才不仅要具有为社会工作的能力、创造生活的能力，也必须具有享受生活的能力。一个只能创造不能消费的人，不是一个完整的社会人。创造能力体现个人的工具价值，而消费能力则体现个人的主体价值，21 世纪的人才应是工具价值和主体价值的和谐统一体。实践是开发智能的重要途径，以学游泳为例，如果单纯纸上谈兵，即使长篇大论，学的人仍然会一头雾水；在水中的游泳实践是必不可少的，甚至人在水中能无师自通。许多技能不能仅靠书本知识来培养。

学生之间的智力发展是存在差异的，这与其先天素质有关。但对一个有健全头脑的学生来说，先天素质只给人提供了身心健康发展的可能性和物质基础，后天的环境和教育才能把他的潜能开发出来。家长应该认识到，生理正常的孩子，可能具有巨大的潜在智能，只要家长真正懂得如何开发孩子的潜在智能，帮他找到适宜的研究性课题，通过研究性学习和实践互动，努力去培养教育他，不但可以激发他的学习兴趣，使孩子变得更聪明，而且可以使孩子的心灵更美好，更健康地成长。

家长怎样通过研究性学习去开发孩子潜在的智能呢?

首先，要相信孩子、尊重孩子，尤其要重视他的兴趣、爱好和长处。

其次，要悉心诱导，开掘、激发孩子的求知欲和学习积极性。

最后，直接参与孩子的学习和其他活动，并具体给予帮助。

近年来北京市开通了社会大课堂，中小学生综合实践课程已经正式纳入课表学时。学生去工厂、农村、博物馆、社区等地进行社会实践后，除了要自己写心得、写总结报告外，还要接受工人、农民和社区居民的评分。实践活动的考察结果将作为学习的重要环节被记入学生成长手册。北京市小学三年级以上学生都将参加综合实践课，高中三年内学生至少要当 10 天义工。

学生的综合实践包括研究性学习、社会实践、社区服务三类实践形式。小学 3—6 年级和初中 7—9 年级均为 140 学时；高一、高二研究性学习各 108 学时；高三第一学期研究性学习 54 学时。高中阶段学生每学年应参加不少于 1 周的社会实践。高中三年累计参加不少于 10 天的义工性质社区服务。以下是具体名词解释。

研究性学习是学生基于自身兴趣，在教师指导下，从自然、社会和学生自身生活中选择和确定研究专题，主动获取知识、解决问题的学习活动。

社会实践则是学生在教师的指导下，走出教室，在实际的社会情景中，直接参与并亲历各种社会生活和社会活动领域，开展社会实践活动，如军训、学工、学农、志愿者活动等。

社区服务属于义工或志愿者性质，是在教育者指导下进入到社区中，参与各种公益性、体验性学习。

北京各区县整合本辖区内的实践资源，争取职业学校、高校、科研机构、工厂、农村、部队等作为实践基地对学生开放。城区学校的博物馆、图书馆、社区、科研院所等将成为实践基地，而农村学校则能够以农业基地、绿色大棚为优势。各区县的实践资源最终汇总到市里，城乡中小学生可根据需要共享所有的社会实践资源。

第 9 章

怎样创设家庭小环境

20世纪60年代美国加利福尼亚大学的巧克·罗兹维格等人进行了16项实验组成的研究，他们用老鼠做被试，揭示经验对大脑的影响。每次实验用12组，每组3只一胎生的雄鼠，分别进入环境贫乏笼、环境一般笼和环境丰富笼。解剖大脑后发现，在丰富笼中鼠大脑的皮层更厚更重，有更高水平的活动，神经突触多于平均值50%，各方面均有显著差异。一些同时期进行的研究证明，营养不良对大脑发育的影响也会因环境的丰富而减轻，或因环境的恶劣而加重。对人类大脑的解剖也证实，丰富环境的生活经历有助于提高学习本身。由此可见，经验确实改变了人类大脑的发展。然而近来研究则称，如果环境中信息过于庞杂，则对人的发展也不无害处。

人才培养的起点是家庭，家长是孩子的身体保健师、品德引导师、学习指导师、心理保健师和人生规划师。如果家庭环境喧闹、脏乱，家长言行充满官场气息和名利心，无真才实学而附庸风雅，粗暴恶劣，那么这是不良的家庭环境；适宜的家庭文化环境是培养人才的源头和基础，其环境幽静、整洁、古朴、有序，家长则人品正直，风趣有才，家庭生活富足而不奢侈，洋溢着浓厚的文化气息和亲情爱情，在这种家庭环境中孩子会很受益。

家庭良好环境包括“硬”的物理环境和“软”的心理环境，营造好了就有利于孩子的健康成长。润物无声的教育一是要尊重孩子的权利，学会做理智、智慧的父母；二是孩子出现问题时，家长的反应要“缓慢”“优雅”一些；三是家长要勤学习，多反思，树立正确的教育观和人才观，把对孩子的期望隐藏起来。

学习型家庭的营造是利国利民的大事，其根本在于提倡家庭成员的终身学习。家风是一个家庭在世代生息、繁衍过程中形成的较为稳定的生活作风、传统习惯和道德面貌。良好家风的存在使家庭中洋溢着一种和睦、温馨的气氛，使子女和其他家庭成员受到良好的道德尤其是家庭美德的浸染。文化之根扎得越深，成就之果才能结得越大。

阅读本章可帮助我们了解环境对儿童发展的重要作用和局限，了解环境构成的主要因素。我们还要掌握家庭心育的环境润泽方法。这里非常重要的是，教育者应熟悉学习型家庭的定义、特征与意义，学会如何创建学习型家庭，掌握家庭电子档案的要素和构建方法。

家庭环境的作用是什么

第 9 章我们来研究环境对孩子的作用，介绍家庭心育的环境润泽方法。社会环境很丰富，社会上有三教九流。“三教九流”原指的是先秦学术流派，“三教”指儒教、道教、佛教，“九流”最早出现在《汉书·艺文志》中，指儒家、道家、阴阳家、法家、名家、墨家、纵横家、杂家、农家。“三教九流”后泛指宗教、学术上的各种流派，也泛指社会上各种行业、职业、各色人物。环境，从心理学角度说，是指在人的心理之外，对人的心理的形成发生影响的全部条件。润泽，指雨露润泽草木。杜甫《春夜喜雨》中诗句：“好雨知时节，当春乃发生。随风潜入夜，润物细无声。”润泽二字的部首均为三点水，而水在五行中属于北方。这样第 6、7、8、9 章所讲的家庭心理健康教育四大方法，字形特点分别为木火金水，恰好分属东南西北。

环境既包括以空气、水、土壤、动植物、住房家具、衣食住行等为内容的物质因素，也包括以观念、制度、行为准则等为内容的非物质因素；既包括自然因素，也包括社会因素；既包括非生命体形式，也包括生命体形式。

孩子的发展离不开资源，资源分为自然资源、资本资源、人力资源和知识资源。也有人把资源分为：人、财、物、时间、空间、信息。单纯以自然资源和资本资源的大量投入来谋求发展是人们曾经走过的道路，实践证明这不是一条可持续发展之路。人要走可持续发展之路，就必须把重点放在人力资源和知识资源的开发与利用上。人们通过对资源的谋划、筹集、掌握、组合、使用，使其发挥最大效能，而环境就是一种重要资源。

环境润泽方法就是智慧父母创设良好的家庭环境，以便长年累月、潜移默化地润泽和熏陶孩子，使孩子学习科学的知识，养成良好的品德和习惯，形成适宜的情感，这是一种以隐形教育为主的间接教育法。本法是家庭心育的重要方法，建设舒适温馨的家庭，强调家庭成员之间和睦相处、互相关心、互相爱护；建设亲密的家庭人际关系，形成团结、平等、和谐的家庭氛围，用良好的家风影响孩子。父母要注重亲子沟通的态度和行为方式，通过和孩子一起游戏、学习，以自身健康向上的个性品质、积极热情的思想感情感染孩子，使孩子受到良好影响。正是：

耕读传家久，诗书继世长。

家庭心育早，发展后劲强。

在研究环境对人的影响时，有几点必须说明：一是所有环境影响对孩子都不是直接的因果式的影响，而是间接的影响。环境毕竟是外因，须通过主体内因才起作用。环境影响行为，但环境并不能决定行为。我们常会看到，一个班、一个家庭的不同孩子，虽然环境一样，表现依然各异，有时甚至差别巨大。二是接触环境时，孩子不是一个被动的接受者或受影响者。他会选择不同的环境来满足自己不同的需要，有的少年选择不思进取，沉溺于网络，甚至滥用药品；有的少年选择诚实劳动、自己读书、深入思考。而这些少年可能来自同一所学校，甚至同一个班级，来自差不多的家庭。人的心理不是环境影响的消极产物，而是在人通过实践与环境相互作用的过程中发展的。三是青少年儿童如果能得到父母的正确指导，就能从各种环境中得到有益的帮助。

欧阳修是我国北宋时期的著名文学家和史学家，与韩愈、柳宗元、苏轼被后人合称“千古文章四大家”。他出身于一个仕宦家庭，但在四岁那年，父亲早逝，所以家中生活的担子都落在了欧阳修的母亲郑氏的身上。

郑氏出身于一个富足的家庭，受过良好的教育，是一位有毅力、有见识、肯吃苦的女子。她给欧阳修讲了很多做人的道理，教导他做人不能随声附和，更不能随波逐流。一年年过去，眼看欧阳修就到了上学的年龄，可是家里很穷，买不起纸笔。郑氏一天去池塘边打水，看到那里生长着茂盛的荻草，于是她突发奇想，就用荻草当笔，铺沙当纸，来教欧阳修练字。少年欧阳修非常懂事，跟着母亲在地上一笔一画地练习写字，反反复复，错了再写，直到把字写工整为止。

欧阳修的母亲一身正气，她的言传身教深深地影响了欧阳修，使欧阳修一生光明磊落，为官清正，受到后人的尊敬。

当今的未成年人处在一个比过去年代复杂得多的社会环境中。人们发现，有些少年儿童的自我保护意识和能力比较欠缺，发育又普遍提前，而他们的社会化程度却普遍滞后，在五光十色的外部世界的诱惑下，青春期的孩子极易在人生十字路口迷失方向，甚至发生失误。

绿色环境固然好，但社会环境在任何时候都有苍蝇蚊子，不可能全都是绿色的无菌状况，而且无菌就一定最好吗？也不是。在无菌箱里长大的孩子缺乏抵抗力，其实不容易健康，所以不能认为封闭最保险。当然，整个社会加强法制、加强管理很有必要，应该尽量创设良好的绿色环境，这会有利于未成年人的健康成长，这是政府、学校、家庭和全体公民的责任。

传统乡村物质生活不富裕，集体主义气氛浓厚，家庭是充满依存关系的系统，代际关系尤为紧密。既然经常是子承父业，阶层之间几乎不流动，人们便很少需要生涯规划，对孩子的培养也并不提倡独立与自理。而现代社会则相反，地球如村，社会开放，流动性大，瞬息万变，更加强调人的主体性，人们有更多的选择。现代家庭培养孩子，需要孩子从小就做生涯规划，特别强调其自立和自理。由传统家庭教育模式向现代模式转变并不简单。应该是：在物质世界中体现了独立性，而在精神世界中体现出相互依赖性，也不失为比较合理的家庭教育模式。

家庭环境对孩子的生长发育产生着极为重要的影响。父母的职业与受教育程度、家庭生活制度、家庭生活方式、居住条件、社区环境、生活习惯这几个因素对儿童的发展影响重大。其中，父母的文化素养与家风在很大程度上影响着家庭的理想、情趣、家庭氛围、生活娱乐方式和育儿态度。另外，家庭结构是否健全也是重要的影响因素。如果父母得过且过，毫无理想，每天打麻将，连饭也不做，孩子饿了要吃饭，爹妈就在牌桌上抽出几块钱来，“去！出去吃碗面。”在这样的教育环境中父母要想把子女教育好也是困难的事情。

经济收入比较低的某些家庭，其生活中心仍以谋生为主，文化精神生活较少，物质和非物质消费都不会太高。有些这样的家庭就不太注意环境布置，不讲究清洁卫生，家具陈设杂乱无章，污垢处处可见，给人以无立足之地的感觉，这样的环境当然不利于孩子的身心健康发展。而暴富的某些家庭如果千篇一律的木地板、豪华灯、酒吧、装饰墙，个性被同一种业余星级宾馆所同化，缺乏文化和学习氛围，家长忘了给孩子一个游戏的天地和学习的角落，那么对孩子的健康发展同样不利。还有的家长很讲清洁卫生，家中一尘不染，对孩子限制太多，这儿也不许玩，那儿也不许坐，使孩子的行动极受限制，这些都是不可取的。其实，尽管每个家庭因经济水平、住房面积、文化程度等条件不同而各有不同环境，其布置标准亦不可强求一致，但居室布置整洁、噪声污染减少、色彩素雅协调、各种功能齐全、文化氛围较浓、家庭温馨和谐，还是追求的目标，应该做得到的。智慧父母应尽量使大人和孩子能生活在一个舒适、宁静、温暖、充满学习气氛的家庭环境中。

普通人确实一时无力改变社会大环境，但从一个家庭的环境入手，来营造一个优良的家庭小环境，相对还是比较现实和容易做到的。就像人们虽然无力改变地球这个大的自然环境，却可以在局部搭个暖棚，培育蔬菜水果，种植出别的地区的植物。这时，暖棚中的小气候就起了大作用。外面虽然冰天雪地或狂风暴雨，棚中却可以温暖如春，平静似水。一个好的学生，一个优秀人才，实际上是润泽熏陶出来的。树木树人，其理一也。教育孩子就像培养树的幼苗，不必急于考虑树干会长多粗，最后能结多少果子，园丁只要把环境设置好，土壤耕作好，让幼苗获得适度的空气、养分、水分和阳光，防止病虫害，幼苗自然会茁壮成长为参天的栋梁之材。正是：

室雅何须大，花香不在多。

教育的目的是人的自我实现，环境具有促使人的潜能得以实现的作用。一个家庭在和睦的气氛下，在真诚、理解与信任的关系中，儿童的潜能会像得到充足养分、阳光、空气和水分的植物一样蓬勃生长。为儿童创建宽松、丰富的成长环境，是家庭心育的当务之急。虽然环境决定论是错误的，过于绝对，但孩子成长有个好环境，尤其是有个好的家庭环境仍然是重要的。人才培养的起点，不是幼儿园，不是小学，不是中学，而是家庭。每一个幸福的家庭的相似之处，就是都称得上是一流的“学府”，适宜的家庭文化环境是培养人才的源头和基础。如何建设家庭中适宜的硬环境和软环境，实在值得每个家长深思。

家庭的硬环境和软环境

人们对环境如果只会抱怨的话，不利于把对儿童教育的事情做成功。有智慧的父母应用更有责任心的方式去改变家庭环境，改变一点是一点，坚持不懈，不停地营造优越的家庭氛围。对孩子而言，重要的是要有一个良好的家庭学习环境，包括物理环境和心理环境，也可说是硬环境与软环境。

硬环境是指物理环境。一个学生要想健康发展，取得良好的学业成绩，必须有一定的物质环境。衣食住行之外，无论家庭居住条件如何，家长都要为已经上学的孩子置办一桌、一椅、一书架，最好家中还有一台能上网的电脑放在公共空间，供孩子学习使用。设置这一方天地，可以让孩子有一个独享的空间，进行学习和研究。在这里，孩子是主人，他有支配权、管理权，要让孩子在这个环境中感到很安全、很自在、很方便，愿意在此学习。

恶劣的室内环境威胁孩子的健康，也不利于孩子学习。家长要让家中的尘埃、烟雾、宠物毛屑、装修材料的气味、霉菌、噪声、大分贝音乐等减少到最小。这就需要经常搞卫生，打开窗户通风，使室内的空气流通，不听那些粗俗震耳的音乐；如果不是独门独院的平房就不要养猫狗等宠物，以美化家中环境，并有利于孩子的健康。应营造一个安全、卫生、安静、整齐、有利于生活和学习的家庭环境。

显而易见，家庭贫穷总体上不利于儿童学习。国际教育评比中发现，贫穷与富有家庭中学生间的学习成绩差距是全世界所有国家最令人困扰的问题。然而智利知识界领袖班迪博士说过一句含义深刻的话："落后和不发达不仅是一堆能勾勒出社会经济图画的统计数字，而且也是一种心理状态。"有的家长认为，每天在灯下当孩子的陪读，节假日业余时间送孩子去英语班、奥数班，请家教让孩子学钢琴，就是学习型家庭了，或父母是知识分子才能是学习型家庭，这都是误会。其实，家长不断提高家庭生活的文化含量，与孩子共同促进身心健康，与孩子共同规划人生，共同学习和提高，那才是学习型家庭。在家庭心育中，最重要的事情不是唠叨孩子，而是提高家长自身的素质。很多事情家长自己都没有想明白，盲目蛮干，势必把孩子引上错误的道路。

家庭软环境是家庭的心理环境。家庭的心理氛围对孩子的身心健康很重要，好的家风包括尊老爱幼的风尚、孝敬父母的风尚、勤俭持家的风尚、诚实守信的风尚、勤奋好学的风尚和远大志向的传统等，比如家庭和睦，又如家长尊重孩子的学习时间，不去无故打扰，这些就是良好的软环境。心理环境就是一种软实力的表现，一个家庭和一个国家一样，软实力、硬实力都要强。

家长可以鼓励年轻人全神贯注地看书，心神专一地思考，安安静静地写作，坚持不懈地研究。心静，才能努力学习，才能精雕细刻，才能深入钻研，才能学有所悟。无数的事例说明：古今中外，少年儿童静中学成的范例甚多，整天闹哄哄的孩子长大后经常是一事无成。家长还是要指导孩子合理地安排自己一天的活动，不要始终沉浸在七嘴八舌、蹦跳欢闹之中。孩子想考大学，靠书本就足够了。一些发达国家规定孩子十几岁才可以拥有手机，如果孩子屋中有电视、MP4、苹果电脑、手机电话，这么多的诱惑，则不可能健康发展。李白、杜甫要是天天看电视打电话，能写出那么好的诗来吗？牛顿、爱因斯坦要是整日网聊发微信，哪里有万有引力定律和相对论？

当问及家长是否知道孩子最需要什么时，有的家长会一脸茫然。孩子在家吃穿不愁，一切物质欲望都能满足，孩子还需要什么？实在想不出来了！其实，孩子最希望的是家庭的温暖，是父母的相爱。一个夫妻相爱的家庭才是幸福的。在这样的家庭里，孩子不会被夹在中间，看着父母的脸色行事，谨小慎微、战战兢兢。在温暖的家庭中，孩子的情感、品德、才能和人格才会得到正常的发展。在这样的家庭中成长起来的孩子也一定是坚强的，会具有抵御生活中各种风雨、挫折、不幸与苦难的力量。因为他知道，家是安全的，家的关怀与包容，可以使创伤得到弥合、得到修复。所以，夫妻应当精心构筑充满爱的家庭，孩子自然会沐浴在幸福之中。

夫妻感情是构建家庭的基础。一旦夫妻感情瓦解了，家庭教育就极为艰难。家庭教育不仅是教孩子弹琴画画，学英文、学奥数。家庭教育本质上是一种生活教育。一个孩子长大后所具有的生活态度，主要来自于家庭。

随着孩子年级的升高，家庭必须满足孩子更多的需要。当孩子萌发要独立于父母的意识时，家庭应该支持这种分离，同时继续保持彼此之间的支持和开放性。孩子三四岁后应该与父母分床睡；孩子上初中后，青春期到来，一定程度的家庭冲突几乎是不可避免的，这时父母更加需要智慧和耐心；严重的亲子冲突会让家庭的每一个成员苦恼，有智慧的父母可以提供机会让孩子学习解决冲突的技能。父母对孩子的监管在品行障碍和物质滥用的形成中起着十分重要的作用，监管不严的孩子今后有更大的可能会参与违法犯罪活动。

家庭小气候能发挥大作用吗

曾因先后发现了钋和镭两种天然放射性元素而两次获得诺贝尔奖的居里夫人，非常注重家庭学习环境的创设。居里夫人除了教她的两个女儿必要的专业知识外，还叫她俩每天进行一小时的手工劳动或智力练习，并让她们学习园艺、塑像、烹调、骑车。后来，她又将包括两个女儿在内的十多个孩子组成一个教学班，给他们讲授物理课。孩子们特别爱上这种课，因为居里夫人几乎不在教室中上课，而是在某个实验室里或某个现场，进行生动有趣的讲解。她还与孩子们一起动手，制造温度计。居里夫人还注重对孩子兴趣的激发，使她们萌生了探究学问的兴趣，丰富了她们健康人格的内涵，影响了她们的人生之路。后来，她的女儿伊伦和女婿约里奥用人工方法发现了新的放射性元素而获得了诺贝尔化学奖。

互联网等信息工具给未成年人带来了多元的信息内容、丰富的教育资源、交互的沟通方式和便捷的交流手段，但也难免引发不良信息泛滥和道德约束力降低等问题。今天的学生有手机、电脑，使用电子邮件，登录网络，观看24小时卫星频道，还可以玩微信和网络游戏，以及进行网络聊天。这可能会破坏孩子和父母之间的关系，使孩子进行户外活动的时间更少，并且更容易受到不良影响。在孩子的卧室里放置电视和电脑，任其沉迷于未经检查的电视节目和网络，这无异于让孩子在卧室里与陌生人单独相处。应把那些电子设备搬出孩子的卧室，放到家庭公共空间中。某些家庭环境因素也可能是儿童沉迷网络游戏的原发和促动因素之一。因此，积极安排好家庭活动，明确家庭成员的责任义务，减少家庭成员之间不必要的相互攻击、否定和相互干涉，注意消除儿童的负面情绪，建立良好的亲子关系，营造完美、舒适、健康的家庭心理环境，对儿童的健康成长有重要意义。

一个人的创造性蕴藏在他的自主性当中，而自主性的发展离不开他生活的环境，是在与他的生活环境相互刺激的过程中形成的。如果环境能不断地刺激一个人做出主动的、独立的反应，为他提供个性发展的机会，他的自主性就会得到比较充分的发展。

综观大量人才的成长经历，可以看出他们创造力的取得在很大程度上得益于家庭教育的成功。有的学校开展活动，让孩子到父母的单位随父母工作一天，并计算自己的花费在家庭月收入中所占的比例。

女生：在家里我从来饭后不洗碗。今天我记录妈妈的一天生活，她在工厂做工很辛苦，回家又做家务。我问妈妈："妈，您不会少干一点吗?"妈妈说："厂里工作有定额，不干到量，就开不到全额工资，拿什么供你上学?"听了妈妈的话，我好惭愧。

男生：今天我到爸爸的单位，我和爸爸干了一天活，身体累倒没什么，让我难受的是发自内心深处的忏悔。原来爸爸辛苦一月，收入才 1000 元，而我看同学有手机，听 MP3，穿高档运动服，玩游戏机，就也想要。回家和爸妈说了，爸爸满足了我的要求，老师让我统计我一月的花费，是 765 元。爸爸年近五十的人进行繁重的劳动，我作为他的儿子，不仅不能为他分担辛苦，反而要这要那，大把糟蹋他用血汗换来的钱，我还有良心吗？想到这些，我的心在颤抖。

当孩子以极端的方式想得到不该得到的东西时，家长应毫不含糊地告诉他，这种得到东西的方式是不被允许的。

潜移默化中的教育究竟好在哪儿

先说说俄罗斯和法国推广马铃薯种植的不同策略和结果，家长会从中悟出教育孩子的一些道理。俄罗斯彼得大帝出访欧洲，以重金从荷兰购得了一袋土豆，回来种在皇宫花园里。1824 年，国家发生饥荒，当时的沙皇尼古拉一世就命令大家种土豆，但农民不了解土豆，抵制种土豆，愣说土豆有毒。沙皇一怒之下动用军队镇压不肯种土豆的农民，历史上将这一事件称为"土豆暴动"。沙皇本来是想做一件好事，却变成了流血事件，伴着枪声和血泪，土豆很长时间后好不容易才在俄罗斯安家落户。

同样是推广土豆，法国的解决方法就不同了。1785 年，法国发生了粮荒，为解决粮食困难，学者法尔孟契那把土豆引入了法国，并热心宣传，免费给农民发放块茎做种。但许多法国人以为土豆有毒，医生认为吃土豆有损健康，牧师称土豆为“魔鬼的苹果”，学者断言种土豆会让土地寸草不生，农民于是不愿栽种。这位学者思考后想出一个绝妙的办法：他经国王批准，在一块田里种了土豆，秋天土豆快成熟时，派几个卫兵白天守在田边，不允许任何人接近。这时，周围农民反而大感兴趣，到了夜里，卫兵睡觉去了，农民们避开卫兵，成群结队到这块地里偷土豆并种在了自己的菜园里。这样没过多久，土豆在全法国就推广开了。

人的心理就是这样，你对孩子教育和灌输，暴风骤雨，苦口婆心，可是他全然不听，而且还对着干，拼命反抗。而自然融合、环境润泽、隐性教育、不言之教，他反而立即就接受了。

家长在如下几个情景下容易情绪失控，对孩子发火。

一是家长在单位忙碌一天后，回到家已经疲惫，尤其是在单位遇到不顺心的事时，回家后容易对孩子发火。这是压力的转移，是负面情绪的扩散。孩子无缘无故承受这种无名之火，对他是不公平的。孩子对父母的表现会诧异茫然，甚至会有些鄙视。

二是家长看到孩子做作业错误多，考试成绩不理想，未达到自己的所谓标准后，怒火就积累起来，并借机爆发。孩子有问题在先，小辫子被家长抓在手里。这时突然面对家长严肃甚至无情的批评，他也只能泪水涟涟。

三是孩子在家做一些与学习无直接关系的事情，如上网、看电视时，家长就起急，怒从心上起，“中小学阶段学习任务那么重，他居然还消磨时间，自得其乐？”其实，这种情绪和做法，是典型的“只许州官放火，不许百姓点灯”。家长累了困了需要放松和休息，孩子为什么就是学习机器呢？

四是家长看到时间已经很晚，该休息了，孩子的作业还没有做完，他却还在那里磨蹭时，就容易发火。其实，这叫“推卸责任”。孩子作业这么多，负担这么重，与家长的过度、苛刻要求有直接关系。孩子的“额外学习班”不少，还有与之相关的种种作业，面对这些艰巨的任务，怎么可能轻松起来。他做作业拖得晚，很可能是家长造成的；他的磨蹭，是无声的抗议。这时，需要反思、应该挨训的是家长。

从家长已经是一个成人的角度说，他应该比自己的孩子有更坚忍的意志、更宽厚的心胸、更灵活的手段、更高超的智慧。家长需要学习并了解家庭心育的理论。心理学家马斯洛的需要层次理论认为，人的基本需要有五种，按需要层次从低到高依次为：生理需要，安全需要，社交需要，尊重需要，自我实现需要。尊重需要属于比较高层次的基本需要。人需要得到他人的尊重，需要自尊，孩子也一样。

家长需要尊重孩子的什么呢？尊重孩子的人格，尊重孩子在学习方面的兴趣和思考，尊重孩子的选择，尊重孩子的主动学习精神、创新精神，尊重孩子的权利。

《孟子》中有："有如时雨化之者。"说的是，像春风和时雨一样化育万物，比喻完美的教育能使人受到潜移默化的影响。成功的教育也一定是大象无形，润物无声。教育的重要原则是民主性原则。民主不仅是制度，也是一种文明。在民主的家庭中，必须有自由讨论的习惯，有肯与他人调和的性格，有在真理面前自甘让步的气量，有据理力争而不伤和气的胸襟。环境润泽、潜移默化，是最好的教育。还是中国古人说得好："打伞哪比云遮日，扇扇不如自来风。"看不出来的教育是最好的教育，自我教育才是真教育。我们介绍如下的方法：

（一）尊重孩子的权利

家长需要努力学做理智的父母，尊重孩子的权利，这是真正的尊重。有的家长是协商为表，专断为里，可称为是虚协商、假尊重、伪民主。教育孩子是一门艺术，父母需要学习必要的知识、方法、策略，需要积累智慧。鲁莽、粗暴是愚蠢的行为，害了自己，更会害了孩子。"棒打出孝子"是历史留下的不健康的教育观念。家长对孩子的影响力分两个部分：权力性影响力和非权力性影响力。权力性影响力是由于家长的角色而自然产生的，而非权力性影响力则是由家长的魅力而产生的。对于权力性影响力，能不用就尽量不用。这个影响力恰如过去皇帝赐予大臣的尚方宝剑，此剑是捧在手里、挂在墙上的，从不用它切肉切菜，上阵杀敌。家长不可有恃无恐，不可过度运用权力性影响力。而对于非权力性影响力，就是家长的知识能力和智慧人格，这个是家长应该设法增强的，以此来影响孩子。

怎样才能尊重孩子呢？父母为孩子提供适度选项。对孩子而言，有选择比没有选择好，这是不言而喻的。历史上知识青年上山下乡时，孩子别无选择，只能到指定的离家几千里的贫穷山沟里插队，无选择就是强迫，就谈不上什么青春无悔；现在不同了，孩子可以择兴趣，可以择学校，可以择复读，可以择专业，甚至可以选择出国留学。那是不是选择越多越好呢？这也不一定。

有这样一个实验：甲组被试在六种巧克力中选择自己想买的，乙组被试在三十种巧克力中选择自己想买的。结果，乙组中较甲组有更多的人感到所选的巧克力不太好吃，对自己的选择有点后悔。俗话说“挑花了眼”，就会更加麻烦。

所以，事情的选项太多，反而会造成负面结果。太多选择、太多意见会混淆视听，让人游移不定，拿不准主意。不要以为越多的人给出越多的主意就是好事，其实往往适得其反。

少年儿童的社会权利有哪些？联合国《儿童权利公约》规定，少年儿童社会权利遵循儿童利益最佳原则；尊重儿童尊严原则；尊重儿童观点与意见原则；无歧视原则。《儿童权利公约》的核心精神是维护少年儿童的社会权利主体地位，明确少年儿童是独立的社会个体，他们的权利应该受到社会保护。

家长应认真思考孩子的前途可能在哪里。因势利导、因材施教的家庭心育是真正的尊重。有的家长对孩子上什么兴趣班包办代替，结果事与愿违。有个家庭，明明孩子很有美术天赋，而语言能力不出色，家长却不许孩子上美术班，而强迫孩子上英语班。结果当然是事倍功半，得不偿失。

研究发现，亲子关系和家长的养育风格是孩子对社会的基本信任态度，也是其价值观形成的关键因素。民主型的家长关心孩子，同时进行严格的教育和管理，有权威性，一致性，孩子从小能分辨对错。专制型是一切家长说了算；溺爱放任型是一切听孩子的。扭曲的力量有多大，反弹的力量就有多大。调查结果显示，民主型的父母教育出的孩子在学业和后来的事业发展中最为成功，这些孩子的基本价值取向是亲社会的。

（二）做优雅的家长

当孩子出现问题时，家长的反应要缓慢一些、优雅一些，学会冷处理的艺术。家长实在想发火时，可以离开孩子一会儿；见孩子不顺眼时，请闭上自己的眼睛。总之，要迟缓些，切忌“急”。父母要学会举止优雅文明，孩子才会成为绅士和淑女。“三代才能培养出一个贵族”，说明教养和优雅之气很难形成。

对广州学生的一个调查显示，近半父母每日与子女倾谈的时间尚不足十五分钟。现在，家庭教育功利主义倾向也比较严重：我给条件和悬赏，你就必须出成绩和分数。然而当父母发现“合同”不能兑现之后，就大失所望。失望使父母急躁，亲子关系变得越发糟糕，于是孩子对学习越发厌倦。这种功利性家庭教育，反而使孩子在读书时失去内部动力。家长必须思考，为什么自古以来书香门第比乍富之家更容易出人才？家庭心育的要义是为孩子营造宽松和谐的环境，一种适宜人才成长的家庭氛围。家长尊重家庭教育的规律，才不至于好心没好报，好心办坏事。

（三）做个爱学习的家长

家长要勤学习、多反思，树立正确的教育观和人才观，把对孩子的期望隐藏起来。身心健康、品德良好的孩子是家长最大的财富。家长们要学习一些教育智慧，做个热爱学习、不断进步的家长。

其实孩子像大人一样，是一个独立的个体。有智慧的父母能从孩子身上学到不少东西，家庭心育实际上是双方都受教育。溺爱不对，专制不对，放任也不对，只有民主的教育才能起到良好的效果。家庭和睦以及亲子关系和谐是许多家长所希望的。

随着我国社会发展和城市化进程的加快，无论在城市还是在农村，家长的整体素质结构、参与教育的意识与能力、家庭教育需求都会产生很大的变化。实践与研究都指出：其中最关键的，莫过于学习型家庭的建设。

如何促进学习型家庭建设

学习型家庭的根本在于提倡家庭成员的终身学习。终身学习是指通过一个支持过程来发挥人的潜能，激励并使人们有权利去获得终身学习所需要的全部知识、技能、价值，并在生活、学习和工作中有信心、有能力并创造性地应用它们。

家庭作为最活跃的社会细胞，把个人与社会联系在一起。21世纪的家庭必须适应全球性变化，这些变化是深远的，它不仅影响人类的物质生活，还影响人类的价值观念和信仰。

家庭的幸福与温馨是每个家庭成员追求向往的目标。但幸福的标准是什么？按照传统的标准，物质上的满足、生活的小康就是幸福。但现代性的标准则体现为精神生活的充实、人文关怀的体现。每个家庭对物质的追求是有限的，但对精神的追求却是无限的。现代条件下，物质生活的满足相对会容易一些，家庭要重视对精神的追求，所以学习型家庭是家庭走向幸福的康庄大道。

传统是珍贵的，它是人类代代相传的东西。但传统是人类出于实用目的而发明的，百年来世界快速变化，交通、医疗和通信以及生活各个方面都今非昔比，日新月异。人们面对不断变化的条件必须迅速改变自己的观念和能力。父母小时候学的东西不一定适用于现在的家庭教育，教育智慧不是遵循古老的信条，而是古为今用，以怀疑的态度，积极而创造性地探索广泛的选择。

家风，也叫门风，是一个家庭在世代生息、繁衍过程中形成的较为稳定的生活作风、传统习惯和道德面貌。淳厚、朴实、正派的家风对于子弟、家人良好的思想观点、道德品行的形成和巩固有着重要的影响。良好家风的存在使家庭中洋溢着一种和睦、温馨、慈爱的气氛，使子女和其他家庭成员受到良好的道德尤其是家庭美德的浸染。“蓬生麻中，不扶自直”这句格言生动地概括了家风对家庭成员品格的熏染作用。孩子的良好发展就像种树，日见其大而不觉耳。近现代中国的梁启超、梁思成、梁从诫三代，杨武之、杨振宁父子，傅雷、傅聪父子，英敛之、英千里、英若诚、英达数代，谭鑫培、谭小培、谭富英、谭元寿等七代，葛存壮、葛优父子，陈强、陈佩斯父子等，这些家族在培养孩子读书做事的过程中都有智慧眼光，父母从书海中为孩子挑选的均为优秀的经典著作，是人类文明的精华，流传千年的名篇。文化之根扎得越深，成就之果才能结得越大。

“正人先正己”“身教重于言教”的教育和管理理念，值得家长深思。从根本意义上说，教育是树立榜样。我们在生活中可以发现，学习型家庭经常能培养出很出色的孩子。

日常生活中，家庭要形成比较固定的生活作息时间，包括休息、吃饭、娱乐、工作、学习等。每个家庭成员都要自觉遵守，长此以往会促使孩子正确时间观念的形成，为孩子在学校和社会上的生活做准备；为孩子自觉遵守集体纪律、维护社会秩序以及讲究社会公德的良好品行形成打下基础。有的家庭虽为孩子制定了作息时间表，父母却把自己作为局外人；有的家长甚至通宵达旦地搓麻将、喝酒划拳；有的家长看电视、上网聊天、玩游戏成瘾，忘了正常作息；有的家长沉醉在舞厅的乐曲声中乐而忘返，放弃了对孩子的正确教育，给孩子的是反教育。

21世纪，要求家长做好心理保健和生涯规划，并不断学习新的知识技能，适应由高新科技不断应用带来的知识更新。还要求对孩子的成长起言传身教作用的家长必须懂得现代家庭教育的有关知识和技能，转变传统的家庭教育观念和方式。一方面，家长为了促进孩子具有终身学习的意识，自身要起到表率作用；另一方面，要虚心地向孩子学习。

这都是因为现代家庭不仅是家庭成员生活的地方，也是学习的地方。随着现代传媒走进家庭，家庭成了信息接收终端；无论大人孩子，闲暇时间大大增多。为此，有必要对家庭功能进行重组，使之成为学习型家庭。

有这样一位职业是电工的父亲，经常在家里严厉地管教上中学的独生儿子，但事与愿违，孩子学习还是不行。这时，单位里规定，职工必须考取职业合格证才能上岗。于是父亲每天学习电工原理，也没有时间管孩子学习了。八个月下来，父亲自己拿下了电工等级证。回头再看孩子的各科学习，竟然每一科都大有进步。父亲真是大惑不解，怎么会是这样呢？于是就对儿子说：“过去我认真管你的学习，你学习成绩不好；后来我没有时间，不管了，你的学习反而进步了。”儿子解释道：“我看您四十多了，每天晚上还在努力学习，社会上的事，没真本领还真不行。我想我也别晃悠了，赶紧趁年轻好好学吧。”

（一）学习型家庭的界定

学界对学习型家庭有多种不同的认识。有的人认为学习型家庭是一种家庭文化；有的人则认为学习型家庭是一种家庭形态；有的人认为它是一种家庭生活方式；有的人认为它是一种学习的模式。这里把学习型家庭界定为：具有以提高家庭的社会适应能力和生活质量为目的的家庭成员共同学习、相互学习、自我改变、自我完善、共同成长的过程的家庭。这一界定既包含了学习型家庭的学习目标，也包含着学习内容及基本要素。

通过对学习型家庭的界定可见，并非只有知识分子家庭才是学习型家庭；也非藏书多的家庭才是学习型家庭；家庭的学习不一定主要在于书本学习，当然阅读书籍仍然是必需的。

（二）学习型家庭的特征

学习型家庭具有以下特征。

1. 家庭成员有终身学习的动机

家庭成员意识到终身学习的重要性并具有终身学习的积极性和学习兴趣。成年并不意味着船到码头车到站，人虽然早就离开了学校，但是仍离不开学习。这是个知识、信息日新月异的时代，不进则退，有许多东西都要学习。家长具有终身学习的意识与动力，乃学习型家庭的重要特征。

2. 家庭成员有各自的生涯规划

家庭成员要共同制订学习发展计划且有各自的生涯规划。人有了生涯规划，就有了目标、有了策略，容易不断努力、不断进取。享年一百一十四岁的学者周有光先生就是典范，他思想先进，新作不断，从历史角度出发，屡有创新，作品可读性极强，一百岁以后还不断出书，真让人不得不佩服。

3. 家庭有关学习的软件硬件全具备

家庭成员应具备终身学习的基本能力，且家庭具有一定的学习设备条件，如藏书、书架、书柜。网络对人类的影响现在还很难估计完全，家中能上网，则学习可飞跃。人的自学能力很关键，孩子应该从小培养自己的自学意识和能力。家庭应与外界密切联系，家庭与家庭、家庭与学校、家庭与社区之间存在着密切的教育联系和往来。独学而无友，则孤陋而寡闻。

4. 家庭成员有时间学习

家庭成员投入一定量的时间用于学习，并定期对照规划检查实施情况。学习型家庭是具有良好的教育文化氛围和条件，其成员有能力、有兴趣并不断学习的家庭。

家庭文化背景是孩子学习的重要组成部分。对于刚刚开始学习的年幼儿童来说，家庭中父母与孩子共同参与的文化活动是相对更重要的；而对青少年而言，其独立文化活动对其学习成功相对更为重要。尽管家长教育程度对儿童学习发展有重要影响，但它并不是决定儿童学习成功的唯一因素。社会学习理论启示我们，必须高度关注家庭学习环境的创设，才更可能养成学生良好的学习习惯。

建议家庭能够设立家庭电子档案，包括如下几种形式。

——历史档案：家庭成员每个人的生平事迹与生涯规划，家中历史上人物的印章、手迹、证书、书信、病历之实物和各种电子照片、视频。

——文稿档案：家人的文章、著述等的实物和电子稿，藏书和收藏目录的电子稿。

——子女档案：孩子的各种有关材料。

——财产档案：实物、钱财、票据、收支等明细账目。

希望我们的亿万家庭：时时是学习之机；处处是学习之所；人人是学习之民。希望我们的国家是学习之邦！建设“学习型家庭”是一件利在当今、功在千秋的事业，是创建学习型学校、学习型社区、学习型城市、学习型国家的必要基础。伴随着学习型家庭创建的有效、深入开展，必将为我们国家的青少年儿童的健康成长营造一个最佳的生活环境，必将有利于提高人们的素质和家庭生活的质量。

学习型家庭的培养目标离不开人，人可以是人口、人力、人才、人物、人性。应该是以培育人性为主要目标，人力、人才、人物居于次要地位，能达到哪一级就到哪一级。定位于人性目标的家庭心育能够使年轻人做好应对可能发生的任何事情的准备。在任何境遇下人性教育都是有价值的。教育、家庭与社会本身并不是目的，只有人性的完善和人的自我实现才是教育的最终目的。

第 10 章

家庭心育如何面向未来

初一学生小涛有一次公然在班里吸烟，班主任批评了他，他认为伤了自己的面子，竟然两度挥刀追杀班主任。闻讯赶到学校的家长，一听到学校让把孩子带回家教育，立刻不干了：“孩子有错误，学校可以教育，但你们无权不让孩子上课。娃娃不听话，我们才送到学校来，让我领回家，哪有时间来跟他缠。”这个学生对来采访的记者说了自己的“人生信条”：“读书苦，读书累，不如加入黑社会，有吃有穿有地位。”

家长一味地向子女让步，并不能降低亲子冲突的激烈程度，冲突的时间也不会缩短。这些年“好孩子是夸出来的”“教育就不能批评惩罚”“没有教不好的学生，只有不会教的老师”等言论甚嚣尘上。这种虚幻的说法欺骗了一些家长和教师，盲目提倡毫无节制的赏识和指鹿为马的表扬，最终会造成孩子的伪自信或无法无天。

家长的溺爱放任使孩子忽略了生活的现实一面，对人世的艰难困苦缺乏深刻的体验，从而不利于其健康发展。本章介绍了溺爱型家庭教育的危害和防止溺爱的方法，并说明了一种司空见惯的心理现象：因为得不到，所以才想要；轻易得手的东西，反而不会珍惜。少年儿童要对自己负责，家长只是孩子发展的支架，孩子一辈子的生活终究要靠孩子自己去创造。努力学习是防止孩子志大才疏、眼高手低的不二法门。家庭心育要宽严适度，防止“啃老族”的产生。本章讲述了家庭心育的三重境界：了境、巧境和少境。本章还介绍了家庭心育中如何做到无为而治。

人生最重要的是任何时候都不要放弃希望，要清清楚楚地走好每一步。在失败中你也会有所得，成功时也要认识到你正在失去。失败时你应该是坚强的，成功时你应该是冷静的。本章讲述了家庭心育今后发展的趋势，最后简明地总括全书。

最有害的家庭教育什么样

写书和作诗及其他许多事情一样，讲究起承转合。本书第 1 章讲家庭心育的缘起，是为起；第 2 章到第 5 章讲家庭心育的内容，是为承；第 6 章到第 9 章讲家庭心育的方法，是为转；本章（即最后一章）总括全书，是为合。在第 10 章结束此书比较合适，十这个数字有完满、具足之意，十全十美。望子成龙、望女成凤是父母的心愿，岂知孩子也总在望父成龙、望母成凤。作为父母，重要的是努力使自己成龙成凤，而不是对孩子重复批评、心灵施暴；或说什么“我们是不行了，全靠你为我们全家争气”之类的话；也不是对孩子一味溺爱放任，听其自然。

现在，尤其是在独生子女的家庭中，仍有较多的家长一心想让孩子成才，在这美好愿望的驱使下，却使用了不当的方法。他们心甘情愿地陪孩子做一切事，甚至代替孩子做许多事。由于成人把孩子的责任担到了自己肩上，结果造成孩子缺乏奋发向上的愿望，缺乏责任心，自然很难成龙成凤，甚至不能成人。“爱之太殷，忧之太勤。旦视而暮抚，已去而复顾。”虽曰爱之，其实害之；虽曰忧之，其实仇之。最有害的家庭教育就是这种名为爱实为害的溺爱型家庭教育。

人类的发育特点决定了人类亲子共处时间比其他大多数动物长得多。在很久以前的非洲，干旱迫使猿从森林的树上下了地，来到了稀树草原。

为躲避猛兽，就需要站立得高些，解放了手同时也限制了骨盆，骨盆缩小使得每个婴儿在出生时脑袋不能太大，于是只得早产，产后脑再继续发育。原来每个人都是早产儿，这样人类的发育比许多动物都迟缓而时间长，致使人类子代出生后约十几年时间都离不开父母而独自生活。因而儿童对世界的认识与感受，大部分来自家庭，来自亲子之间的联系和传递，这决定了人类家庭教育的重要性和必要性。

溺爱，古已有之，于今为烈。当今中国城市中，一些独生子女家庭对孩子的“过度保护”问题非常突出。父母对子女教育采取溺爱或放任自流态度的家庭，他们对孩子的态度是消极的，不关心或太关心，不信任，缺乏深层次交谈，忽视孩子的真正需求。因此，孩子为博得家长的好感和重视，通常与大人纠缠，造成精神和语言能力迟缓，以及冷酷、攻击性强和情绪不安。溺爱造成孩子少自主，多依赖，创造力弱，责任心差。

溺爱就是过多的、泛滥的爱。溺爱有害处，这其实是一个简单的生物学现象，是刺激的阈限问题。任何刺激如果过多、过久了，人的感觉就会钝化。刘姥姥进大观园看到什么都新鲜，觉得十分了不起；贾宝玉整天就住在这里，感觉就钝化了，觉得这些房屋、园林稀松平常。鲜花美景是这样，山珍海味是这样，家长对孩子的情感也是这样。家长的溺爱使孩子忽略生活的现实面，对人世的艰难困苦和社会的激烈竞争缺乏深刻的体验。近年来，大城市中独生子女多，由于家长的溺爱，造成孩子学业不良，难以考上理想大学，于是家长筹集大笔款项送孩子出国留学的现象越来越多。然而那些在国内学习不好的孩子因生活能力和学习能力比较差，最后在国外仍学业难成。留学好比是个放大镜，原来好的会更好，原来差的就更差。

一个原来就磨蹭拖拉的中国女孩留学澳洲，住在一个澳大利亚人的家里，主人批评她说：“我们洗澡5到10分钟就完了，你怎么总要洗1小时，一直开着水龙头，那要用多少水啊。”女孩在电话里和家人哭诉这事情，说人家虐待她。显然是她过去在中国家里养成了洗澡浪费水和磨蹭的坏习惯。两家的家庭教育显然不一样：这家是，宝贝女儿洗澡多长时间都行，水算什么，我出钱买，不过多花几个钱，别委屈我的宝贝女儿；那家是，水是大家的资源，在地球上是很可贵的，需要节约，洗个澡要花好几十分钟不可想象，应从小培养孩子良好的行为习惯。

北京安定医院对 2 000 多名儿童进行的调查显示，这些孩子的社会适应问题发生率为 23%，主要表现为缺乏自我控制能力，行为怪异；不能控制食欲；在活动中不守秩序，别人不按自己的方式玩就大吵大闹；不考虑别人；不能与别人分享成果，被称为“熊孩子”。这些行为均与家长的溺爱和过度保护有关。溺爱型家教方式培养出的孩子，经常是：想入非非却眼高手低，志大才疏而心猿意马，稍遇坎坷便一蹶不振，只图虚荣故华而不实。家长把一切都让给孩子，牺牲一切，甚至牺牲自己的幸福，实际这是父母所能给予孩子最可怕的礼物。家长应帮助孩子认识到学习是社会对孩子的要求，同时也是孩子自己的需要。一个人对学习必须要付出比较多的智力活动，才可能成功。科学研究发现，最快的路径不一定是直线，光线走的最快路径经常是曲线；学习上那看似漫长艰苦的迂回道路，反倒是达到人生目标的最快路径。“生于忧患，死于安乐”，意思是忧愁祸患使人奋进而得以生存发展，安逸享乐使人怠惰以致萎靡死亡。两种不同的精神状态导致两种不同的结果。优秀的人虽个性各异，但都对学习有兴趣，学习方法科学，学习习惯良好，并无例外。

一个少年管教所的干事说：“到我们这儿来的孩子，追根溯源，促使或是致使其犯错犯罪的原因 90% 与家庭教育有关。父母缺乏智慧，不是太爱，就是太不爱，或者不会爱，反正没找到方向，把握不了分寸。”

艰难困苦会使人迸发出惊人的智慧、勇气和创造力；饱食终日却会让人变得昏昏沉沉、无所事事。若将世路比山路，世路更多千万盘。人生之路比山路更加曲折艰险，家长应培养孩子不怕困难、刻苦耐劳的品质。这其实是极其浅显的道理，然而，人们最容易忘记和忽视的就是浅显的道理。古人说“以不慈为慈”，此话有深意在焉，就是反对家长溺爱孩子，这五个字值得家长牢记与深思。

现在有一些 30 岁左右的“啃老族”，学习工作都不成，一般出自溺爱型家庭，他们还住在父母家中，退休的或即将退休的父母继续为其提供生活的基本需要，这其实不符合孩子的最大利益。人才招聘会上，父母替代或陪同子女来应聘的现象比较普遍；一些公园里有父母替儿女寻找配偶的。这虽然体现了父母对子女的爱意，但弱化了孩子的独立生活能力、交往能力和应变能力，也让用人单位觉得应聘者缺乏独立性。这些父母的做法其实反而给子女添乱。

啃老族这一名词最早出现在英国，以后渐渐在其他国家使用。它是指一些既不升学，也不就业，终日无所事事的已成年族群。在英国，啃老族指的是16—34岁年轻族群；在日本则指的是15—34岁年轻族群。在我国，傍老族、啃老族特指已经成年，有谋生能力，却依旧躺在父母怀里，在不“断乳”的状态下生存的年轻人。他们一般年纪在18—35岁，在校学习成绩不好，要么处于失业状态，主要生活来源是父母；要么已经就业，做一些简单工作，但在经济上仍啃食父母的劳动成果，不能完全做到经济独立，更遑论反哺照顾双亲。与我国20世纪90年代出现的四五十岁下岗人员不同，目前这个二三十岁人群，并不是时代改革带来的结构性失业，而是带有主观性的“不就业”心理。这个年轻的“新失业群体”是啃老族里的主要成分。

据媒体调查，目前我国的啃老族主要有以下六类人：一是大学毕业生，因就业挑剔而找不到满意的工作；二是以工作太累太紧张、不适应为由，自动离岗离职的，他们觉得工作太苦，还是待在家里舒服；三是“创业幻想型”青年，他们有强烈的创业愿望，却没有目标，缺乏真才实学，总是不成功，心比天高，而又不愿“寄人篱下”，当个打工者；四是这山望着那山高，频繁跳槽，最后找不到工作的，靠父母养活着；五是下岗的年轻人，他们习惯于用过去轻松的工作与如今紧张繁忙的工作相比，越比越不如意，干脆就离职；六是文化太低、技能很差的，他们只能在中低端劳动市场上找到苦活、脏活、累活，因怕苦怕累怕路远索性待在家中。

有人用比较难听的话形容这些人：

“一直无业，二老啃光，三餐饱食，四体不勤，五谷不分，六亲不认，七情漠然，八风难摇，九（久）坐不动，十分无用。”

溺爱型家庭教育害处确实不小，不仅造成家庭经济支出巨大，而且孩子变成以自我为中心的懒人。

啃老族折腾年老的父母，使得父母身心俱疲。那么，父母为什么不试着化解一下？年轻人不能适应社会的压力而返回家庭，父母应该与孩子进行良好的沟通，使他们鼓起勇气重新面对社会，而不是让他们回归家庭的保护，或者一味地给予他们经济上的帮助，这样只会害了他们。更重要的是，父母对孩子从小就不要溺爱，当孩子遇到困难时，给他一个拥抱、一些意见，相信他可以处理好这些事情。不要害怕孩子犯错误，但要防止他坐以待毙，只有这样孩子才能更好地成长。

有智慧的父母应从小就对孩子杜绝溺爱型的教育，在孩子上小学和中学期间，家长应进行家庭心育，帮孩子做生涯规划，培养孩子不怕挫折的奋斗精神。

家庭教育如何爱严适度

家长要想培养孩子的奋斗精神其实并不难，只要“心狠”一点即可。

父母对子女的教养应采取保护和支配态度，爱严适度。对孩子提出宽严适当的要求，倾听孩子的意见，经常与他们交谈，尊重子女的自主决定权，信任和鼓励他们。父母对子女的过失不是一味斥责，而是帮助他分析原因，指出危害。父母有错误或不当，也应敢于在孩子面前承认。由于父母与孩子相互尊重，容易养成孩子独立、爽直、协作、亲切的性格特点，有利于儿童身心的健康成长。这是一种有效的家庭教育方式。

有些家庭的父母在孩子面前丧失了权威，孩子变得不听话了。家长失去权威的原因是：溺爱迁就，使权威失去原则性；情绪性管理，使权威失去稳定性；家长意见分歧大，使权威失去完整性；学习上的过高要求和求全责备，使权威失去可行性；家长不以身作则或说话不算数，使权威失去感召力。在一些人的心目中，听话、顺从、守规矩成为贬义词，认为孩子这样就不能开拓创新、不能独立自主。孩子听从家长要其好好读书的嘱咐，孩子注意听从教师的教导，比起那些完全以自我为中心、自以为是、无法接受并消化别人智慧的孩子其实具有更大的优势，更容易健康成长。

当然，要想维护父母的权威，父母就要有使孩子信服的力量，要让孩子懂得，他们是在维护道德，那些规则并不是莫名其妙或自私自利的，而是属于社会道德秩序的一部分。当然，如果父母以身作则，那是最行之有效的。北京市未成年人保护委员会和中国科学院心理研究所在对北京市未成年人的调查中发现：在来自家庭的各种压力中，家长的高期望对孩子的消极情绪并没有明显影响。实际情况是，对青少年情绪影响很大的家庭因素是父母关系。父母感情状况越差，青少年的消极情绪就越强烈。

从小任性娇惯，长大负了亲心。费尽千辛万苦，分明养个仇人。为了避免出现这种情况，父母要做个有智慧的、成熟的家长。智慧成熟的家长是合理主义者，家长在家庭教育中既不迷失家长的自我，又不脱离孩子的现实；既让孩子超越现在的意识，又帮助孩子脚踏实地；对孩子既有比较高的期望，又有实事求是的求实精神；既有爱严结合的人文情怀，又有注重细节的现实操作。智慧成熟的家长一点点缩短着理想与现实之间的距离，创造着自己有价值的人生，同时培养着品学兼优的下一代。

医务人员都知道：当医用酒精的浓度为70%时，杀菌效果最好。而使用100%的纯酒精，会使病菌形成一层保护膜，杀菌效果反而不佳了。真理过一分则成谬误，初衷虽好，过分却没有好结果。世间凡事应有度，度是指分寸尺度。要把握好事物微妙的分寸尺度，否则会把事情变糟。家庭心育也是如此，一定要有前瞻性，但要适度。就是说，不能太超前，以致脱离了孩子现实的情况；又不能无前瞻，“若待上林花似锦，出门俱是看花人”，滞后于孩子的发展，那还叫什么教育呢？就像给儿童买鞋，如果无前瞻，穿不了两天鞋就小了；如果太超前，鞋太大了，儿童就不能穿。所以，家庭心育中，适度十分重要。

庄子认为，人要“观化”“参化”和“安化”。意思是，人要观察变化、参与变化、安于变化。这正对应于从事家庭心育的家长思想中的三个境界。

家庭心育三境界是什么

家庭心育有三个由低到高的境界。

（一）家庭心育的第一境界是观化——“了”

这个“了”境是求真的境界。

“了”是指家长对自己的孩子、对社会、对事物、对自身都有比较深入的了解、知晓，有比较正确的认识，对自己孩子各方面的基本情况了然于胸。这个境界是家庭心育的基础，是本书第 1 章谈的内容。不要以为是您的孩子，您就天然地了解他。如果家长不能预见孩子的变化，那么家长的行动就会被这种变化所左右。

比如孩子学习的成就动机与其学业成绩密切相关，您如何了解孩子的成就动机呢？家长在观察孩子的学习行为时，可以着重注意以下问题：孩子是否主动参与学习活动；是否持续参与学习活动；是否独立完成指定作业；是否害怕遭受失败挫折；是否对成败有积极归因；是否获得了较好的学习成绩。

家长对社会的了解也很重要，因为社会是孩子成长的环境。对家长来说，国事、家事、天下事，应事事关心。

最后就是家长对自身的了解了，前已说过，这可不是容易的事情，应有自知之明。

家长要经过比较长时间的观察和思考才会达到这一境界，达到此境界后，可以避免家庭心育中的轻率与偏见。而如果浅尝辄止，半途而废，便前功尽弃了。

现实中的孩子都是现实的人，是发展的人，是有优点也有不足的人，是有个性的人。当然，家长只达到“了”的境界只是家庭教育初步的基础，对做好家庭心育来说，还远远不够。

（二）家庭心育的第二境界是参化——“巧”

这个“巧”境是求善的境界。

中国有句俗话：“四两拨千斤”，就是说做事情用巧劲。“巧”是指家长胸有成竹，不乏妙笔，时有创见，巧施教育。千变万化，贵在因人、因势、因时、因地施教，要有教育机制，掌握家庭教育的时机。

“巧”得靠家长有所创新，从俗但不失独立性，容纳他人，永葆好奇心，可以使自己焕发创造性思维。

本书第 2 章至第 5 章，讲家庭心育的内容四季；本书第 6 章至第 9 章讲家庭心育的方法四方。这些都是为了让家长达到“巧”的境界，巧妙地教育孩子。

智慧父母达到“巧”的境界，是做好家庭心育的重要条件与核心要求。随机应变，常有巧招，然而对心育全局的掌握还难成竹在胸，离最高境界尚差一步。

（三）家庭心育的第三境界是安化——“少”

这个“少”境是求美的境界。

有的家庭，父母没有教育或很少教育，孩子却极为出色。这种现象在生活中是可以看到的，其实就是家庭心育中的无为而治，安于变化。

无为而治的意思如下：无为是遵循自然的法则而不妄为，治是治理。就是说，自己不妄为而使事情得到治理。无为的说法，在春秋末期已经出现。使无为而治系统化而成为理论的是老子。道家认为统治者的一切作为都会破坏自然秩序，扰乱天下，祸害百姓，最好就是无为而治。

无为而治有三层意思，第一层是自然无为，要求统治者或教育者无所作为，效法自然，让百姓或孩子顺天性自由发展。无为而治的理论根据是道，即万物的规律；现实依据是变乱为治。老子认为天地万物都是由道化生的，而且天地万物的运动变化也遵循道的规律。那么道的规律又是什么呢？老子说：“人法地，地法天，天法道，道法自然。”可见，道的最根本规律就是自然，即自然而然、本然。既然道以自然为本，那么对待事物就应该顺其自然，无为而治，让事物按照自身的必然性自由发展，使其处于符合道的自然状态，不对它横加干涉，不以有为去影响事物的自然进程。孩子是自然的产物，要根据他的生长规律去教育，不能揠苗助长，违背自然规律。让幼儿学什么剑桥英语，让并无数学天分的小学生学习奥数，均违背自然无为的规律，必败无疑。因为，自然规律是不以人的意志为转移的。

无为而治的第二层意思是清静无为，就是不折腾。不要随意颁布这个法令、那个制度；或朝令夕改，不讲政策的连续性。老子提倡，一切法令、政策的颁布都要“以百姓心为心”“任百姓自化”。家庭心育也是如此，家长不能想起一码是一码，要去除过度行为，防止毫无计划的朝令夕改。有的家长与配偶一言不合，或另有新欢，动辄就离婚，自己是合适了，但考虑孩子的利益没有？有的家长倾家荡产，卖房子供学习不太好的子女出国留学，考虑自己今后的生活了没有？这种折腾，不能安化，不符合清静无为，不符合帕累托效率标准。意大利经济学家帕累托认为，效率体现于配置社会资源以改善人们的境况，如果改善了某人的境况，又不损害他人的利益，就是可以做的事。如果再改善就要损害别人的利益了，这时就说一个经济已经实现了帕累托效率。清静无为与这个学说如出一辙，不能为了某人的利益而损害他人的利益，家庭教育中不要随便折腾。

无为而治的第三层意思是无为无不为。无为，不是什么也不做，世界著名科学史专家李约瑟认为，“无为”的真正含意应该是“避免反自然的行为”。应该说，李约瑟的理解比较科学，接近老子的本意。其实，老子讲得很清楚：“道，常无为，而无不为。”意思是说：道，常常是不去刻意做什么，但却因为顺应自然去做事情而无不成功。按这个思想培养孩子，家长无为，则孩子会无不为，会变得很优秀。在对孩子“了”“巧”的基础上，把无为而治的思想用于家庭心育中，将达到家庭心育的最高境界——“少”。玄而又玄，众妙之门，抱真守一，回归自然，理性和谐。此境界相当深奥，不可能一蹴而就，也不是每个家庭都能达到的。

独生子女是家庭中唯一的孩子，中国独生子女数以亿计，在北京、上海这样的大城市中独生子女的比例更大。独生子女的环境特点可能使他们受到过分的教育和照顾，使他们缺乏独立性，缺少经验，不善于待人接物，娇气，任性，营养过剩，体弱，偏食挑食，利已，不能适应集体生活，孤独，早熟。但这些并非是独生子女的必然特点。如果能充分利用独生的优势，比如家庭经济条件比较充裕，学习条件比较好等，家长可对孩子进行适当的家庭教育，不仅能使孩子保持身体健康，养成良好的性格和行为习惯，还能促使其智力发展高于平均水平。

亲子间有交互作用，发生的是双向影响。平时人们都强调父母对儿童的影响，其实儿童同样反作用于父母。如果孩子是温顺的、安静的、听话的，则父母会更多地表现出友好的、温暖的和爱的行为方式；反之，如果孩子是多动的、不安的、易怒的，那么他的父母也会变得暴躁，充满敌意。在社会时尚的领悟方面，也常常是青年人带领老年人。当然，在家庭亲子间，父母多数情况下仍旧起着主导作用。这是一个提倡个人负责的时代，教师、家长、社会或体制存在的问题，并不能成为孩子个人做坏事的借口。一味地让社会、学校或家长成为个案的责任者，对于建设民主社会不但没有任何正面意义，而且相当有害。

父母容易在各种教养方式间摇摆。虽然说按民主式教养方式来进行家庭教育比较好，但用在一些儿童身上却不一定有效。总之，在理论上可以有最理想的家庭教育模式，而在实际上只有比较好的教育模式。父母采用什么样的教育方式好还需要结合儿童自身特点，如孩子的气质、体质、能力、性别、年龄和发展水平。

家长的想法，不一定是孩子的想法。有人问一个七岁女孩想要什么，小孩子楚楚可怜地说："我想做个隐形人，让爸爸再也看不到我，不能再抓我去弹钢琴。"问一个母亲一直放任他、想吃什么就一定满足的胖男孩想要什么，男孩低着头难为情地说："我特别想瘦，这样就可以和同学一起打篮球了。我特别想打篮球，但是同学们都不带我玩，说我跑不动。"

家长学习理论是对的。当然，任何理论都不能提供家庭心育所需要的一切，还需要家长完整的亲身体验。许多重要的经验来自教育者自己的教育实践。要尝出食物的真味道，必须用自己的舌头。

那些高境界家长创设温馨和谐的家庭学习环境，家庭生活很从容，并不是"眼睛一睁，忙到熄灯"。如果家长总替孩子做事，孩子就不会做事；如果家长总替孩子拿主意，那么孩子就总没有主意。这第三境界"少"，是家庭教育高水平的体现，要求家长思想开通，意在行先，以少胜多。至此，家长对家庭教育中的千变万化了然于胸，驾驭自如。"了"境，"巧"境，"少"境，让我们的家长不断地追求家庭心育的这三重境界吧！

家庭心育的发展趋势如何

笔者 1987 年正式开展了中小学心理健康教育研究，是年 9 月在北京新源里二中初二（四）班做了有对照班的实验研究，有关情况写入《心育之花》（北京出版社，2003）一书。1990 年笔者加入北京家庭教育研究会，在做家庭教育研究时，设想将两种教育结合起来，是为家庭心理健康教育。笔者所著《小学生心理健康 100 问》（北京师范大学出版社，1997）中第 91 问为“家庭教育如何促进孩子心理健康”，其中为家长提出三条措施：注意以身作则；采用民主型家庭教育方式；不要随便评论教师。

到笔者出《心育之花》一书时，就花了整整一章写家庭心理健康教育。2009 年《心理健康教育新编》（北京出版社，2009）和 2010 年《学校心理健康教育手册》（北京科技出版社，2010）都是花了一章写家庭心理健康教育。

2011 年《家长是孩子的心理辅导师》（电子工业出版社，2011）整本书都是讲家庭心理健康教育。共 5 章 18 万字，章的目录如下：第 1 章，家庭和心理健康；第 2 章，家庭心理健康教育面面观；第 3 章，家庭心理健康教育方法；第 4 章，做心理健康的父母；第 5 章，家庭心理健康教育拓展。

近来笔者研究生涯教育，撰写了《家庭对孩子的生涯规划有何影响?》一文，发表于《中小学心理健康教育》2011 年最后一期。

在多年研究的基础上，笔者 2012 年完成了《家庭心理健康教育》（开明出版社，2012）一书。又经过六年的积淀，终于完成了这部著作。

现实变化令人眼花缭乱，一些传统的做父母的智慧也许不全适合现在的情况。今后的家庭心育会有什么趋势呢？以下是简略展望。

一是社会（包括网络、智能机器人等）对孩子的影响将越来越大，家庭教育会受到巨大冲击；年轻人升学就业、寻找配偶以及建立家庭的压力丝毫不会减小；民主化、多样化、个性化的家庭教育将百花齐放。

二是学生家长的文化水平持续提高，科学精神逐渐深入人心，在家庭心育中会越来越体现教育的科学性。

面对数字化的世界，面对全球和中国的变化，家长必须反思家庭教育，为孩子迎接未来不可预知的挑战而夯实健康基础，使他们具备“21 世纪技能”，为青少年儿童铺平从教育向工作和生活过渡的道路。家庭心育在其间必然会大有作为，也必然会受到青少年儿童和全社会的欢迎。

宇宙中的事物，变化是绝对的。每一代人所受的家庭教育肯定都不一样，因为环境在变化。一个人进行的家庭教育与他原来所接受的家庭教育有什么不同？这个不同就是变化。一是社会进步了，因此家庭教育也在进步，改革开放的时代总体上有利于亲子关系的融洽。二是许多家庭现在做的是独生子女教育，与过去有很大不同。家庭如果能充分利用独生的优势，并进行适当的家庭教育，可以使孩子身体健康，并养成良好的性格和行为习惯。三是流动人口大增，其子女及留守家庭子女等的家庭教育需要研究和重视。

以网络、人工智能为代表的信息技术正一日千里地飞速发展，那也如许多事物一样，是有利有弊的双刃剑。好处太多，不说了，但坏处是它可能使一些人日益丧失社交能力与动手能力，同时，图像充斥的世界使一些人的想象力受到损害。

以上是变的一面，而永远不变的是亲子的血缘，是父母希望孩子成人成才。孩子今后能品德高尚，活得开心，工作有成，生活幸福，才是父母最大的心愿。总的来看，改革开放以来，中国的家庭教育有了极大的进步，家庭教育以人为本，更加民主化了。

民主的内容更为丰富，这里只说一点，即当今中国仍然缺乏的契约精神，应放入家庭教育的内容之中。

契约精神反映的思维方式主要有以下几个方面。

——主体意识。公民是契约的主要主体，公民主体意识是契约精神的集中体现。契约理念强调个人自主意识，以契约中所有人的合理利益和公共利益为前提，使个人利益最大化。就是说契约强调的是一种健全、理智和秩序化的自主意识。

——平等意识。契约的双方都是相对独立的个体，他们之间的地位是平等的，而且是在自愿的基础上达成的双方权利义务关系一致的自由的合意。

——自由意识。地位平等的个体之间缔结契约是一种自由的行为，谁都没有将自己的意志强加于对方的权力。

——权利意识。天赋人权，每个人生来就具有平等自由的权利，并且这一权利是不可剥夺、不可转让的，不受文化、种族、性别、阶级或其他因素的影响。

以此来分析几件事情，可以得出与某些人不同的结论。

第一件事情：江苏无锡的一家火锅店，大人都在位子上用餐，只有一个小孩在走道里跑来跑去，从这头跑到那头，又从那头跑到这头。他的妈妈就慢悠悠地跟在后面，没有责骂，更没有制止，她一定觉得，自己的孩子活泼可爱，根本没有必要管。在跑到一处拐角的时候，恰好撞上了转弯的服务员，服务员的手上还有一锅烤鱼，孩子的额头刚好贴到滚烫的烤鱼锅上，悲剧瞬间发生，孩子多处被烫伤。事后，孩子的父母在未经过任何鉴定，也没有任何法律程序的情况下，态度嚣张地索取 39 万元赔偿：“钱不钱的不重要，谁家小孩被烫成这样不值 39 万元？”父母将孩子和自己的责任甩得一干二净。

第二件事情：内地一母亲在香港乘坐地铁让孩子在车上吃东西，违背了当地法规，一香港男子劝说，结果反遭辱骂。很明显此事是这位母亲缺乏公共道德，却引来北大某教授的偏激言论，确实莫名其妙。

第三件事：山东某女中学生因学校让其剪短发而跳楼自杀，媒体和“专家”对学校教育展开声讨。确实，学校实行了 21 年的规定有值得商榷之处，然而，家庭和本人是否一定要采取这样的极端行为呢？你来上学，就是与学校有了契约，应遵守学校规定。你不同意这个规定，有两个解决方法：一是转学，去上其他无此规定的学校；二是与学校商讨，看看能否取消此规定。无论如何，解决问题不能用自杀的方法。家长和孩子由于没有契约意识，从而造成不良的后果。

家长如何具备科学素养

世界上的事情千变万化，于是人们从经验之中学会如何将烦琐的事情概念化和抽象化，将经验发展转换为逻辑严谨的知识体系，就是科学知识。特征一是以简驭繁，二是证然后信，三是颇可预测。故而科学可信、可用、可爱。所以在这复杂的世界中，人们竟不得不接纳科学。而且科学这种知识，对一个心智正常的人来说，只要肯下功夫，就能学会。

20 世纪中叶的土法炼钢，宣传亩产粮食 10 万斤，心理学则拔白旗，除四害，那无非是宣扬反智，无非是解构科学。21 世纪的今天，特别需要人们崇尚科学精神，在家庭心育中同样如此，有智慧的父母应该科学地进行家庭心育，学校教师在和家长的合作过程中更应该讲究科学性。科学家路易斯·巴斯德说过：“知识是属于全人类的，科学没有国界，是照亮全世界的火炬。”

（一）科学的好处与特点

科学的好处有二。一是认识世界、他人和自己，而且是获得比较正确的认识。如，打雷是云层放电时的声音，而不是雷公在作响；又如，收集资料可以上网，而不用剪刀糨糊、钢笔抄录，衣食住行等更不用细说。二是发现、创新和想象时得到美的体验。从公众科学素养有关调查的结果可以看到，我国公民的科学素质水平并没有随着国民经济的持续快速发展而得到大幅度的提高。由于缺乏科学精神，不少富裕起来的人们却热衷于搞愚昧迷信活动。

科学的特征有三。第一是一元性。万物运动有统一、自然的规律性，没有例外，也不以人的意志为转移。第二是严格性。孔子说：“知之为知之，不知为不知，是知也。”对科学的认识，其核心是认识事物的本质，要有正确的科学路线。科学不承认没有事实依据的先验论。第三是实践性。实践是检验真理的唯一标准。

科学研究常用的方法是：实验或模拟实验论证，因素观察和分析，讲究逻辑推理，触类旁通、举一反三得到旁证。如果研究的结果和研究者原来料想的完全一样，说明没有得到新东西。

科学精神具备独立之精神、自由之思想、求真之勇气、怀疑之目光、实证之传统、平等之立场。在进行家庭心育时，需要遵循儿童发展规律和教育规律，掌握心理学理论，用科学思想指导自己的行为。

（二）科学的讲究

1. 科学讲究实验

科学上没有平坦大道，真理的长河中有无数的礁石险滩，只有不怕巨浪的弄潮儿，才能深入水底觅得骊珠。科学进展的历史告诉我们，新的可靠知识只能通过实验得到，不是由清谈就可求到的，也不是举个例子就能证明什么东西。举例只能证伪，却不能证明。实验的过程不是毫无选择地测量，它需要有小心具体的计划和严密细致的观察。特别重要的是要有一个适当的目标，以作为整个探索过程的向导。至于这个目标怎样选定，就要靠实验者的判断力和灵感。一个成功的实验需要的是眼光、勇气和毅力。实验还要排除额外变量的干扰，且其实验结果能由别人重复得到，才能说明问题。实验是唯一能得到事物因果关系的方法。什么“牛津女孩”“哈佛男孩”这些个案不能成为证据；实验基础上的学术共同体公认的科学理论才比较可信。

2. 科学讲究理性

人的感性认识当然是必要的，而上升到理性认识更加重要。每当人们拿不定主意时，常说：“跟着感觉走呗。”在实际生活中，如果一味这样“潇洒”，容易吃亏、上当，甚至犯错误。

俄国著名画家列宾早年画过一幅油画《伊凡雷帝和他的儿子》，这是一件艺术珍品。到了晚年，列宾打算对自己的作品做一番修补。使他吃惊的是，他忽然觉得自己当年把“伊凡雷帝”的脸色画得太黄了。于是，他在画中人脸上着重加上了淡紫色，结果事与愿违，美术馆不得不请来别的画家再修正过来，恢复了原来的颜色。原来，人随着年龄增大，对颜色的感觉也会改变。列宾的原作颜色是对的，并不过黄，而是缘于他年纪大了，对紫色感觉不太灵敏，所以造成错觉。

在理性面前，眼见未必为实，道听途说的就更不可信。骗子们的功夫戏法比魔术师差远了，还不肯像魔术师那样承认是戏法，是假的。我们为什么要相信那些江湖骗子呢？

理性的思维讲究逻辑，逻辑是需要严格的教育和训练才能具有的，而且必须时时警惕不让推理出现偏差。像那些高分低能论、赏识万能论、快乐有理论、高考万恶论都是非科学或伪科学，危害很大。

3. 科学讲究精密

数据比轶闻重要，轶闻耸人听闻，但不足以作为决定的依据。美国住在高压线附近的一个孩子得了白血病，母亲在电视台声泪俱下地控诉。美国国家癌症研究所用5年时间花费500万美元对此进行研究，发现白血病与高压线磁场并无关系。人类应该用科学的态度来对待事实，不应相信轶闻。

克服粗心不仅能避免差错，还会有意想不到的收获。

《瑞利和氩元素的发现》讲述了一个有趣的故事。1892年，物理学家瑞利在测量中发现，从大气中提取的氮，密度是每升1.2572克；而从含有氮的化合物中提取的氮，密度是每升1.2506克。两者的差距微不足道，每升差的不过一只跳蚤的质量。瑞利没有放过这个微小的差距，他反复精细地研究，终于从中发现了一种当时人类尚不知道的元素——氩，人们把这一发现称为“精密度”的胜利。传统的“差不多”思想在科学中没有立足之地。科学的精密还体现在严密的逻辑推理之中，而非想当然、莫须有。

科学精神是求真，所以家长必须首先要说老实话，做老实事，当老实人。身教胜于言教，家长不整天寄希望于中大奖、摸头彩，孩子也就会刻苦学习，不把自己的命运寄托在运气之上。如果在自己人生的前途方面追求虚无缥缈的星座命运，那只是在拿自己的生命和前途开玩笑。科学虽然在某些问题上有可能出错，但是总体上都是经过无数专家的研究，是有无数科学证据支持的，和只靠某一个人的信口开河的另类说法相比，出错的可能性极低。如果家长的态度和观念不是建立在无知、异想天开或偏见的基础上，而是根据自己可靠的理解和观察、论证得来的，那么无论在工作中还是生活中，将不再是众多琐碎无聊的事实的消极接受者，而是主动寻求知识间关系的探索者。

正是：

邪对正，假对真，浊臭对清芬。

偷懒对努力，保守对创新。

寒窗冬，艳阳春，往来成古今。

天空飞船远，海阔潜艇深。

大自然中勤探索，图书馆内细读文。

破除迷信，力扫发展绊脚石；

热爱科学，誓做健康幸福人。

怎样做头脑清醒的智慧家长

《管子》中说：“十年之计，莫如树木；终身之计，莫如树人。”就是说，如果做十年的打算，只不过像栽种树木；做一生的打算，那就像培养选拔人才。所以就有了“百年树人”的成语。

林清玄在一篇散文中写道：老家有块空地租给人家种桃花心木的树苗，种树人总是不定期来浇水，水量也不定；由于常有枯萎的树苗，每次他总带几株树苗补种。作者以为是种树人懒惰，才不能定期浇水。可是种树人说，种树是百年基业，所以树木要自己学会在土中寻水，他不定期浇水只是模仿老天下雨，如果定时定量，树苗就会因此产生依赖性，根就浮了，一旦停止浇水，就可能枯萎，或被风吹倒，不定期正是想让树长得更好。

教育孩子和种树是一样的，急不得。谋定然后动，事定然后言。文化是一种很奇怪的力量，人们平常不会感觉得到，但沉浸既久，自然会将人融合进去。古人言：“大智若止”，说的不仅是遇事知足之道，跟随身处迷茫环境中定心的基石，反映的是一种清明心性、无为而治的做人标准和追求。在不确定中，孩子才会主动，才会适应，才会选择，才会创造，才不依赖，才努力成长。让孩子打开心灵的窗户，张开人生的翅膀吧，孩子会有全新的感受。适应变化，是永远的生存法宝；适应变化，是永远的开拓创新。

世间的事物发生变化定有原因，内因是变化的依据，外因是变化的条件，外因只有通过内因才能起作用。孩子的学习成长也是如此，家长千万不能持外因决定论，把学校教育和家庭教育的功能说得太绝对。无论说“成功是成功之母”也好，“表扬是成功之母”也好，“尊重是成功之母”也好，“赏识是成功之母”也好，都不能完全算错，以上每一种说法都是有几分道理的，却都不是关键。至少我们可以问，成功这“孩儿”的父亲是谁？因为，问母也要问父，无父必然无子。

奋斗是成功之父！成功这孩儿也只有这一位名叫奋斗的父亲。少年儿童自己要对自己负责。家长和教师只是孩子发展的支架，孩子的生活终究要靠孩子自己去创造。孩子努力学习，正是防止其志大才疏、眼高手低的不二法门。

运动员容国团早就有获得乒乓球世界冠军的雄心大志。1958年，他在广州说："我要得世界冠军。"那时，中国人还从来没有在世界体育大赛中获得过冠军。有人对他说："不要说大话，免得被动。"容国团说："我就是要得世界冠军！"平时，容国团刻苦训练，在1959年于联邦德国多特蒙德举行的世界乒乓球锦标赛中，他连胜6场，进入了男子单打决赛，他的对手是稳健的削球运动员——匈牙利高手西多。容国团说：人生能有几回搏？现在是搏的时候了！他在比赛中采用灵活的战术，以己之长，攻彼之短。经过艰苦的拼搏，终于以3∶1战胜了对手，为祖国取得了竞技体育中的第一个世界冠军。

陈跃玲小时候长得瘦小，每天早起长跑，不停地锻炼。同村的一个人对她出言不逊："你一个小丫头，整天瞎跑什么？你要能练出名堂来，我倒着走到法库县城！"陈跃玲后来回忆："我不怕冷言冷语，我相信自己。清晨，天还黑着，我一个人就往大山里跑。突然路上出现了一只狼，双方看到对方，就都一愣。那狼跑了，我也跑了，但我是继续向大山跑。"顽强的意志、刻苦的锻炼和充分的自信使陈跃玲成功了。在1992年巴塞罗那夏季奥运会上，她努力拼搏，获得了女子竞走的金牌。这是我国运动员获得的第一枚奥运田径金牌。不知道那个出言不逊的人后来有没有倒着走到县城去。

自信是一个人对自己的能力具有信心。一个学生如果具有学习自信心，就容易在学习中获得成功。一些中小学生认为自己不够聪明，遇到了困难就退缩，成绩不好就自卑，结果进一步造成了学习的困难。

有两种自信。做自己擅长的事情因而自信是技术自信，这时自信只存在这一特定领域；说一个人自信心强，则是说的人格自信，这是比较稳定的，是对自己整体的评价，是相信自己的基本能力和素质。前者是对事而言；后者是对人而言。二者并不能截然分离，没有前者，后者就是空中楼阁；没有后者，前者也就肤浅狭窄。而与这两者对立的，则是表面自信和伪自信。教育者让孩子大声喊“我能行”“我是鲁迅”，昂首阔步，旁若无人，孩子完成浅易任务后夸赞“你真棒”等，既不能培养技术自信，也不能培养人格自信，只能培养表面自信和伪自信。一个刚工作的毕业生，在自我介绍后大喊数遍：“我是最棒的！我是最棒的！”结果这个表面看来特自信的新人，在公司居然只做了半天。他打了一上午电话，被几个客户拒绝，就自己辞职走人了，白叫了那么久的口号。

然而有些人认为应无条件培养孩子的自信，无论孩子对错要只表扬“你真棒”而不批评，赏识是万应灵丹，要挺胸大喊“我能行”，要降低难度、取消考试、不留作业。可惜，这样培养出来的只能是伪自信，家长千万别上当。而孩子将来到了社会上，老板并不是老师，只有伪自信没有真本领的年轻人将一事无成。家长朋友们，看看容国团、陈跃玲他们是怎样成长的吧。是夸出来的吗？不是，而是干出来的！有的孩子学习成绩不佳，家长就应该鼓励他认真、努力，不断进步。而不是对他说什么学历没用，陈寅恪、比尔·盖茨等就没有过硬的学历，仍然是大师和富翁。其实，他是大师或富翁自有他的道理。这些个案并不能代表一般大众的普遍情况。

挫折，是人遇到困难又难以达到目标时的一种心理状态。每一个人在一生中都会经受挫折。但人们对挫折的态度大不相同。法国作家巴尔扎克认为，挫折是天才的晋身之阶、能人的无价之宝。战胜挫折，使人能力提高、个性完善。许多最出色的工作都是在逆境中完成的。如果意志薄弱，害怕困难，人就可能被挫折压制，沉入人生的低谷。所以正确对待挫折，变挫折为动力，是少年儿童应该学会的重要一课。

客观地讲，困境的确是平庸者的地狱、天才者的摇篮。孔子困厄，修《春秋》；屈原放逐，著《离骚》；孙膑刖膝，写《孙膑兵法》；司马迁受刑，有《史记》。孟子说过：“故天将降大任于斯人也，必先苦其心志，劳其筋骨，饿其体肤，空乏其身，行拂乱其所为，所以动心忍性，曾益其所不能。”很多科学家、艺术家和文学家就是在极其恶劣的生存环境下创造出了有益于人类的奇迹。

苏轼说过："古之立大事者，不惟有超世之才，亦必有坚忍不拔之志。"人生最重要的是任何时候都不要放弃希望，要清清楚楚地走好每一步。在失败中你也会有所得，在成功时你要认识到你正在失去。失败时你应该是坚强的，成功时你应该是冷静的。

家庭心理健康教育的模式，可以用十分简明的方式表达出来。简明模式有利于家长掌握其要点，把握事物的系统和整体。本书进入尾声之时，给出如下简要结论：

（一）首先应明确家庭心理健康教育的含义和标准

家庭心育就是家长通过对孩子进行心理健康教育和训练，改进孩子的心理品质，提高孩子的心理健康水平。

衡量人的心理健康的五条标准是：认知正常、情绪适度、行为协调、沟通和谐、个性健全。

（二）家长要掌握家庭心理健康教育的内容与方法

家庭心育的内容很重要，但采用适宜的方法才能达到教育的目标。

家庭心育的内容四季是：

人际心理——对他人像春天般温暖；

学习心理——对学习像夏天般热情；

自我心理——对心理障碍像秋风扫落叶；

生活心理——对困难像严冬般冷酷。

家庭心育的方法四方是：

榜样示范方法——木属于东方；

热点引导方法——火属于南方；

实践锻炼方法——金属于西方；

环境润泽方法——水属于北方。

（三）本书特别强调的四个观点

1. 孩子心理健康水平的提高，首先需要家长提高自身水平，创建和谐亲子关系与学习型家庭。

2. 家庭心育过犹不及，需要适度，遵循儿童发展规律和教育规律。家长要采用民主型家庭教育方式，反对溺爱型、专制型、放任型家庭教育方式。

3. 真正的教育是自我教育，家庭心育应高度重视孩子的自我教育。2003 年 4 月 24 日北京市由于“非典”而中小学停课后，学生主要靠自学。一个多月以后复课，人们发现，自学能力强的孩子，提高很多；而自学能力差的孩子，甚至还有退步。这一段的实践，使我们得以高度重视孩子自我教育能力的培养。

4. 家庭心育的三重境界是“了”境、“巧”境和“少”境。智慧父母在家庭心育中的无为而治，反而可能得到最好的结果。

古人以天、地、人为三才。本书第 2、3、4、5 章为家庭心理健康教育内容四季，是为天；第 6、7、8、9 章为家庭心理健康教育方法四方，是为地；第 1 章和第 10 章关注儿童和心理健康教育发展，是为人。以天为经，以地为纬，以人为本，构筑家庭心育的精妙结构。天时地利人和，则教育孩子之事可成。

家庭心理健康教育不是简单的事，家长尤其需要智慧、明辨、坚忍和耐心。作为家长，当孩子精神不振时，我们使他振作；当孩子过度兴奋时，我们使他归于平静；当孩子茫然无头绪时，我们给他以启迪；当孩子没有信心时，我们唤起他的力量。

教无定法，理有恒存。智慧家长是孩子的身体保健师，是孩子的品德引导师，是孩子的学习指导师，是孩子的心理辅导师，也是孩子的人生规划师。让我们继续共同探索充满生命活力的家庭心理健康教育，为孩子的幸福人生奠基。

参考文献

[1] 鲍利克，罗森茨维格. 国际心理学手册 [M]. 张厚粲，译. 上海：华东师范大学出版社，2002.

[2] 孟宪范. 家庭：百年来的三次冲击及我们的选择 [J]. 清华大学学报（哲学社会科学版），2008（3）.

[3] 杨忠健. 家长是孩子的心理辅导师 [M]. 北京：电子工业出版社，2011.

[4] 中国新闻组. 跳槽成新常态. 美国：世界周报，2017-12-29.

[5] 团子妈. 男孩必养三会. 微信，2018-1-29.

[6] 章志光. 心理学 [M]. 北京：人民教育出版社，1984.

[7] 高震东. 忠信教育法：暨海峡两岸百位教师的共鸣 [M]. 新竹：青天杂志社，1994.

[8] 葛操. 公民社会能力素质研究 [M]. 郑州：郑州大学出版社，2005.

[9] 杨忠健，赵澜波. 中国家长最关心的 80 个成长问题 [M]. 北京：北京出版社，2006.

[10] 王春永. 博弈论的诡计 [M]. 北京：中国发展出版社，2007.

[11] 侨报综合报道："陪小女成长，为父之道". 美国：侨报，2017-12-29.

[12] 倩倩：咨询沟通九大禁忌. 微信，2018-2-1.

[13] 跟你说点啥：一位老师在家长会上的发言直戳父母心. 微信，2018-1-24.

[14] 侨报综合报道："孩子善交往成绩更好". 侨报，2018-02-02.

[15]《文汇读书周报》编辑部. 现代人读书知识大观 [M]. 杭州：浙江人民出版社，1992.

[16] 聂振伟，郑毅，杨忠健. 家有小儿初长成 [M]. 郑州：海燕出版社，2000.

[17] 郭晓芳. 人类无法突破的极限 [J]. 中外文摘，2010（21）：62-63.

[18] 杨忠健. 家长是孩子的学习指导师 [M]. 北京：电子工业出版社，2011.

[19] 冉乃彦. 真正的教育是自我教育 [M]. 北京：新世界出版社，2004.

[20] 刘视湘，马利艳. 中学生团体心理辅导 [M]. 北京：开明出版社，2009.

[21] 杨忠健. 生涯教育（高一）[M]. 北京：同心出版社，2009.

[22] 佚名. 青少年为何爱冒险 [J]. 生命世界，2010 (6)：4.

[23] 拾遗. 惜命的最好方式不是养生. 微信，2018-1-27.

[24] 杨忠健. 生涯教育（高二）[M]. 北京：同心出版社，2009.

[25] 黄天中，吴先红. 生涯规划——体验式学习 [M]. 北京：北京师范大学出版社，2011.

[26] 李东东. 将全民阅读提升为民族文化复兴的战略工程 [J]. 现代出版，2011 (3)：5-10.

[27] 何平. 让中国对着世界说 [J]. 出版参考，2011 (13)：38.

[28] 李莉. “放养”的孩子照样进北大 [N]. 北京晚报，2012-04-12.

[29] 贡铭. “门当户对”报志愿 [N]. 北京青年报，2012-04-26.

[30] 侨报讯：“法国小学初中禁手机”. 侨报，2017-12-29.

[31] 饶宗颐：“我不赞成国学这个说法”. 微信，2018-2-6.

[32] 赵石屏. 试论家庭的教育机制——基于“生物—文化协进化”视角 [J]. 教育研究，2007 (11)：72-75.

[33] 李子豪. 中国家庭教育读本（初级）[M]. 北京：中国人口出版社，2008.

[34] 平克. 道德本能 [N]. 南方周末，2009-12-10.

[35] 赵澜波. 家庭——生涯教育中不可或缺的元素 [J]. 中小学心理健康教育，2011 (22)：7-9.

[36] 杨忠健. 学校生涯教育中道德赋能的三种可能性 [J]. 中国德育，2012 (1).

[37] 朱智贤. 心理学大词典 [M]. 北京：北京师范大学出版社，1989.

[38] 杨忠健. 表扬要适时适度 [J]. 中国教育学刊，2001 (1)：32，60.

[39] 朱慕兰. 凡人凡语 [M]. 新北：山水彩色印刷股份有限公司，2004.

[40] 邬书林. 养成阅读习惯是一门科学 [N]. 光明日报，2009-06-08.

[41] 赵华夏. 父母是孩子最好的心灵导师 [M]. 北京：中国纺织出版社，2011.

[42] 文竹韵. 你让孩子做好可能摔跤的准备了吗？[N]. 北京青年报，2012-04-12.

[43] 焦元溥. 有礼是否有道理 [N]. 南方周末，2012-04-19.

[44] 裴庆美. 表扬的话想好了再说 [N]. 北京青年报，2012-04-26.

[45] 末那大叔. 人为什么要有仪式感. 微信，2018-1-3.

[46] 北京大学生命科学学院编写组. 生命科学导论 [M]. 北京：高等教育出版社，2000.

[47] 詹万生. 整体构建德育体系总论 [M]. 北京：教育科学出版社，2001.

[48] 杨忠健. 贵州省初中学生实用技能生涯规划与就业常识 [M]. 北京：同心出版社，2011.

[49] 王殿军. 努力培养拔尖创新人才 [J]. 人民教育，2011 (Z1)：4-7.

[50] 陈凯一. 奥数对初中学习帮助不大 [N]. 北京青年报，2012-03-27.

[51] 安斯顿，马绪尔，辛哈. 压力如何使人崩溃 [N]. 南方周末，2012-04-19.

[52] 庄月琴. 依托高校资源促联合体社会化发展 [J]. 科学画报，2017-10.

[53] 涵芳. 高中生找实习趁假期开动 [N]. 世界周报，2017-12-29.

[54] 陈复华. 古代汉语词典 [M]. 北京：商务印书馆，1998.

[55] 屈林岩. 学习型社会教育范式的转变与学习创新 [J]. 教育研究，2009 (5)：94-98.

[56] 杨忠健. 心理健康教育新编 [M]. 北京：北京出版社，2009.

[57] 王春永. 博弈论的诡计 [M]. 北京：中国发展出版社，2007.

[58] 褚朝新. 浦江的道德"大跃进"试验 [N]. 南方周末，2012-05-03.

[59] 王则柯. 人人博弈论 [M]. 北京：中信出版社，2007.

[60] 吴世彩，刘家俊. "和而不同"与"契约精神"——中西方和谐社会理念比较 [J]. 宁夏大学学报 (人文社会科学版)，2008，30 (3)：1-7.

[61] 杨忠健. 家长是孩子的人生规划师 [M]. 北京：电子工业出版社，2011.

[62] 木铃. 父母缺失的能在孩子身上补回来吗？[N]. 北京青年报，2012-04-19.

[63] 网络. 教育的最大骗局之一就是"释放孩子的天性". 校长会，2018-04-25.